中等职业教育“十三五”规划教材
中职中专会计专业“营改增”系列教材

# 会计岗位综合实训

罗绍明　主编

杨　玲　蔡晓娜　王碧霞　副主编

科学出版社

北　京

## 内 容 简 介

本书分为两章，第一章为实训资料，包括企业资料和期初资料等内容；第二章为实训业务，包括10月份经济业务、11月份经济业务和12月份经济业务。本书内容新颖实用，反映最新营业税改征增值税的财税政策；强调岗位能力训练，体现中等职业教育注重技能训练的特色。

本书既可以作为中等职业学校会计及会计电算化专业的教学用书，也可以作为国家、省市职业教育会计实务技能竞赛的辅导教材，还可以作为企业在职财务会计人员及对财务会计感兴趣的读者的参考用书。

**图书在版编目（CIP）数据**

会计岗位综合实训/罗绍明主编．—北京：科学出版社，2016
（中等职业教育“十三五”规划教材　中职中专会计专业“营改增”系列教材）
ISBN 978-7-03-049708-6

Ⅰ．①会…　Ⅱ．①罗…　Ⅲ．①会计学-中等专业学校-教材
Ⅳ．①F230

中国版本图书馆CIP数据核字（2016）第200578号

责任编辑：贾家琛　李　娜 / 责任校对：陶丽荣
责任印制：吕春珉 / 封面设计：东方人华平面设计部

科学出版社 出版
北京东黄城根北街16号
邮政编码：100717
http://www.sciencep.com

三河市骏杰印刷有限公司印刷
科学出版社发行　各地新华书店经销
*
2016年9月第 一 版　开本：787×1092　1/16
2021年1月第五次印刷　印张：24 1/4
字数：296 000

**定价：58.00元**

（如有印装质量问题，我社负责调换〈骏杰〉）
销售部电话 010-62136230　编辑部电话 010-62135763-2041

# 前　言

经国务院批准，自 2016 年 5 月 1 日起，在全国范围内全面推开营业税改征增值税试点，建筑业、房地产业、金融业、生活服务业等营业税纳税人，纳入试点范围，由缴纳营业税改为缴纳增值税。至此，营业税改征增值税政策在全国范围内全面推开。营业税改征增值税自 2012 年 1 月 1 日起，在上海市交通运输业和部分现代服务业等行业开展改革试点，逐步将原先征收营业税的行业改为征收增值税。时隔半年多，国务院决定交通运输业和部分现代服务业营业税改征增值税试点范围，由上海市分批扩大至北京市、天津市、江苏省、浙江省（含宁波市）、安徽省、福建省（含厦门市）、湖北省、广东省（含深圳市）8 个省（直辖市）。2013 年 8 月 1 日，在全国范围内针对交通运输业和部分现代服务业等行业实施营业税改征增值税试点政策。营业税改征增值税政策的实施，将对原营业税纳税人的会计核算产生直接影响，也将影响原增值税纳税人的会计核算。

基于以上背景，编者结合中等职业学校学生的特点，遵循以技能培养为核心的指导思想，依据职业教育培养目标要求编写了本书。本书的具体特点如下：

1. 内容新颖实用，反映最新营业税改征增值税的财税政策

本书依据最新的营业税改征增值税财税政策以及 2015 年修订实施的《企业会计准则》进行编写，力争体现新颖性与实用性。

2. 强调岗位能力训练，体现职业教育技能训练的职教特色

本书适用于以能力为本位的流程式教学模式，针对同一家生产企业不同时期的经营业务，科学设计了 3 个月的仿真型会计岗位操作经济业务，既包括内销经济业务，又包括外贸业务，涉及出口销售、收汇、结汇等多项业务操作。实训时，学生不仅要完成月份内原始凭证的编制和审核，记账凭证填制，会计账簿登记，科目汇总表、资产负债表和利润表的编制等会计岗位任务，还要进行月结、年结以及跨月份会计业务的账务处理，以实现培养其综合性岗位技能的目标。

本书由广东省汕头市鮀滨职业技术学校罗绍明担任主编，由东莞市商业学校杨玲、汕头市外语外贸职业技术学校蔡晓娜、惠州市工程技术学校王碧霞担任副主编，其他编写人员有河源市技师学院吴锦云、深圳市宝安职业技术学校李慧德、惠州市博罗中等专业学校陈普等。具体的编写分工如下：罗绍明编写第一章并负责全书统稿；蔡晓娜、吴锦云编写第二章第一节，王碧霞、李慧德编写第二章第二节，杨玲、陈普编写第二章第三节。

由于编者水平有限，书中的不足之处在所难免，恳请读者批评指正。邮箱地址：stluoming@163.com。

编　者

2016 年 6 月

# 目　　录

# 第一章　实 训 资 料

## 第一节　企 业 资 料

### 一、核算规则

1）采用通用记账凭证或收付转凭证填制凭证。
2）采用汇总记账凭证核算形式登记总账。
3）存货采用实际成本法核算。
4）采用月末一次加权平均法计算发出材料成本。
5）固定资产采用年限平均法计提折旧。
6）产品成本按品种法计算。
7）在产品完工程度按平均50%计算。
8）材料在开始生产时一次投入，其他成本按约当产量比例分配。
9）该企业为一般纳税人，增值税税率为17%，所得税税率为25%。
10）计算数据保留到2位小数。

### 二、实训要求

1）依据各账户期初余额开设总分类账、明细分类账和日记账。
2）填制部分原始凭证。
3）编制各经济业务的会计分录。
4）编制通用记账凭证或收付转凭证并装订成册。
5）依据记账凭证登记明细分类账。
6）登记现金和银行存款日记账。
7）按旬定期编制科目汇总表。
8）依据汇总记账凭证核算形式登记各账户总分类账。
9）依据总分类账资料分月编制账户试算平衡表。
10）编制资产负债表与利润表。

### 三、企业信息

1. 企业基本信息

企业基本信息如表1-1-1所示。

表 1-1-1　企业基本信息

| 项目 | 内容 | 项目 | 内容 |
|---|---|---|---|
| 企业名称 | 广东倍家科技有限公司 | 开户行及行号 | 惠州市建行仲恺支行（01692） |
| 开户账号（基本存款账户） | 71682674052 | 纳税人识别号 | 440703256268024 |
| 外币（美元）存款账户账号 | 71682678129 | 证券交易结算资金账户 | 71682674526 |
| 法定代表人 | 陈利胜 | 地址 | 惠州市仲恺大道 248 号 |
| 会计主管 | 何建明 | 电话 | 88327589 |
| 会计 | 杨晓梅 | 出纳 | 谢惠新（440702198110252652） |
| 备注 | 2012 年经认定为一般纳税人 | | |

2. 企业供应商信息

企业供应商信息如表 1-1-2 所示。

表 1-1-2　企业供应商信息

| 名称 | 开户账号 | 地址、电话 | 开户银行 | 行号 | 纳税人识别号 |
|---|---|---|---|---|---|
| 广东华新钢材有限公司 | 71606313052 | 惠州市惠南大道96 号，86637584 | 惠州建行惠南支行 | 02436 | 440703568268026 |
| 广东利源电子有限公司 | 71682543357 | 惠州市金山大道120 号，86682584 | 惠州农行金山支行 | 02472 | 440702498268020 |
| 梅州永安包装材料公司 | 81722683058 | 梅州市梅江路6 号，8835542 | 梅州中行梅江支行 | 15056 | 440806835268026 |
| 广东福林科技有限公司 | 12629413054 | 广州市芳村大道52 号，83682585 | 广州工行芳村支行 | 12063 | 440105307268034 |
| 广东新怡塑料有限公司 | 71606913123 | 惠州市仲恺大道19 号，89937587 | 惠州工行仲恺支行 | 01896 | 440703285268026 |
| 广东通达快递有限公司 | 71658643031 | 惠州市惠南大道119 号，83697282 | 惠州交行惠南支行 | 21683 | 440766208268039 |

3. 企业客户信息

企业客户信息如表 1-1-3 所示。

表 1-1-3　企业客户信息

| 名称 | 开户账号 | 地址、电话 | 开户银行 | 行号 | 纳税人识别号 |
|---|---|---|---|---|---|
| 广东海天电器有限公司 | 11634813054 | 广州市中山大道272 号，89937584 | 广州工行新华支行 | 12496 | 440103564568023 |
| 广州百福电器有限公司 | 15676243355 | 增城市光明路 36 号，68682587 | 广州建行光明支行 | 02532 | 440102443268027 |
| 佛山海纳电器有限公司 | 31657443031 | 顺德区河滨南路9 号，67697282 | 佛山中行河滨支行 | 15032 | 440306208235036 |
| 深圳佳缘电器有限公司 | 21934783058 | 深圳市怡景路182 号，88396432 | 深圳工行怡景支行 | 12059 | 440206835254026 |

续表

| 名称 | 开户账号 | 地址、电话 | 开户银行 | 行号 | 纳税人识别号 |
|---|---|---|---|---|---|
| 广东惠欣电器有限公司 | 71606969058 | 惠州市金山大道136号，89547586 | 惠州建行金山支行 | 02430 | 440703535468026 |
| 广东金程电器有限公司 | 71235469056 | 惠州市惠南大道215号，88247598 | 惠州农行惠南支行 | 12520 | 440718925468024 |

## 四、预留印鉴

预留印鉴如图 1-1-1 所示。

广东倍家科技有限公司财务专用章　　陈利胜

图 1-1-1 预留印鉴

# 第二节 期初资料

## 一、总分类账户期初资料

广东倍家科技有限公司 2016 年 9 月 30 日总分类账户期末余额与有关明细分类账户期末余额如表 1-2-1 所示。

**表 1-2-1 总分类账户与有关明细分类账户期末余额表**

2016 年 9 月 30 日　　单位：元

| 科目编号 | 总账账户 | 明细账户 | 借方余额 | 贷方余额 |
|---|---|---|---|---|
| 1001 | 库存现金 | | 26 000.00 | |
| 1002 | 银行存款 | | 6 72 730.00 | |
| | | ——人民币存款 | 6 72 730.00 | |
| | | ——外汇存款 | 0 | |
| 1003 | 其他货币资金 | | 54 600.00 | |
| | | ——存出投资款 | 54 600.00 | |
| | | ——银行本票存款 | 0 | |
| | | ——银行汇票存款 | 0 | |
| 1101 | 交易性金融资产 | | 83 000.00 | |
| | | ——成本（东华科技） | 83 000.00 | |
| | | ——公允价值变动 | 0 | |
| 1121 | 应收票据 | | 1 32 000.00 | |
| | | ——海天电器（商业承兑汇票） | 30 000.00 | |

续表

| 科目编号 | 总账账户 | 明细账户 | 借方余额 | 贷方余额 |
| --- | --- | --- | --- | --- |
| | | ——百福电器（银行承兑汇票） | 42 000.00 | |
| | | ——海纳电器（银行承兑汇票） | 20 000.00 | |
| | | ——惠欣电器（银行承兑汇票） | 40 000.00 | |
| 1122 | 应收账款 | | 260 000.00 | |
| | | ——海天电器 | 60 000.00 | |
| | | ——百福电器 | 70 000.00 | |
| | | ——海纳电器 | 60 000.00 | |
| | | ——佳缘电器 | 80 000.00 | |
| | | ——惠欣电器 | | 10 000.00 |
| | | ——应收外汇账款 | 0 | |
| 1123 | 预付账款 | | 20 000.00 | |
| | | ——福林科技 | 20 000.00 | |
| 1131 | 应收股利 | | 0 | |
| 1132 | 应收利息 | | 0 | |
| 1221 | 其他应收款 | | 10 000.00 | |
| | | ——包装物押金 | 10 000.00 | |
| 1231 | 坏账准备 | | | 1 450.00 |
| 1402 | 在途物资 | | 50 000.00 | |
| | | ——福林科技 | 50 000.00 | |
| 1403 | 原材料 | | 251 000.00 | |
| | | ——HDP 不锈钢板 | 44 800.00 | |
| | | ——SEP 塑料 | 35 200.00 | |
| | | ——DRH 电路板 | 96 000.00 | |
| | | ——DFG 电路板 | 75 000.00 | |
| 1405 | 库存商品 | | 290 000.00 | |
| | | ——电热壶 | 180 000.00 | |
| | | ——电饭锅 | 110 000.00 | |
| 1406 | 发出商品 | | 0 | |
| 1411 | 周转材料 | | 69 600.00 | |
| | | ——DRH 包装箱 | 24 000.00 | |
| | | ——DFG 包装箱 | 9 000.00 | |
| | | ——低值易耗品 | 36 600.00 | |
| 1511 | 长期股权投资 | | 200 000.00 | |
| | | ——成本（长发电器有限公司） | 200 000.00 | |
| | | ——损益调整 | 0 | |

续表

| 科目编号 | 总账账户 | 明细账户 | 借方余额 | 贷方余额 |
|---|---|---|---|---|
| 1601 | 固定资产 | | 2 792 000.00 | |
| | | ——经营性固定资产 | 2 233 600.00 | |
| | | ——非经营性固定资产 | 558 400.00 | |
| 1602 | 累计折旧 | | | 540 000.00 |
| 1604 | 在建工程 | | 256 000.00 | |
| | | ——电磁炉生产线 | 256 000.00 | |
| 1605 | 工程物资 | | 60 000.00 | |
| 1606 | 固定资产清理 | | 0 | |
| 1701 | 无形资产 | | 420 000.00 | |
| | | ——电热壶专利 | 160 000.00 | |
| | | ——电饭锅专利 | 260 000.00 | |
| 1702 | 累计摊销 | | | 80 000.00 |
| 1901 | 待处理财产损溢 | | 0 | |
| | | ——待处理流动资产损溢 | 0 | |
| | | ——待处理非流动资产损溢 | 0 | |
| 2001 | 短期借款 | | | 40 000.00 |
| | | ——建行借款 | | 40 000.00 |
| 2201 | 应付票据 | | | 81 600.00 |
| | | ——华新钢材（商业承兑汇票） | | 40 000.00 |
| | | ——利源电子（银行承兑汇票） | | 20 000.00 |
| | | ——新怡塑料（银行承兑汇票） | | 21 600.00 |
| 2202 | 应付账款 | | | 212 160.00 |
| | | ——华新钢材 | | 117 600.00 |
| | | ——利源电子 | | 100 000.00 |
| | | ——新怡塑料 | 10 000.00 | |
| | | ——应付外汇账款 | | 0 |
| | | ——惠州自来水 | | 240.00 |
| | | ——惠州供电 | | 4 320.00 |
| 2203 | 预收账款 | | | 10 000.00 |
| | | ——金程电器 | | 10 000.00 |
| 2211 | 应付职工薪酬 | | | 580 426.87 |
| | | ——职工工资 | | 351 834.42 |
| | | ——职工福利 | | 60 326.00 |
| | | ——社会保险费 | | 118 712.95 |
| | | ——住房公积金 | | 34 472.00 |
| | | ——职工教育经费 | | 6 463.50 |
| | | ——工会经费 | | 8 618.00 |
| | | ——其他 | | 0 |

续表

| 科目编号 | 总账账户 | 明细账户 | 借方余额 | 贷方余额 |
|---|---|---|---|---|
| 2221 | 应交税费 | | | 96 995.02 |
| | | ——应交增值税 | | 0 |
| | | ——待抵扣进项税额 | | 0 |
| | | ——未交增值税 | | 49 270.00 |
| | | ——应交所得税 | | 40 399.00 |
| | | ——应交城市维护建设税 | | 3 448.90 |
| | | ——应交教育费附加 | | 1 478.10 |
| | | ——应交地方教育费附加 | | 985.40 |
| | | ——应交堤围防护费 | | 771.84 |
| | | ——应交个人所得税 | | 641.78 |
| 2231 | 应付利息 | | | 0 |
| 2232 | 应付股利 | | | 0 |
| | | ——景阳投资有限公司 | | 0 |
| | | ——蓝梅电子有限公司 | | 0 |
| | | ——裕林投资有限公司 | | 0 |
| | | ——新源科技有限公司 | | 0 |
| 2241 | 其他应付款 | | | 78 423.80 |
| | | ——社会保险费 | | 43 951.80 |
| | | ——住房公积金 | | 34 472.00 |
| | | ——包装物押金 | | 0 |
| | | ——其他 | | 0 |
| 2501 | 长期借款 | | | 320 000.00 |
| | | ——本金 | | 320 000.00 |
| | | ——应计利息 | | 0 |
| 4001 | 实收资本 | | | 2 600 000.00 |
| | | ——景阳投资有限公司 | | 1 040 000.00 |
| | | ——蓝梅电子有限公司 | | 780 000.00 |
| | | ——裕林投资有限公司 | | 390 000.00 |
| | | 新源科技有限公司 | | 390 000.00 |
| 4002 | 资本公积 | | | 262 864.44 |
| 4101 | 盈余公积 | | | 172 239.00 |
| | | ——法定盈余公积 | | 116 979.00 |
| | | ——任意盈余公积 | | 55 260.00 |
| 4103 | 本年利润 | | | 0 |
| 4104 | 利润分配 | | | 701 890.87 |
| | | ——提取法定盈余公积 | | 0 |
| | | ——提取任意盈余公积 | | 0 |
| | | ——应付现金股利 | | 0 |
| | | ——未分配利润 | | 701 890.87 |

续表

| 科目编号 | 总账账户 | 明细账户 | 借方余额 | 贷方余额 |
|---|---|---|---|---|
| 5001 | 生产成本 | | 131 120.00 | |
| | | ——电热壶 | 67 824.00 | |
| | | ——电饭锅 | 63 296.00 | |
| 5101 | 制造费用 | | 0 | |
| | | ——机物料消耗 | 0 | |
| | | ——车间管理人员工资 | 0 | |
| | | ——车间管理人员福利 | 0 | |
| | | ——社会保险费 | 0 | |
| | | ——住房公积金 | 0 | |
| | | ——职工教育经费 | 0 | |
| | | ——工会经费 | 0 | |
| | | ——折旧费 | 0 | |
| | | ——办公费 | 0 | |
| | | ——水费 | 0 | |
| | | ——电费 | 0 | |
| | | ——其他 | 0 | |
| | 总账账户期末余额合计 | | 5 778 050.00 | 5 778 050.00 |

## 二、损益类账户资料

广东倍家科技有限公司 2016 年 1～9 月份有关损益类账户的累计发生额如表 1-2-2 所示。

**表 1-2-2　各损益类账户累计发生额表**（结转到本年利润前）

2016 年 1～9 月　　单位：元

| 科目编号 | 总账账户 | 明细账户 | 累计借方发生额 | 累计贷方发生额 |
|---|---|---|---|---|
| 6001 | 主营业务收入 | | | 7 269 200.00 |
| | | ——电热壶 | | 4 361 520.00 |
| | | ——电饭锅 | | 2 907 680.00 |
| 6051 | 其他业务收入 | | | 36 120.00 |
| | | ——HDP 不锈钢板 | | 25 284.00 |
| | | ——SEP 塑料 | | 10 836.00 |
| 6101 | 公允价值变动损益 | | | 0 |
| 6111 | 投资收益 | | | 18 660.00 |
| 6301 | 营业外收入 | | | 36 000.00 |
| | | ——非流动资产处置利得 | | 36 000.00 |
| 6401 | 主营业务成本 | | 4 675 530.00 | |
| | | ——电热壶 | 2 805 318.00 | |
| | | ——电饭锅 | 1 870 212.00 | |

续表

| 科目编号 | 总账账户 | 明细账户 | 累计借方发生额 | 累计贷方发生额 |
| --- | --- | --- | --- | --- |
| 6402 | 其他业务成本 | | 21 350.00 | |
| | | ——HDP 不锈钢板 | 14 945.00 | |
| | | ——SEP 塑料 | 6 405.00 | |
| 6403 | 营业税金及附加 | | 54 420.00 | |
| 6601 | 销售费用 | | 757 942.00 | |
| | | ——职工工资 | 426 800.00 | |
| | | ——职工福利 | 59 752.00 | |
| | | ——社会保险费 | 132 308.00 | |
| | | ——住房公积金 | 34 144.00 | |
| | | ——职工教育经费 | 6 402.00 | |
| | | ——工会经费 | 8 536.00 | |
| | | ——广告费 | 80 000.00 | |
| | | ——运输费 | 6 000.00 | |
| | | ——包装费 | 1 800.00 | |
| | | ——保险费 | 1 000.00 | |
| | | ——报关代理费 | 1 200.00 | |
| | | ——其他 | 0 | |
| 6602 | 管理费用 | | 392 206.00 | |
| | | ——职工工资 | 154 000.00 | |
| | | ——职工福利 | 21 560.00 | |
| | | ——社会保险费 | 47 740.00 | |
| | | ——住房公积金 | 12 320.00 | |
| | | ——职工教育经费 | 2 310.00 | |
| | | ——工会经费 | 3 080.00 | |
| | | ——办公费 | 46 000.00 | |
| | | ——招待费 | 16 000.00 | |
| | | ——折旧费 | 32 400.00 | |
| | | ——差旅费 | 13 200.00 | |
| | | ——无形资产摊销 | 31 500.00 | |
| | | ——水费 | 720.00 | |
| | | ——电费 | 6 480.00 | |
| | | ——税金 | 3 846.00 | |
| | | ——交通费 | 1 050.00 | |
| | | ——其他 | 0 | |
| 6603 | 财务费用 | | 16 536.00 | 5 810.00 |
| | | ——利息 | 14 700.00 | 5 810.00 |
| | | ——手续费 | 1 836.00 | |
| | | ——理财费 | 0 | |
| | | ——汇兑损益 | 0 | |
| | | ——其他 | 0 | |

续表

| 科目编号 | 总账账户 | 明细账户 | 累计借方发生额 | 累计贷方发生额 |
|---|---|---|---|---|
| 6701 | 资产减值损失 | | 0 | |
| 6711 | 营业外支出 | | 200 000.00 | |
| | | ——公益性捐赠支出 | 200 000.00 | |
| 6801 | 所得税费用 | | 311 951.50 | |
| | 总账账户发生额合计 | | 6 429 935.50 | 7 365 790.00 |

## 三、存货各明细账户资料

“原材料”“生产成本”“库存商品”“周转材料”等各明细账户2016年9月30日期末余额如表1-2-3～表1-2-6所示。

**表1-2-3 原材料各明细账户余额表**

2016年9月30日　　单位：元

| 明细账户 | 单位 | 数量 | 单位成本 | 金额 |
|---|---|---|---|---|
| HDP不锈钢板 | 千克 | 3 200 | 14.00 | 44 800.00 |
| SEP塑料 | 千克 | 3 200 | 11.00 | 35 200.00 |
| DRH电路板 | 块 | 8 000 | 12.00 | 96 000.00 |
| DFG电路板 | 块 | 1 500 | 50.00 | 75 000.00 |
| 合计 | — | — | — | 251 000.00 |

**表1-2-4 生产成本各明细账户余额表**

2016年9月30日　　单位：元

| 明细账户 | 直接材料 | 直接人工 | 水费 | 电费 | 制造费用 | 其他费用 | 合计 |
|---|---|---|---|---|---|---|---|
| 电热壶 | 33 200.00 | 28 000.00 | 64.00 | 960.00 | 5 600.00 | | 67 824.00 |
| 电饭锅 | 39 000.00 | 18 000.00 | 56.00 | 840.00 | 5 400.00 | | 63 296.00 |
| 合计 | 72 200.00 | 46 000.00 | 120.00 | 1 800.00 | 11 000.00 | | 131 120.00 |

**表1-2-5 库存商品各明细账户余额表**

2016年9月30日　　单位：元

| 明细账户 | 单位 | 数量 | 单位成本 | 金额 |
|---|---|---|---|---|
| 电热壶 | 台 | 5 000 | 36.00 | 180 000.00 |
| 电饭锅 | 台 | 1 000 | 110.00 | 110 000.00 |
| 合计 | — | — | — | 290 000.00 |

**表1-2-6 周转材料（包装物）各明细账户余额表**

2016年9月30日　　单位：元

| 明细账户 | 单位 | 数量 | 单位成本 | 金额 |
|---|---|---|---|---|
| DRH包装箱 | 个 | 12 000 | 2.00 | 24 000.00 |
| DFG包装箱 | 个 | 3 000 | 3.00 | 9 000.00 |
| 合计 | — | — | — | 33 000.00 |

## 四、在产品期初资料

广东倍家科技有限公司 2016 年 10 月期初产品数量如表 1-2-7 所示。

**表 1-2-7 在产品数量记录表**

2016 年 10 月

| 产品名称 | 单位 | 期初在产品数量 | 本月投产量 | 本月完工量 | 期末在产品量 |
|---|---|---|---|---|---|
| 电热壶 | 台 | 2 000 | | | |
| 电饭锅 | 台 | 600 | | | |

## 五、固定资产构成资料

广东倍家科技有限公司 2016 年 10 月期初固定资产构成如表 1-2-8 所示。

**表 1-2-8 固定资产构成表**

2016 年 10 月 1 日 单位：元

| 固定资产 | 类型 | 金额 | 合计 |
|---|---|---|---|
| 经营性固定资产 | 房屋 | 1 340 160.00 | 2 233 600.00 |
| | 设备 | 893 440.00 | |
| 非经营性固定资产 | 房屋 | 390 880.00 | 558 400.00 |
| | 设备 | 167 520.00 | |

## 六、借款构成资料

广东倍家科技有限公司 2016 年 10 月期初借款构成如表 1-2-9 所示。

**表 1-2-9 借款构成表**

2016 年 10 月 1 日

| 借款种类 | 单位 | 金额 | 借款时间 | 借款期限 | 利率 | 还款方式 |
|---|---|---|---|---|---|---|
| 短期借款 | 元 | 40 000.00 | 2016.8.25 | 8 个月 | 9% | 按月付息，到期还本 |
| 长期借款 | 元 | 320 000.00 | 2015.6.25 | 5 年 | 6% | 按季付息，到期还本 |

## 七、主营业务收入与成本构成资料

广东倍家科技有限公司 2016 年 1～9 月主营业务收入与主营业务成本构成分别如表 1-2-10 和表 1-2-11 所示。

**表 1-2-10 主营业务收入构成表**

2016 年 1～9 月 单位：元

| 产品种类 | 明细账户 | 金额 | 合计 |
|---|---|---|---|
| 电热壶 | 内销收入 | 3 489 216.00 | 4 361 520.00 |
| | 自营出口销售收入 | 872 304.00 | |
| 电饭锅 | 内销收入 | 2 326 144.00 | 2 907 680.00 |
| | 自营出口销售收入 | 581 536.00 | |

表 1-2-11 主营业务成本构成表

2016 年 1～9 月 单位：元

| 产品种类 | 明细账户 | 金额 | 合计 |
| --- | --- | --- | --- |
| 电热壶 | 内销成本 | 2 244 254.40 | 2 805 318.00 |
| | 自营出口销售成本 | 561 063.60 | |
| 电饭锅 | 内销成本 | 1 496 169.60 | 1 870 212.00 |
| | 自营出口销售成本 | 374 042.40 | |

# 第二章 实 训 业 务

## 第一节 10 月份经济业务

1）10 月 5 日，上月向广东福林科技有限公司购买的 DFG 电路板送达，验收合格入库。涉及的凭证如图 2-1-1 所示。

收 料 单

2016 年 10 月 5 日　　收字第 1001 号

| 材料名称 | 规格型号 | 单位 | 应收数量 | 实收数量 | 金额（元） |
|---|---|---|---|---|---|
| DFG 电路板 | | 块 | 1 000 | 1 000 | 50 000.00 |
| | | | | | |

仓库主管：陈德明　　验收：李怡华　　收料：朱永材

图 2-1-1　收料单

2）10 月 6 日，开出转账支票，支付前欠广东利源电子有限公司材料款 68 000 元。涉及的凭证如图 2-1-2 所示。

中国建设银行支票存根（粤）

GS 01034001

附加信息

出票日期　年　月　日

收款人：

金　额：

用　途：

单位主管　会计

付款期限自出票之日起十天

中国建设银行支票（粤）　GS 01034001

出票日期（大写）　年　月　日　付款行名称：

收款人：　出票人账号：

| 人民币（大写） | 千 | 百 | 十 | 万 | 千 | 百 | 十 | 元 | 角 | 分 |
|---|---|---|---|---|---|---|---|---|---|---|
| | | | | | | | | | | |

用途　密码

上列款项请从我账户内支付　行号

出票人签章　广东倍家科技有限公司财务专用章　陈利胜

复核　记账

（a）支标正面

图 2-1-2　支票

| 附加信息： | 被背书人： | 被背书人： | （粘贴单处） | 根据《中华人民共和国票据法》等法律法规的规定，签发空头支票由中国人民银行处以票面金额5%但不低于1 000元的罚款。 |
|---|---|---|---|---|
| | 背书人签章<br>年　月　日 | 背书人签章<br>年　月　日 | | |

（b）支票背面

图 2-1-2　支票（续）

3）10 月 7 日，购买办公用品，交行政办公室使用，以现金给付。涉及的凭证如图 2-1-3 和图 2-1-4 所示。

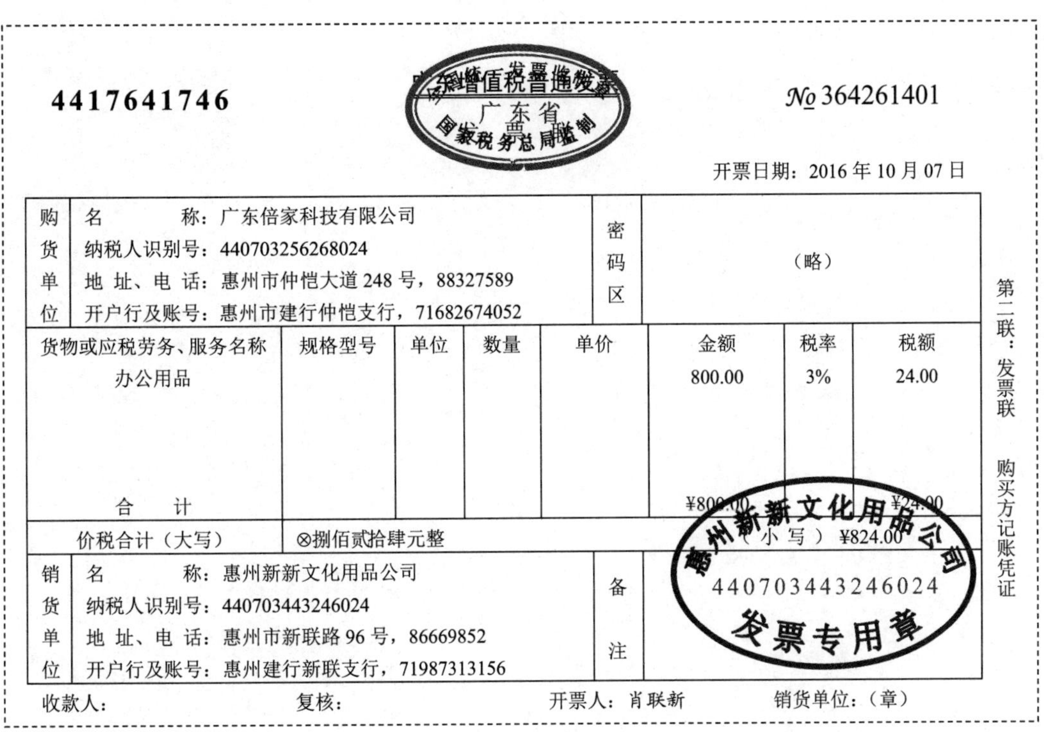

4417641746　　增值税普通发票　　№364261401

广东省　国家税务总局监制

开票日期：2016 年 10 月 07 日

| 购货单位 | 名　　称：广东倍家科技有限公司<br>纳税人识别号：440703256268024<br>地 址、电 话：惠州市仲恺大道 248 号，88327589<br>开户行及账号：惠州市建行仲恺支行，71682674052 | | | | | 密码区 | （略） |
|---|---|---|---|---|---|---|---|
| 货物或应税劳务、服务名称 | 规格型号 | 单位 | 数量 | 单价 | 金额 | 税率 | 税额 |
| 办公用品 | | | | | 800.00 | 3% | 24.00 |
| 合　计 | | | | | ¥800.00 | | ¥24.00 |
| 价税合计（大写） | ⊗捌佰贰拾肆元整 | | | | （小 写）¥824.00 | | |
| 销货单位 | 名　　称：惠州新新文化用品公司<br>纳税人识别号：440703443246024<br>地 址、电 话：惠州市新联路 96 号，86669852<br>开户行及账号：惠州建行新联支行，71987313156 | | | | | 备注 | |

收款人：　　复核：　　开票人：肖联新　　销货单位：（章）

第二联：发票联　购买方记账凭证



图 2-1-3　增值税普通发票

费用报销单

2016 年 10 月 07 日

| 报销部门 | 管理部门 | 报销人 | 黄丽虹 |
| --- | --- | --- | --- |
| 费用项目 | 单据张数 | 金额（元） | 备注 |
| 办公用品 | 1 | 824.00 | |
| | | | |
| | | | |
| 合计 | | ¥824.00 | 现金付讫 |
| 金额（大写） | 人民币捌佰贰拾肆元整 | | |
| 单位领导审批：同意 陈利胜 | | 部门主管审批：同意 聂源珍 | |

会计主管：何建明　　复核：杨晓梅　　出纳：谢惠新

图 2-1-4　费用报销单

4）10 月 8 日，向广东华新钢材有限公司采购 HDP 钢板一批，收到增值税专用发票与货物运费增值税专用发票（运费已由华新钢材公司垫付），以银行存款支付，款项已付，钢板尚未收到。涉及的凭证如图 2-1-5～图 2-1-7 所示。

4408241741　　广东增值税专用发票　　№ 421061401

发票联

开票日期：2016 年 10 月 08 日

| 购货单位 | 名　　称：广东倍家科技有限公司<br>纳税人识别号：440703256268024<br>地 址、电 话：惠州市仲恺大道 248 号，88327589<br>开户行及账号：惠州市建行仲恺支行，71682674052 | | | | 密码区 | （略） | |
| --- | --- | --- | --- | --- | --- | --- | --- |
| 货物或应税劳务、服务名称 | 规格型号 | 单位 | 数量 | 单价 | 金额 | 税率 | 税额 |
| HDP 钢板 | | 千克 | 2 000 | 14.60 | 29 200.00 | 17% | 4 964.00 |
| 合　计 | | | | | ¥29 200.00 | | ¥4 964.00 |
| 价税合计（大写） | ⊗叁万肆仟壹佰陆拾肆元整 | | | | （小写）¥34 164.00 | | |
| 销货单位 | 名　　称：广东华新钢材有限公司<br>纳税人识别号：440703568268026<br>地 址、电 话：惠州市惠南大道 96 号，86637584<br>开户行及账号：惠州建行惠南支行，71606313052 | | | | 备注 | 广东华新钢材有限公司 440703568268026 发票专用章 | |

收款人：张泽林　　复核：李立华　　开票人：陈红娜　　销货单位：（章）

第三联：发票联　购买方记账凭证

图 2-1-5　增值税专用发票

4406235372　　广东增值税专用发票　　№ 391061001

开票日期：2016年10月08日

| 购货单位 | 名　　称：广东倍家科技有限公司<br>纳税人识别号：440703256268024<br>地 址、电 话：惠州市仲恺大道248号，88327589<br>开户行及账号：惠州市建行仲恺支行，71682674052 | | | | 密码区 | （略） | | |
|---|---|---|---|---|---|---|---|---|
| 货物或应税劳务、服务名称 | 规格型号 | 单位 | 数量 | 单价 | 金额 | 税率 | 税额 | |
| 运输 | | | | | 300.00 | 11% | 33.00 | |
| 合　计 | | | | | ¥300.00 | | ¥33.00 | |
| 价税合计（大写） | ⊗叁佰叁拾叁元整 | | | | （小写）¥333.00 | | | |
| 销货单位 | 名　　称：广东通达快递有限公司<br>纳税人识别号：440766208268039<br>地 址、电 话：惠州市惠南大道119号，83697282<br>开户行及账号：惠州交行惠南支行，71658643031 | | | | 备注 | 惠南大道——仲恺大道<br>HDP 钢板 | | |

收款人：　　复核：　　开票人：李晓红　　销货单位：（章）

第三联：发票联　购买方记账凭证

图 2-1-6　运费增值税专用发票

中国建设银行支票存根（粤）

GS 01034002

附加信息

出票日期　　年　月　日

收款人：

金　额：

用　途：

单位主管　　会计

付款期限自出票之日起十天

**中国建设银行支票**（粤）　　GS 01034002

出票日期（大写）　　年　月　日　　付款行名称：

收款人：　　出票人账号：

| 人民币（大 写） | 千 | 百 | 十 | 万 | 千 | 百 | 十 | 元 | 角 | 分 |
|---|---|---|---|---|---|---|---|---|---|---|
| | | | | | | | | | | |

用途　　密码

上列款项请从我账户内支付　　行号

出票人签章　　广东倍家科技有限公司财务专用章　　陈利胜

复核　　记账

（a）支票正面

图 2-1-7　支票

<table>
<tr><td>附加信息：</td><td>被背书人：<br><br><br>背书人签章<br>年 月 日</td><td>被背书人：<br><br><br>背书人签章<br>年 月 日</td><td>（粘贴单处）</td><td>根据《中华人民共和国票据法》等法律法规的规定，签发空头支票由中国人民银行处以票面金额5%但不低于1 000元的罚款。</td></tr>
</table>

（b）支票背面

图 2-1-7 支票（续）

5）10 月 9 日，根据合同向广东海天电器有限公司销售电热壶 800 台，单价 62 元，电饭锅 200 台，单价 165 元，开出增值税专用发票，款项已收到。涉及的凭证如图 2-1-8～图 2-1-12 所示。

4601041141　　广东增值税专用发票　　№ 031131001

（广东省 发票联 国家税务总局监制）

开票日期：　年　月　日

<table>
<tr><td>购货单位</td><td colspan="4">名　　称：<br>纳税人识别号：<br>地 址、电 话：<br>开户行及账号：</td><td>密码区</td><td colspan="3">（略）</td></tr>
<tr><td colspan="2">货物或应税劳务、服务名称</td><td>规格型号</td><td>单位</td><td>数量</td><td>单价</td><td>金额</td><td>税率</td><td>税额</td></tr>
<tr><td colspan="2">合　计</td><td></td><td></td><td></td><td></td><td></td><td></td><td></td></tr>
<tr><td colspan="2">价税合计（大写）</td><td colspan="7">⊗　（小写）</td></tr>
<tr><td>销货单位</td><td colspan="4">名　　称：<br>纳税人识别号：<br>地 址、电 话：<br>开户行及账号：</td><td>备注</td><td colspan="3">（广东倍家科技有限公司 440703256268024 发票专用章）</td></tr>
</table>

第三联：发票联　购买方记账凭证

收款人：谢惠新　　复核：杨晓梅　　开票人：王耀林　　销货单位：（章）

图 2-1-8 增值税专用发票发票联

4601041141

**广东增值税专用发票**

№ 031131001

此联不作报销、扣税凭证使用

开票日期： 年 月 日

| 购货单位 | 名称：<br>纳税人识别号：<br>地址、电话：<br>开户行及账号： | | | | 密码区 | （略） | | |
|---|---|---|---|---|---|---|---|---|
| 货物或应税劳务、服务名称 | 规格型号 | 单位 | 数量 | 单价 | 金额 | 税率 | 税额 | |
| 合计 | | | | | | | | |
| 价税合计（大写） | ⊗ | | | | （小写） | | | |
| 销货单位 | 名称：<br>纳税人识别号：<br>地址、电话：<br>开户行及账号： | | | | 备注 | | | |

收款人：谢惠新 复核：杨晓梅 开票人：王耀林 销货单位：（章）

第一联：记账联 销售方记账凭证

图 2-1-9 增值税专用发票记账联

**中国工商银行支票**（粤） GS 13853041

付款期限自出票之日起十天

出票日期（大写）贰零壹陆年零壹拾月零玖日 付款行名称：广州工行新华支行

收款人：广东倍家科技有限公司 出票人账号：11634813054

| 人民币（大写） | 千 | 百 | 十 | 万 | 千 | 百 | 十 | 元 | 角 | 分 |
|---|---|---|---|---|---|---|---|---|---|---|
| 玖万陆仟陆佰肆拾贰元整 | | | ¥ | 9 | 6 | 6 | 4 | 2 | 0 | 0 |

用途 支付货款

上列款项请从

我账户内支付

出票人签章

广东海天电器有限公司财务专用章 刘天福

密码

行号

复核 记账

（a）转账支票正面

| 附加信息： | 被背书人： | 被背书人： |
|---|---|---|
| | 背书人签章<br>年 月 日 | 背书人签章<br>年 月 日 |

（b）转账支票背面

图 2-1-10 转账支票

中国建设银行**进账单**（回 单） 1

年 月 日

<table>
<tr><td rowspan="3">出票人</td><td>全称</td><td colspan="4"></td><td rowspan="3">收款人</td><td>全称</td><td colspan="10"></td></tr>
<tr><td>账号</td><td colspan="4"></td><td>账号</td><td colspan="10"></td></tr>
<tr><td>开户银行</td><td colspan="4"></td><td>开户银行</td><td colspan="10"></td></tr>
<tr><td rowspan="2">金额</td><td colspan="5" rowspan="2">人民币<br>（大写）</td><td>亿</td><td>千</td><td>百</td><td>十</td><td>万</td><td>千</td><td>百</td><td>十</td><td>元</td><td>角</td><td>分</td></tr>
<tr><td></td><td></td><td></td><td></td><td></td><td></td><td></td><td></td><td></td><td></td><td></td></tr>
<tr><td colspan="2">票据种类</td><td></td><td>票据张数</td><td></td><td></td><td colspan="11" rowspan="3">开户银行盖章</td></tr>
<tr><td colspan="2">票据号码</td><td colspan="4"></td></tr>
<tr><td colspan="6">复核 记账</td></tr>
</table>

此联是开户银行交给持（出）票人的回单

图 2-1-11 银行进账单

**产品出库单**

2016 年 10 月 09 日 第 01001 号

| 产品名称 | 规格 | 型号 | 单位 | 数量 | 单位成本 | 金额（元） |
|---|---|---|---|---|---|---|
| 电热壶 | | | 台 | 800 | | |
| 电饭锅 | | | 台 | 200 | | |

仓库主管：陈德明 复核：杨晓梅 发货：朱永材 制单：梁晓芳

图 2-1-12 产品出库单

6）10 月 9 日，向广东华新钢材有限公司采购 HDP 钢板到达，验收合格入库。涉及的凭证如图 2-1-13 所示。

**收 料 单**

2016 年 10 月 9 日 收字第 1002 号

| 材料名称 | 规格型号 | 单位 | 应收数量 | 实收数量 | 金额（元） |
|---|---|---|---|---|---|
| HDP 钢板 | | 千克 | 2 000 | 2 000 | 29 500.00 |
| | | | | | |

仓库主管：陈德明 验收：李怡华 收料：朱永材

图 2-1-13 收料单

7）10 月 9 日，领用材料，投入 6 000 台电热壶、2 000 台电饭锅的生产。涉及的凭证如图 2-1-14 和图 2-1-15 所示。

领　料　单

用途：生产电热壶　　2016 年 10 月 9 日　　领字第 01001 号

| 材料名称 | 规格型号 | 单位 | 请领数量 | 实发数量 | 金额（元） |
|---|---|---|---|---|---|
| HDP 钢板 | | 千克 | 1 200 | 1 200 | |
| SEP 塑料 | | 千克 | 1 200 | 1 200 | |
| DRH 电路板 | | 块 | 6 000 | 6 000 | |

仓库主管：陈德明　　复核：杨晓梅　　发料：朱永材　　制单：梁晓芳

图 2-1-14　领料单 1

领　料　单

用途：生产电饭锅　　2016 年 10 月 9 日　　领字第 01002 号

| 材料名称 | 规格型号 | 单位 | 请领数量 | 实发数量 | 金额（元） |
|---|---|---|---|---|---|
| HDP 钢板 | | 千克 | 1 200 | 1 200 | |
| SEP 塑料 | | 千克 | 1 200 | 1 200 | |
| DFG 电路板 | | 块 | 2 000 | 2 000 | |

仓库主管：陈德明　　复核：杨晓梅　　发料：朱永材　　制单：梁晓芳

图 2-1-15　领料单 2

8）10 月 11 日，向广东新怡塑料有限公司采购 SEP 塑料一批，收到增值税专用发票，款项已付，SEP 塑料验收合格入库。涉及的凭证如图 2-1-16～图 2-1-18 所示。

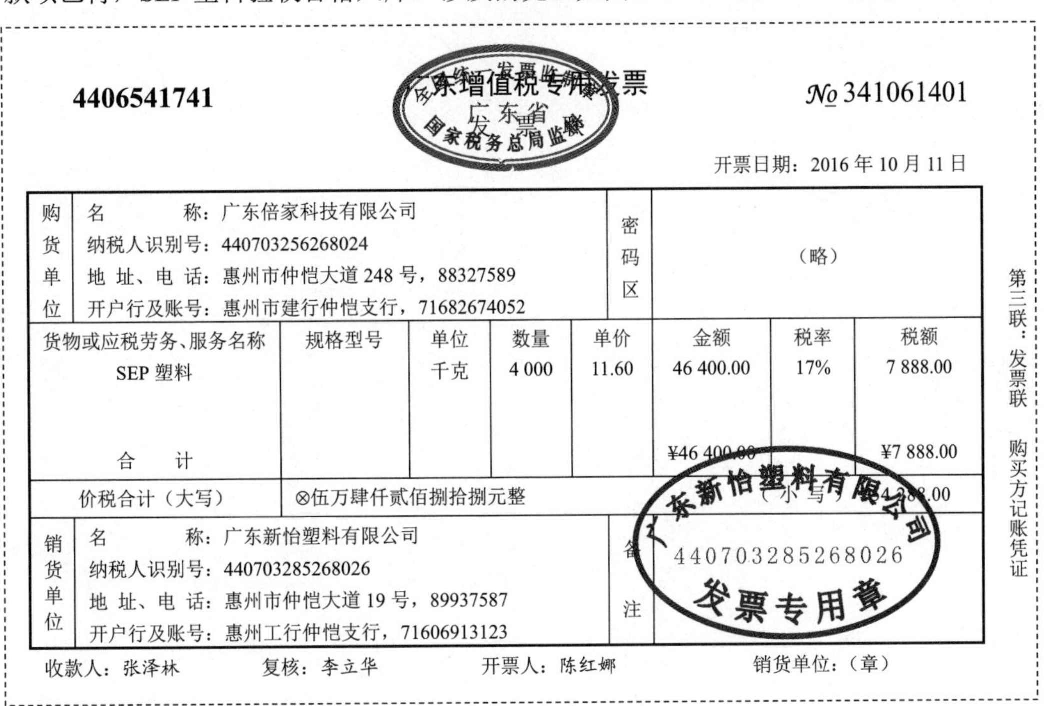

4406541741　　广东增值税专用发票　　№ 341061401

（全国统一发票监制章　广东省　国家税务总局监制）

开票日期：2016 年 10 月 11 日

| | | | | | | | |
|---|---|---|---|---|---|---|---|
| 购货单位 | 名　　称：广东倍家科技有限公司<br>纳税人识别号：440703256268024<br>地 址、电 话：惠州市仲恺大道 248 号，88327589<br>开户行及账号：惠州市建行仲恺支行，71682674052 | | | | 密码区 | （略） | |
| 货物或应税劳务、服务名称 | 规格型号 | 单位 | 数量 | 单价 | 金额 | 税率 | 税额 |
| SEP 塑料 | | 千克 | 4 000 | 11.60 | 46 400.00 | 17% | 7 888.00 |
| 合　计 | | | | | ¥46 400.00 | | ¥7 888.00 |
| 价税合计（大写） | ⊗伍万肆仟贰佰捌拾捌元整 | | | | （小写）¥54 288.00 | | |
| 销货单位 | 名　　称：广东新怡塑料有限公司<br>纳税人识别号：440703285268026<br>地 址、电 话：惠州市仲恺大道 19 号，89937587<br>开户行及账号：惠州工行仲恺支行，71606913123 | | | | 备注 | 广东新怡塑料有限公司 440703285268026 发票专用章 | |

收款人：张泽林　　复核：李立华　　开票人：陈红娜　　销货单位：（章）

第三联：发票联　购买方记账凭证

图 2-1-16　增值税专用发票

中国建设银行支票存根（粤）

GS 01034003

附加信息

出票日期 年 月 日

收款人：

金 额：

用 途：

单位主管 会计

付款期限自出票之日起十天

中国建设银行支票（粤） GS 01034003

出票日期（大写） 年 月 日 付款行名称：

收款人： 出票人账号：

| 人民币（大写） | 千 | 百 | 十 | 万 | 千 | 百 | 十 | 元 | 角 | 分 |
|---|---|---|---|---|---|---|---|---|---|---|
| | | | | | | | | | | |

用途 密码

上列款项请从 行号

我账户内支付

出票人签章 广东倍家科技有限公司财务专用章 陈利胜

复核 记账

（a）支票正面

附加信息：

被背书人： 背书人签章 年 月 日

被背书人： 背书人签章 年 月 日

（粘贴单处）

根据《中华人民共和国票据法》等法律法规的规定，签发空头支票由中国人民银行处以票面金额5%但不低于1 000元的罚款。

（b）支票背面

图 2-1-17 支票

收 料 单

2016 年 10 月 11 日 收字第 1002 号

| 材料名称 | 规格型号 | 单位 | 应收数量 | 实收数量 | 金额（元） |
|---|---|---|---|---|---|
| SEP 塑料 | | 千克 | 4 000 | 4 000 | 46 400.00 |
| | | | | | |

仓库主管：陈德明 验收：李怡华 收料：朱永材

图 2-1-18 收料单

9）10 月 12 日，向佛山海纳电器有限公司销售电热壶 1 500 台，原价 65 元，电饭锅 600 台，原价 160 元，考虑到销售量较大，给予 9.8 折优惠，开出增值税专用发票，已收到海纳公司的货款。涉及的凭证如图 2-1-19～图 2-1-23 所示。

4601041141　　广东增值税专用发票　　№ 031131002

广东省

开票日期：　　年　月　日

| 购货单位 | 名　　称：<br>纳税人识别号：<br>地 址、电 话：<br>开户行及账号： | | | | 密码区 | （略） | | |
|---|---|---|---|---|---|---|---|---|
| 货物或应税劳务、服务名称 | | 规格型号 | 单位 | 数量 | 单价 | 金额 | 税率 | 税额 |
| 合　计 | | | | | | | | |
| 价税合计（大写） | | ⊗ | | | | （小写） | | |
| 销货单位 | 名　　称：<br>纳税人识别号：<br>地 址、电 话：<br>开户行及账号： | | | | 备注 | 广东倍家科技有限公司<br>440703256268024<br>发票专用章 | | |

第三联：发票联　购买方记账凭证

收款人：谢惠新　　复核：杨晓梅　　开票人：王耀林　　销货单位：（章）

图 2-1-19　增值税专用发票发票联

4601041141　　广东增值税专用发票　　№ 031131002

广东省

此联不作报销、扣税凭证使用

开票日期：　　年　月　日

| 购货单位 | 名　　称：<br>纳税人识别号：<br>地 址、电 话：<br>开户行及账号： | | | | 密码区 | （略） | | |
|---|---|---|---|---|---|---|---|---|
| 货物或应税劳务、服务名称 | | 规格型号 | 单位 | 数量 | 单价 | 金额 | 税率 | 税额 |
| 合　计 | | | | | | | | |
| 价税合计（大写） | | ⊗ | | | | （小写） | | |
| 销货单位 | 名　　称：<br>纳税人识别号：<br>地 址、电 话：<br>开户行及账号： | | | | 备注 | | | |

第一联：记账联　销售方记账凭证

收款人：谢惠新　　复核：杨晓梅　　开票人：王耀林　　销货单位：（章）

图 2-1-20　增值税专用发票记账联

**中国银行支票**（粤） **GS 24653021**

付款期限自出票之日起十天

出票日期（大写）贰零壹陆年零壹拾月壹拾贰日　　付款行名称：佛山中行河滨支行

收款人：广东倍家科技有限公司　　出票人账号：31657443031

| 人民币（大写） | 千 | 百 | 十 | 万 | 千 | 百 | 十 | 元 | 角 | 分 |
|---|---|---|---|---|---|---|---|---|---|---|
| 贰拾贰万壹仟捌佰陆拾柒元壹角整 | | ¥ | 2 | 2 | 1 | 8 | 6 | 7 | 1 | 0 |

用途 支付货款　　密码

上列款项请从　　行号

我账户内支付

出票人签章　佛山海纳电器有限公司财务专用章　李惠华　　复核　　记账

（a）转账支票正面

| 附加信息： | 被背书人： | 被背书人： |
|---|---|---|
| | 背书人签章<br>年 月 日 | 背书人签章<br>年 月 日 |

（b）转账支票背面

图 2-1-21　转账支票

**中国建设银行进账单**（回　单）　　1

年　月　日

| 出票人 | 全称 | | 收款人 | 全称 | | | | | | | | | | |
|---|---|---|---|---|---|---|---|---|---|---|---|---|---|---|
| | 账号 | | | 账号 | | | | | | | | | | |
| | 开户银行 | | | 开户银行 | | | | | | | | | | |
| 金额 | 人民币（大写） | | 亿 | 千 | 百 | 十 | 万 | 千 | 百 | 十 | 元 | 角 | 分 | |
| 票据种类 | | 票据张数 | | | | | | | | | | | | |
| 票据号码 | | | | | | | | | | | | | | |
| 复核　　记账 | | | 开户银行盖章 | | | | | | | | | | | |

此联是开户银行交给持（出）票人的回单

图 2-1-22　银行进账单

产品出库单

2016 年 10 月 12 日　　　　第 01002 号

| 产品名称 | 规格 | 型号 | 单位 | 数量 | 单位成本 | 金额（元） |
|---|---|---|---|---|---|---|
| 电热壶 | | | 台 | 1 500 | | |
| 电饭锅 | | | 台 | 600 | | |

仓库主管：陈德明　　复核：杨晓梅　　发货：朱永材　　制单：梁晓芳

图 2-1-23 产品出库单

10）10 月 14 日，收到转账支票一张，系广州百福电器有限公司支付前欠货款。涉及的凭证如图 2-1-24 和图 2-1-25 所示。

中国建设银行支票（粤）　　GS 01044031

付款期限自出票之日起十天

出票日期（大写）贰零壹陆年零壹拾月壹拾肆日　　付款行名称：广州建行光明支行

收款人：广东倍家科技有限公司　　出票人账号：15676243355

| 人民币（大写） | 伍万元整 | 千 | 百 | 十 | 万 | 千 | 百 | 十 | 元 | 角 | 分 |
|---|---|---|---|---|---|---|---|---|---|---|---|
| | | | | ¥ | 5 | 0 | 0 | 0 | 0 | 0 | 0 |

用途 支付货款　　密码

上列款项请从我账户内支付　　行号

出票人签章　广州百福电器有限公司财务专用章　何欣怡　　复核　　记账

（a）转账支票正面

| 附加信息： | 被背书人： | 被背书人： |
|---|---|---|
| | 背书人签章<br>年 月 日 | 背书人签章<br>年 月 日 |

（b）转账支票背面

图 2-1-24 转账支票

中国建设银行**进账单** （回 单） 1

年 月 日

<table>
<tr><td rowspan="3">出票人</td><td>全 称</td><td colspan="2"></td><td rowspan="3">收款人</td><td>全 称</td><td colspan="11"></td></tr>
<tr><td>账 号</td><td colspan="2"></td><td>账 号</td><td colspan="11"></td></tr>
<tr><td>开户银行</td><td colspan="2"></td><td>开户银行</td><td colspan="11"></td></tr>
<tr><td rowspan="2">金额</td><td colspan="3" rowspan="2">人民币<br>（大写）</td><td>亿</td><td>千</td><td>百</td><td>十</td><td>万</td><td>千</td><td>百</td><td>十</td><td>元</td><td>角</td><td>分</td><td></td></tr>
<tr><td></td><td></td><td></td><td></td><td></td><td></td><td></td><td></td><td></td><td></td><td></td><td></td></tr>
<tr><td colspan="2">票据种类</td><td></td><td>票据张数</td><td colspan="12" rowspan="3">开户银行盖章</td></tr>
<tr><td colspan="2">票据号码</td><td colspan="2"></td></tr>
<tr><td colspan="4">复核 记账</td></tr>
</table>

此联是开户银行交给持（出）票人的回单

图 2-1-25 银行进账单

11）10 月 15 日，上缴 9 月未交增值税及附加税费以及预缴企业所得税。涉及的凭证如图 2-1-26～图 2-1-28 所示。

**惠州市电子缴税系统回单**

纳税人名称：广东倍家科技有限公司 纳税人编号：440703256268024

| 付款人名称 | 广东倍家科技有限公司 | 收款人名称 | 惠州市国家税务局 |
|---|---|---|---|
| 付款人账号 | 71682674052 | 收款人账号 | 71693665075 |
| 付款人开户行 | 惠州市建行仲恺支行 | 收款人开户行 | 国家金库惠州支库 |
| 款项内容 | 代扣（国税）税款 | 电子税票号 | 013262856 |
| 税种 | 所属期 | 纳税金额 | 备注 |
| 增值税 | 2016.09.01-2016.09.30 | 49 270.00 | 中国建设银行股份有限公司 惠州仲恺支行 2016.10.15 办讫章 (2) |
| | | | |
| | | | |
| 合计 | — | ¥49 270.00 | |
| 人民币（大写） | 肆万玖仟贰佰柒拾元整 | | |

经办： 复核： 打印日期：2016.10.15

图 2-1-26 电子缴税凭证 1

**惠州市电子缴税系统回单**

纳税人名称：广东倍家科技有限公司　　纳税人编号：440703256268024

| 付款人名称 | 广东倍家科技有限公司 | 收款人名称 | 惠州市地方税务局 |
|---|---|---|---|
| 付款人账号 | 71682674052 | 收款人账号 | 71682165072 |
| 付款人开户行 | 惠州市建行仲恺支行 | 收款人开户行 | 国家金库惠州支库 |
| 款项内容 | 代扣（地税）税款 | 电子税票号 | 013262872 |
| 税种 | 所属期 | 纳税金额 | 备注 |
| 城市维护建设税 | 2016.09.01-2016.09.30 | 3 448.90 | 中国建设银行股份有限公司 惠州仲恺支行 2016.10.15 办讫章 (2) |
| 教育费附加 | 2016.09.01-2016.09.30 | 1 478.10 | |
| 地方教育费附加 | 2016.09.01-2016.09.30 | 985.40 | |
| 堤围防护费 | 2016.09.01-2016.09.30 | 771.84 | |
| 印花税 | 2016.09.01-2016.09.30 | 321.60 | |
| 个人所得税 | 2016.09.01-2016.09.30 | 641.78 | |
| 合计 | — | ¥7 647.62 | |
| 人民币（大写） | 柒仟陆佰肆拾柒元陆角贰分 | | |

经办：　　复核：　　打印日期：2016.10.15

（备注：印花税按购销合同所列营业收入的万分之三计算。）

图 2-1-27　电子缴税凭证 2

**惠州市电子缴税系统回单**

纳税人名称：广东倍家科技有限公司　　纳税人编号：440703256268024

| 付款人名称 | 广东倍家科技有限公司 | 收款人名称 | 惠州市国家税务局 |
|---|---|---|---|
| 付款人账号 | 71682674052 | 收款人账号 | 71693665075 |
| 付款人开户行 | 惠州市建行仲恺支行 | 收款人开户行 | 国家金库惠州支库 |
| 款项内容 | 代扣（国税）税款 | 电子税票号 | 013262857 |
| 税种 | 所属期 | 纳税金额 | 备注 |
| 企业所得税 | 2016.09.01-2016.09.30 | 40 399.00 | 中国建设银行股份有限公司 惠州仲恺支行 2016.10.15 办讫章 (2) |
| | | | |
| | | | |
| 合计 | — | ¥40 399.00 | |
| 人民币（大写） | 肆万零叁佰玖拾玖元整 | | |

经办：　　复核：　　打印日期：2016.10.15

图 2-1-28　电子缴税凭证 3

12）10 月 15 日，收到深圳佳缘电器有限公司支付的前欠货款。涉及的凭证如图 2-1-29 所示。

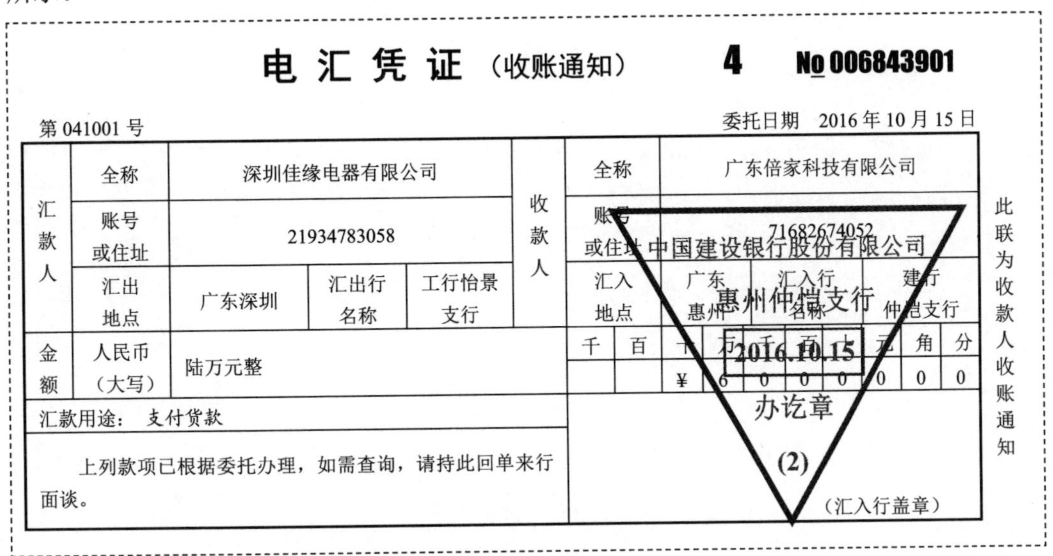

电 汇 凭 证（收账通知） 4 №006843901

第 041001 号　　　　委托日期 2016 年 10 月 15 日

| 汇款人 | 全称 | 深圳佳缘电器有限公司 | | 收款人 | 全称 | 广东倍家科技有限公司 | |
|---|---|---|---|---|---|---|---|
| | 账号或住址 | 21934783058 | | | 账号或住址 | 71682674052 | |
| | 汇出地点 | 广东深圳 | 汇出行名称：工行怡景支行 | | 汇入地点 | 广东惠州 | 汇入行名称：建行仲恺支行 |
| 金额 | 人民币（大写） | 陆万元整 | | | 千百十万千百十元角分 | ¥ 6 0 0 0 0 0 0 | |
| 汇款用途：支付货款 | | | | | | | |
| 上列款项已根据委托办理，如需查询，请持此回单来行面谈。 | | | | | （汇入行盖章） | | |

中国建设银行股份有限公司 惠州仲恺支行 2016.10.15 办讫章 (2)

此联为收款人收账通知

图 2-1-29　电汇凭证收账通知

13）10 月 16 日，向广东利源电子有限公司采购 DRH 电路板一批，收到增值税专用发票，款项已付，DRH 电路板验收合格入库。涉及的凭证如图 2-1-30～图 2-1-32 所示。

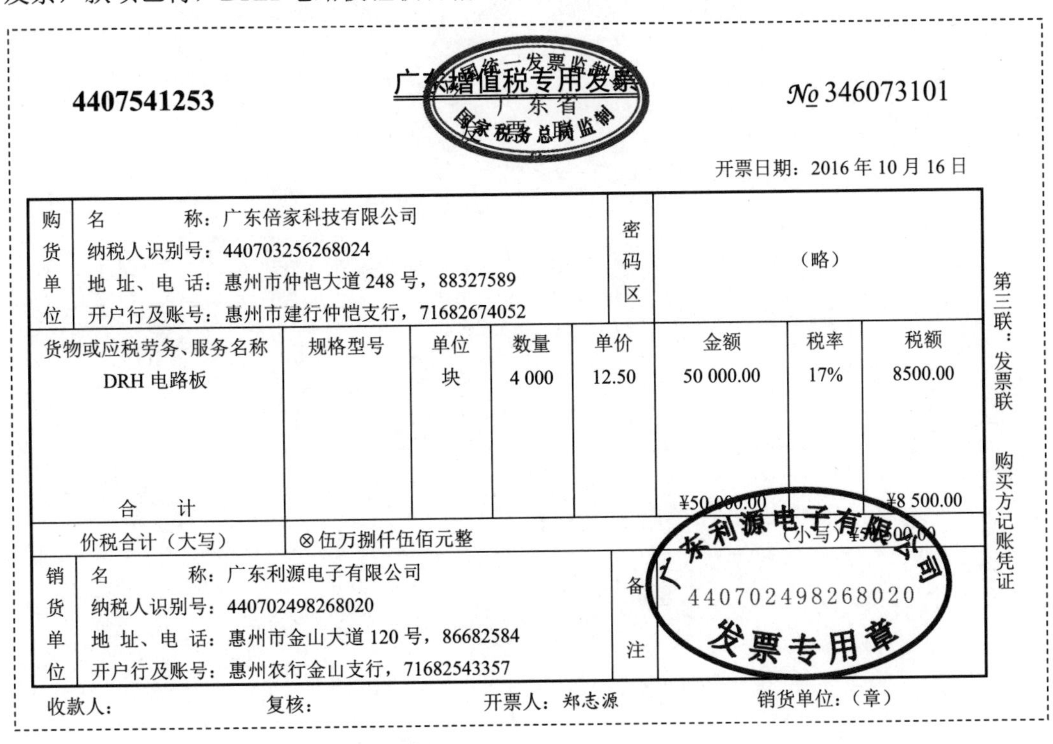

4407541253　　广东增值税专用发票　　№ 346073101

开票日期：2016 年 10 月 16 日

| 购货单位 | 名称：广东倍家科技有限公司<br>纳税人识别号：440703256268024<br>地址、电话：惠州市仲恺大道 248 号，88327589<br>开户行及账号：惠州市建行仲恺支行，71682674052 | | | 密码区 | （略） | | |
|---|---|---|---|---|---|---|---|
| 货物或应税劳务、服务名称 | 规格型号 | 单位 | 数量 | 单价 | 金额 | 税率 | 税额 |
| DRH 电路板 | | 块 | 4 000 | 12.50 | 50 000.00 | 17% | 8500.00 |
| 合　计 | | | | | ¥50 000.00 | | ¥8 500.00 |
| 价税合计（大写） | ⊗伍万捌仟伍佰元整 | | | | （小写）¥58 500.00 | | |
| 销货单位 | 名称：广东利源电子有限公司<br>纳税人识别号：440702498268020<br>地址、电话：惠州市金山大道 120 号，86682584<br>开户行及账号：惠州农行金山支行，71682543357 | | | 备注 | | | |

收款人：　　复核：　　开票人：郑志源　　销货单位：（章）

第三联：发票联　购买方记账凭证

全国统一发票监制章 广东省国家税务总局监制

广东利源电子有限公司 440702498268020 发票专用章

图 2-1-30　增值税专用发票

| 中国建设银行支票存根（粤） | 中国建设银行支票（粤） GS 01034004 |
|---|---|
| GS 01034004 | 出票日期（大写） 年 月 日 付款行名称： |
| 附加信息 | 收款人： 出票人账号： |
| 出票日期 年 月 日 | 人民币（大写） 千 百 十 万 千 百 十 元 角 分 |
| 收款人： | 付款期限自出票之日起十天 |
| 金 额： | 用途 密码 |
| 用 途： | 上列款项请从我账户内支付 出票人签章 广东倍家科技有限公司财务专用章 陈利胜 行号 |
| 单位主管 会计 | 复核 记账 |

（a）支票正面

| 附加信息： | 被背书人： | 被背书人： | （粘贴单处） |
|---|---|---|---|
| | 背书人签章 年 月 日 | 背书人签章 年 月 日 | 根据《中华人民共和国票据法》等法律法规的规定，签发空头支票由中国人民银行处以票面金额5%但不低于1 000元的罚款。 |

（b）支票背面

图 2-1-31 支票

**收 料 单**

2016 年 10 月 16 日 收字第 1003 号

| 材料名称 | 规格型号 | 单位 | 应收数量 | 实收数量 | 金额（元） |
|---|---|---|---|---|---|
| DRH 电路板 | | 块 | 4 000 | 4 000 | 50 000.00 |
| | | | | | |

仓库主管：陈德明 验收：李怡华 收料：朱永材

图 2-1-32 收料单

14）10 月 16 日，电热壶 2 000 台、电饭锅 600 台完工，验收合格入库。涉及的凭证如图 2-1-33 所示。

**产成品入库单**

2016 年 10 月 16 日　　　　收字第 0101 号

| 产品名称 | 规格型号 | 单位 | 应收数量 | 实收数量 | 金额（元） |
|---|---|---|---|---|---|
| 电热壶 | | 台 | 2 000 | 2 000 | |
| 电饭锅 | | 台 | 600 | 600 | |

仓库主管：陈德明　　复核：朱永材　　验收：李怡华　　制单：梁晓芳

图 2-1-33　产成品入库单

15）10 月 17 日，向广东福林科技有限公司采购 DFG 电路板一批，收到增值税专用发票，款项未付，DFG 电路板验收合格入库。涉及的凭证如图 2-1-34 和图 2-1-35 所示。

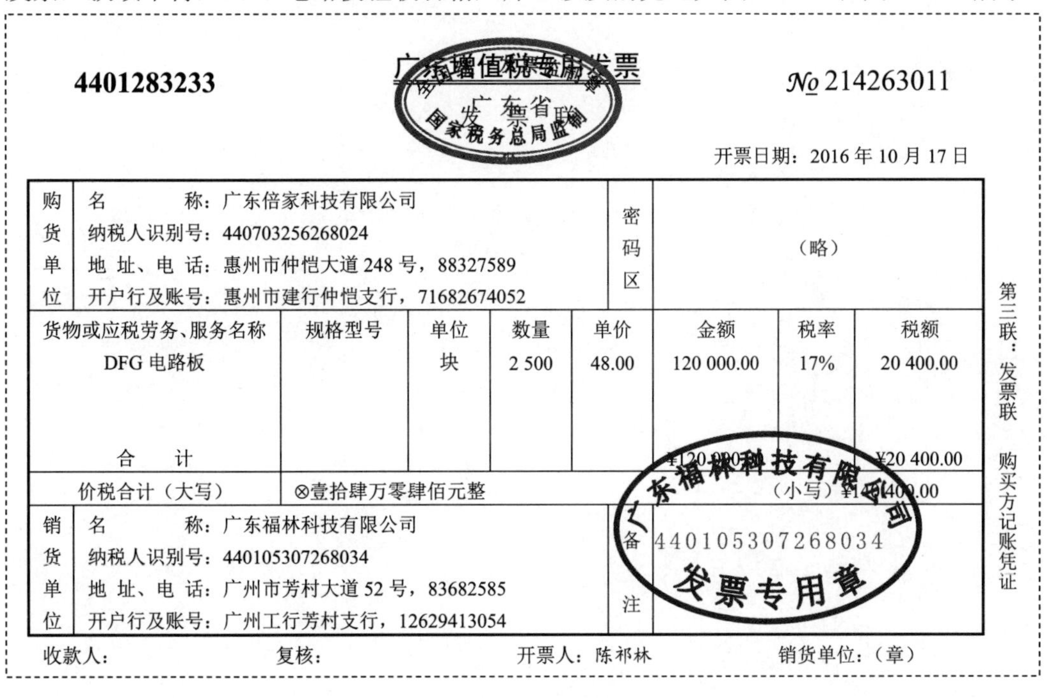

4401283233　　**广东增值税专用发票**　　№ 214263011

发票联

开票日期：2016 年 10 月 17 日

| 购货单位 | 名　称：广东倍家科技有限公司<br>纳税人识别号：440703256268024<br>地 址、电 话：惠州市仲恺大道 248 号，88327589<br>开户行及账号：惠州市建行仲恺支行，71682674052 | 密码区 | （略） | | | | |
|---|---|---|---|---|---|---|---|
| 货物或应税劳务、服务名称 | 规格型号 | 单位 | 数量 | 单价 | 金额 | 税率 | 税额 |
| DFG 电路板 | | 块 | 2 500 | 48.00 | 120 000.00 | 17% | 20 400.00 |
| 合　计 | | | | | ¥120 000.00 | | ¥20 400.00 |
| 价税合计（大写） | ⊗壹拾肆万零肆佰元整 | | | | （小写）¥140 400.00 | | |
| 销货单位 | 名　称：广东福林科技有限公司<br>纳税人识别号：440105307268034<br>地 址、电 话：广州市芳村大道 52 号，83682585<br>开户行及账号：广州工行芳村支行，12629413054 | 备注 | | | | | |

收款人：　　复核：　　开票人：陈祁林　　销货单位：（章）

第三联：发票联　购买方记账凭证



图 2-1-34　增值税专用发票

**收　料　单**

2016 年 10 月 17 日　　　　收字第 1004 号

| 材料名称 | 规格型号 | 单位 | 应收数量 | 实收数量 | 金额（元） |
|---|---|---|---|---|---|
| DFG 电路板 | | 块 | 2 500 | 2 500 | 120 000.00 |
| | | | | | |

仓库主管：陈德明　　验收：李怡华　　收料：朱永材

图 2-1-35　收料单

16）10 月 18 日，根据合同向深圳佳缘电器有限公司销售电热壶 2 000 台，单价 65 元，电饭锅 600 台，单价 165 元，开出增值税专用发票。合同约定，按总价款（含税）提供现金折扣，现金折扣条件为（2/10，1/20，n/30）。涉及的凭证如图 2-1-36～图 2-1-38 所示。

4601041141　　**广东增值税专用发票**　　№ 031131003

发票联

开票日期：　　年　月　日

| 购货单位 | 名　　称：<br>纳税人识别号：<br>地 址、电 话：<br>开户行及账号： | | | | 密码区 | （略） | | |
|---|---|---|---|---|---|---|---|---|
| 货物或应税劳务、服务名称 | 规格型号 | 单位 | 数量 | 单价 | 金额 | 税率 | 税额 | |
| 合　计 | | | | | | | | |
| 价税合计（大写） | ⊗ | | | | | | | |
| 销货单位 | 名　　称：<br>纳税人识别号：<br>地 址、电 话：<br>开户行及账号： | | | | 备注 | | | |

收款人：　　复核：杨晓梅　　开票人：王耀林　　销货单位：（章）

第三联：发票联　购买方记账凭证

广东倍家科技有限公司 440703256268024 发票专用章

图 2-1-36　增值税专用发票发票联

4601041141　　**广东增值税专用发票**　　№ 031131003

此联不作报销、扣税凭证使用

开票日期：　　年　月　日

| 购货单位 | 名　　称：<br>纳税人识别号：<br>地 址、电 话：<br>开户行及账号： | | | | 密码区 | （略） | | |
|---|---|---|---|---|---|---|---|---|
| 货物或应税劳务、服务名称 | 规格型号 | 单位 | 数量 | 单价 | 金额 | 税率 | 税额 | |
| 合　计 | | | | | | | | |
| 价税合计（大写） | ⊗ | | | | | （小写） | | |
| 销货单位 | 名　　称：<br>纳税人识别号：<br>地 址、电 话：<br>开户行及账号： | | | | 备注 | | | |

收款人：　　复核：杨晓梅　　开票人：王耀林　　销货单位：（章）

第一联：记账联　销售方记账凭证

图 2-1-37　增值税专用发票记账联

**产品出库单**

2016 年 10 月 18 日　　第 01003 号

| 产品名称 | 规格 | 型号 | 单位 | 数量 | 单位成本 | 金额（元） |
|---|---|---|---|---|---|---|
| 电热壶 | | | 台 | 2 000 | | |
| 电饭锅 | | | 台 | 600 | | |

仓库主管：陈德明　复核：杨晓梅　发料：朱永材　制单：梁晓芳

图 2-1-38 产品出库单

17）10 月 18 日，领用材料，投入 5 000 台电热壶、1 500 台电饭锅生产。涉及的凭证如图 2-1-39 和图 2-1-40 所示。

**领　料　单**

用途：生产电热壶　2016 年 10 月 18 日　领字第 01003 号

| 材料名称 | 规格型号 | 单位 | 请领数量 | 实发数量 | 金额（元） |
|---|---|---|---|---|---|
| HDP 钢板 | | 千克 | 1 000 | 1 000 | |
| SEP 塑料 | | 千克 | 1 000 | 1 000 | |
| DRH 电路板 | | 块 | 5 000 | 5 000 | |

仓库主管：陈德明　复核：杨晓梅　发料：朱永材　制单：梁晓芳

图 2-1-39 领料单 1

**领　料　单**

用途：生产电饭锅　2016 年 10 月 18 日　领字第 01004 号

| 材料名称 | 规格型号 | 单位 | 请领数量 | 实发数量 | 金额（元） |
|---|---|---|---|---|---|
| HDP 钢板 | | 千克 | 900 | 900 | |
| SEP 塑料 | | 千克 | 900 | 900 | |
| DFG 电路板 | | 块 | 1 500 | 1 500 | |

仓库主管：陈德明　复核：杨晓梅　发料：朱永材　制单：梁晓芳

图 2-1-40 领料单 2

18）10 月 20 日，电热壶 4 000 台、电饭锅 1 000 台完工，验收合格入库。涉及的凭证如图 2-1-41 所示。

**产成品入库单**

2016 年 10 月 20 日　收字第 0101 号

| 产品名称 | 规格型号 | 单位 | 应收数量 | 实收数量 | 备注 |
|---|---|---|---|---|---|
| 电热壶 | | 台 | 4 000 | 4 000 | |
| 电饭锅 | | 台 | 1 000 | 1 000 | |

仓库主管：陈德明　复核：朱永材　验收：李怡华　制单：梁晓芳

图 2-1-41 产成品入库单

19）10 月 20 日，根据合同向广东金程电器有限公司销售电热壶 1 200 台，单价 65 元，电饭锅 400 台，单价 162 元，开出增值税专用发票。采用预收款结算，并收到支票一张，系补付余款。涉及的凭证如图 2-1-42～图 2-1-46 所示。

4601041141　　广东增值税专用发票　　№ 031131004

广东省

发票联

（印章：国家税务总局监制 全国统一发票监制章）

开票日期：　　年　月　日

| 购货单位 | 名　　称：<br>纳税人识别号：<br>地 址、电 话：<br>开户行及账号： | | | | 密码区 | （略） | |
|---|---|---|---|---|---|---|---|
| 货物或应税劳务、服务名称 | 规格型号 | 单位 | 数量 | 单价 | 金额 | 税率 | 税额 |
| 合　计 | | | | | | | |
| 价税合计（大写） | ⊗ | | | | （小写） | | |
| 销货单位 | 名　　称：<br>纳税人识别号：<br>地 址、电 话：<br>开户行及账号： | | | | 备注 | （印章：广东倍家科技有限公司 440703256268024 发票专用章） | |

收款人：　　复核：杨晓梅　　开票人：王耀林　　销货单位：（章）

第三联：发票联 购买方记账凭证

图 2-1-42　增值税专用发票发票联

4601041141　　广东增值税专用发票　　№ 031131004

广东省

此联不作报销、扣税凭证使用

（印章：国家税务总局监制 全国统一发票监制章）

开票日期：　　年　月　日

| 购货单位 | 名　　称：<br>纳税人识别号：<br>地 址、电 话：<br>开户行及账号： | | | | 密码区 | （略） | |
|---|---|---|---|---|---|---|---|
| 货物或应税劳务、服务名称 | 规格型号 | 单位 | 数量 | 单价 | 金额 | 税率 | 税额 |
| 合　计 | | | | | | | |
| 价税合计（大写） | ⊗ | | | | （小写） | | |
| 销货单位 | 名　　称：<br>纳税人识别号：<br>地 址、电 话：<br>开户行及账号： | | | | 备注 | | |

收款人：　　复核：杨晓梅　　开票人：王耀林　　销货单位：（章）

第一联：记账联 销售方记账凭证

图 2-1-43　增值税专用发票记账联

**产品出库单**

2016 年 10 月 20 日　　第 01004 号

| 产品名称 | 规格 | 型号 | 单位 | 数量 | 单位成本 | 金额（元） |
|---|---|---|---|---|---|---|
| 电热壶 | | | 台 | 1 200 | | |
| 电饭锅 | | | 台 | 400 | | |

仓库主管：陈德明　　复核：杨晓梅　　发货：朱永材　　制单：梁晓芳

图 2-1-44　产品出库单

**中国农业银行支票**（粤）　　GS 13353011

付款期限自出票之日起十天

出票日期（大写）贰零壹陆年零壹拾月零贰拾日　　付款行名称：惠州农行惠南支行

收款人：广东倍家科技有限公司　　出票人账号：71235469056

| 人民币（大写） | 千 | 百 | 十 | 万 | 千 | 百 | 十 | 元 | 角 | 分 |
|---|---|---|---|---|---|---|---|---|---|---|
| 壹拾伍万柒仟零柒拾陆元整 | | ¥ | 1 | 5 | 7 | 0 | 7 | 6 | 0 | 0 |

用途 支付货款　　密码

上列款项请从　　行号

我账户内支付

出票人签章　　广东金程电器有限公司财务专用章　　程建源　　复核　　记账

（a）转账支票正面

| 附加信息： | 被背书人： | 被背书人： |
|---|---|---|
| | 背书人签章<br>年 月 日 | 背书人签章<br>年 月 日 |

（b）转账支票背面

图 2-1-45　转账支票

**中国建设银行进账单** （回 单） 1

年 月 日

| 出票人 | 全称 | | 收款人 | 全称 | |
|---|---|---|---|---|---|
| | 账号 | | | 账号 | |
| | 开户银行 | | | 开户银行 | |

| 金额 | 人民币（大写） | 亿 | 千 | 百 | 十 | 万 | 千 | 百 | 十 | 元 | 角 | 分 |
|---|---|---|---|---|---|---|---|---|---|---|---|---|
| | | | | | | | | | | | | |

| 票据种类 | | 票据张数 | |
|---|---|---|---|
| 票据号码 | | | |

复核 记账

开户银行盖章

此联是开户银行交给持（出）票人的回单

图 2-1-46 银行进账单

20）10 月 20 日，银行代发上月工资。涉及的凭证如图 2-1-47 和图 2-1-48 所示。

**中国建设银行对公客户付款通知单**

币别：人民币 2016 年 10 月 20 日 交易种类：支付工资

| 付款人 | 全称 | 广东倍家科技有限公司 | 收款人 | 全称 | |
|---|---|---|---|---|---|
| | 账号 | 71682674052 | | 账号 | |
| | 开户行 | 建行仲恺支行 | | 开户行 | |
| 大写金额 | （人民币）叁拾伍万壹仟捌佰叁拾肆元肆角贰分 | | | | ¥351 834.42 |

上述款项已从你单位存款账户 71682674052 支付。

中国建设银行股份有限公司 惠州仲恺支行 2016.10.20 办讫章 （2）

（银行盖章）

会计主管： 复核： 记账：

此联为付款人付款通知

图 2-1-47 付款通知单

**工资清单**

2016 年 09 月 30 日 单位：元

| 序号 | 姓名 | 账号 | 基本工资 | 奖金 | 津贴补贴 | 应付工资 | 社会保险费 | 住房公积金 | 个人所得税 | 实发工资 |
|---|---|---|---|---|---|---|---|---|---|---|
| 1 | 陈利胜 | 71682162301 | 3 080.00 | 1 500.00 | 800.00 | 5 280.00 | 538.56 | 422.40 | 24.57 | 4 203.80 |
| 2 | 何建明 | 71682162302 | 2 970.00 | 1 400.00 | 650.00 | 5 020.00 | 512.04 | 401.60 | 18.19 | 4 019.20 |
| 3 | 杨晓梅 | 71682162303 | 2 950.00 | 1 380.00 | 640.00 | 4 970.00 | 506.94 | 397.60 | 16.96 | 3 981.60 |
| … | … | … | … | … | … | … | … | … | … | … |
| … | … | … | … | … | … | … | … | … | … | … |
| 合计 | — | — | … | … | … | 430 900.00 | 43 951.80 | 34 472.00 | 641.78 | 351 834.42 |

单位负责人：陈利胜 会计主管：何建明 会计：杨晓梅 制表：谢惠新

图 2-1-48 工资清单

21）10 月 20 日，缴纳上月的社会保险费和住房公积金。涉及的凭证如图 2-1-49 和图 2-1-50 所示。

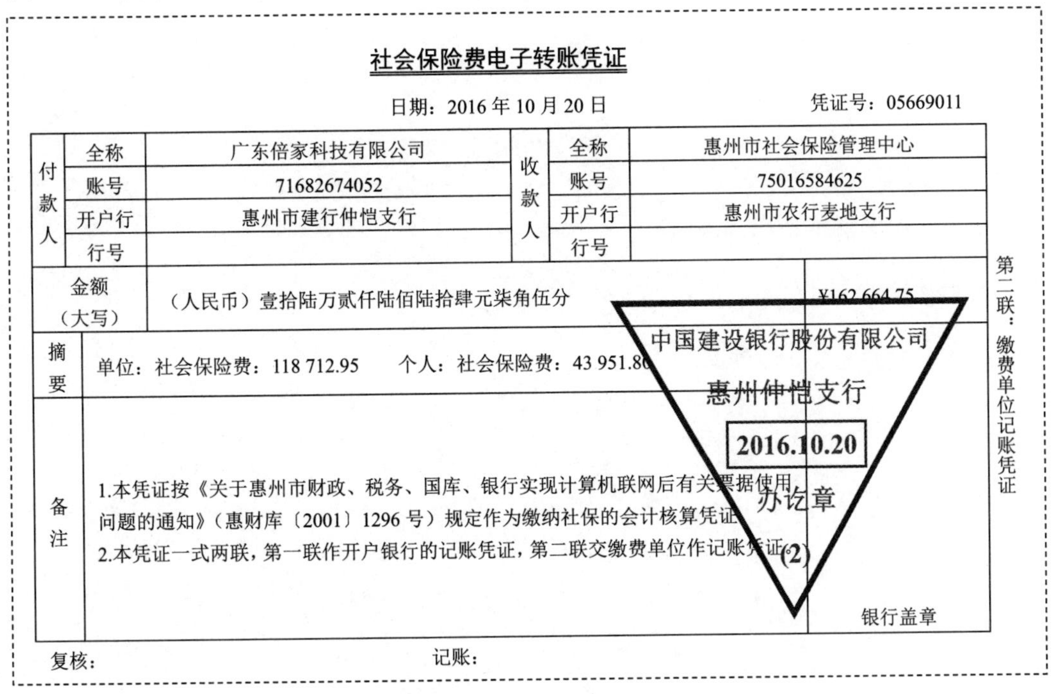

**社会保险费电子转账凭证**

日期：2016 年 10 月 20 日　　　凭证号：05669011

| 付款人 | 全称 | 广东倍家科技有限公司 | 收款人 | 全称 | 惠州市社会保险管理中心 |
|---|---|---|---|---|---|
| | 账号 | 71682674052 | | 账号 | 75016584625 |
| | 开户行 | 惠州市建行仲恺支行 | | 开户行 | 惠州市农行麦地支行 |
| | 行号 | | | 行号 | |
| 金额（大写） | | （人民币）壹拾陆万贰仟陆佰陆拾肆元柒角伍分 | | | ¥162 664.75 |
| 摘要 | | 单位：社会保险费：118 712.95　　个人：社会保险费：43 951.80 | | | |
| 备注 | | 1.本凭证按《关于惠州市财政、税务、国库、银行实现计算机联网后有关票据使用问题的通知》（惠财库〔2001〕1296 号）规定作为缴纳社保的会计核算凭证<br>2.本凭证一式两联，第一联作开户银行的记账凭证，第二联交缴费单位作记账凭证。 | | | 银行盖章 |



复核：　　　记账：

图 2-1-49　社会保险费电子转账凭证

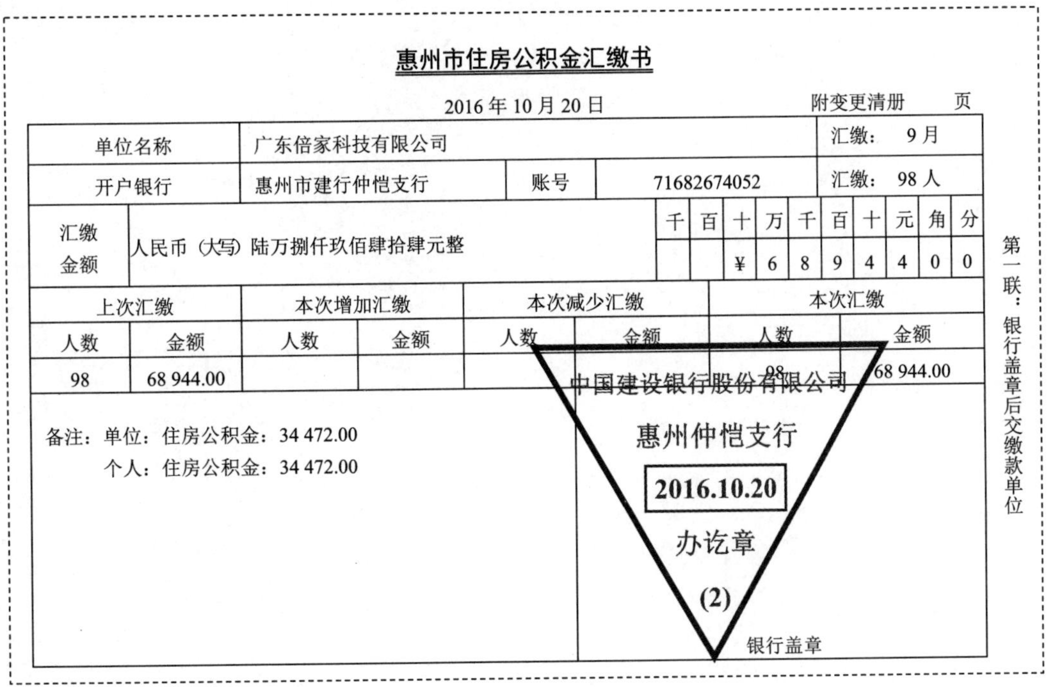

**惠州市住房公积金汇缴书**

2016 年 10 月 20 日　　　附变更清册　　页

| 单位名称 | 广东倍家科技有限公司 | | | 汇缴：　9 月 |
|---|---|---|---|---|
| 开户银行 | 惠州市建行仲恺支行 | 账号 | 71682674052 | 汇缴：　98 人 |

| 汇缴金额 | 人民币（大写）陆万捌仟玖佰肆拾肆元整 | 千 | 百 | 十 | 万 | 千 | 百 | 十 | 元 | 角 | 分 |
|---|---|---|---|---|---|---|---|---|---|---|---|
| | | | | ¥ | 6 | 8 | 9 | 4 | 4 | 0 | 0 |

| 上次汇缴 | | 本次增加汇缴 | | 本次减少汇缴 | | 本次汇缴 | |
|---|---|---|---|---|---|---|---|
| 人数 | 金额 | 人数 | 金额 | 人数 | 金额 | 人数 | 金额 |
| 98 | 68 944.00 | | | | | 98 | 68 944.00 |

备注：单位：住房公积金：34 472.00
　　　个人：住房公积金：34 472.00

银行盖章



图 2-1-50　住房公积金汇缴书

22）10 月 21 日，支付上月水电费。涉及的凭证如图 2-1-51～图 2-1-54 所示。

4417241743　　广东增值税专用发票　　№221341301

开票日期：2016 年 10 月 21 日

| 购货单位 | 名称：广东倍家科技有限公司<br>纳税人识别号：440703256268024<br>地址、电话：惠州市仲恺大道 248 号，88327589<br>开户行及账号：惠州市建行仲恺支行，71682674052 | 密码区 | （略） | | | | |
|---|---|---|---|---|---|---|---|
| 货物或应税劳务、服务名称 | 规格型号 | 单位 | 数量 | 单价 | 金额 | 税率 | 税额 |
| 供电 | | 度 | 8 550 | 1.20 | 10 260.00 | 17% | 1 744.20 |
| 合计 | | | | | ¥10 260.00 | | ¥1 744.20 |
| 价税合计（大写） | ⊗壹万贰仟零肆元贰角整 | | | | （小写）¥12 004.20 | | |
| 销货单位 | 名称：广东电网惠州供电公司<br>纳税人识别号：440172867267836<br>地址、电话：惠州麦地南路 42 号，88683127<br>开户行及账号：工行麦地支行，78263674849 | 备注 | | | | | |

收款人：　　复核：　　开票人：谢德林　　销货单位：（章）

第三联：发票联　购买方记账凭证



图 2-1-51　电费发票

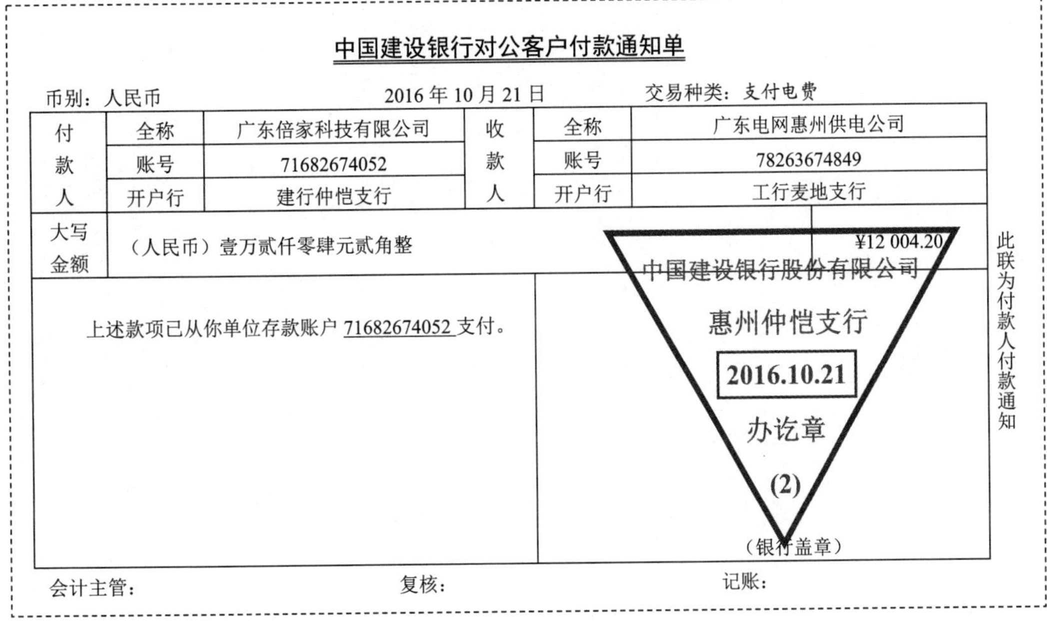

中国建设银行对公客户付款通知单

币别：人民币　　2016 年 10 月 21 日　　交易种类：支付电费

| 付款人 | 全称 | 广东倍家科技有限公司 | 收款人 | 全称 | 广东电网惠州供电公司 |
|---|---|---|---|---|---|
| | 账号 | 71682674052 | | 账号 | 78263674849 |
| | 开户行 | 建行仲恺支行 | | 开户行 | 工行麦地支行 |
| 大写金额 | （人民币）壹万贰仟零肆元贰角整 | | | | ¥12 004.20 |
| 上述款项已从你单位存款账户 71682674052 支付。 | | | （银行盖章） | | |

会计主管：　　复核：　　记账：

此联为付款人付款通知



图 2-1-52　付款通知单

4417269742　　　　**广东增值税专用发票**　　　　№ 323561701

开票日期：2016 年 10 月 21 日

| 购货单位 | 名称：广东倍家科技有限公司<br>纳税人识别号：440703256268024<br>地址、电话：惠州市仲恺大道 248 号，88327589<br>开户行及账号：惠州市建行仲恺支行，71682674052 | | | | 密码区 | （略） | | |
|---|---|---|---|---|---|---|---|---|
| 货物或应税劳务、服务名称 | 规格型号 | 单位 | 数量 | 单价 | 金额 | 税率 | 税额 | |
| 供水 | | 吨 | 177 | 4.00 | 708.00 | 13% | 92.04 | |
| 合计 | | | | | ¥708.00 | 13% | ¥92.04 | |
| 价税合计（大写） | ⊗捌佰元零肆分 | | | | （小写）¥800.04 | | | |
| 销货单位 | 名称：惠州市自来水总公司<br>纳税人识别号：440172387269636<br>地址、电话：惠州金湖路 118 号，88696627<br>开户行及账号：建行金湖支行，71224574848 | | | | 备注 | | | |

收款人：　　复核：　　开票人：黄爱林　　销货单位：（章）

第三联：发票联　购买方记账凭证



图 2-1-53　水费发票

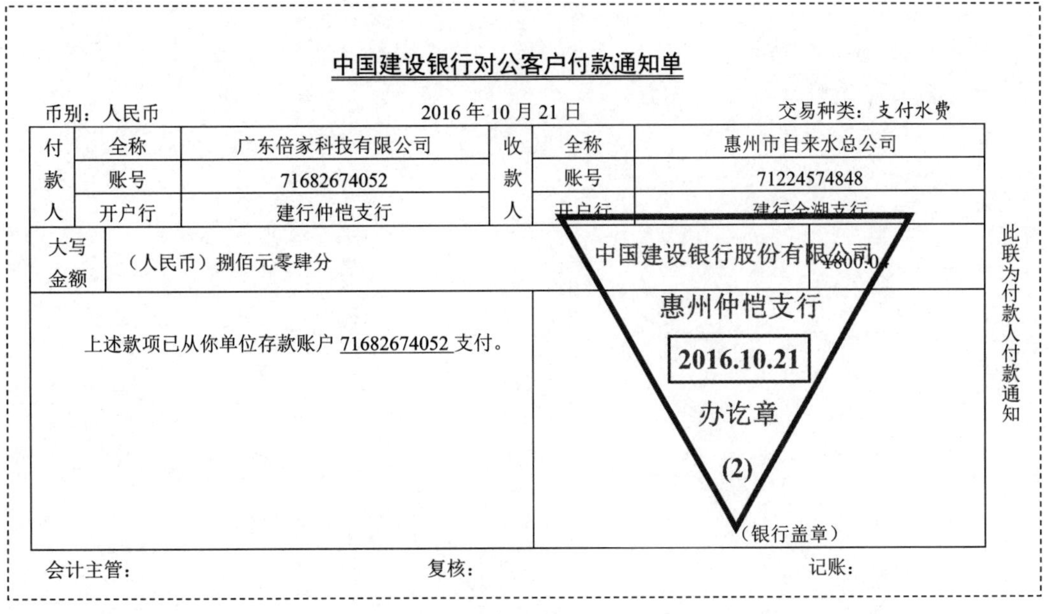

**中国建设银行对公客户付款通知单**

币别：人民币　　2016 年 10 月 21 日　　交易种类：支付水费

| 付款人 | 全称 | 广东倍家科技有限公司 | 收款人 | 全称 | 惠州市自来水总公司 |
|---|---|---|---|---|---|
| | 账号 | 71682674052 | | 账号 | 71224574848 |
| | 开户行 | 建行仲恺支行 | | 开户行 | 建行金湖支行 |
| 大写金额 | （人民币）捌佰元零肆分 | | | | ¥800.04 |
| 上述款项已从你单位存款账户 71682674052 支付。 | | | （银行盖章） | | |

会计主管：　　复核：　　记账：

此联为付款人付款通知



图 2-1-54　付款通知单

23）10 月 21 日，向广东利源电子有限公司采购 DRH 电路板一批，收到增值税专用发票，款项已付，DRH 电路板验收合格入库。涉及的凭证如图 2-1-55～图 2-1-57 所示。

**广东增值税专用发票**

4407541253　　发票联　　№ 346073106

（印章：全国统一发票监制章 广东省 国家税务总局监制）

开票日期：2016 年 10 月 21 日

| 购货单位 | 名　　称：广东倍家科技有限公司<br>纳税人识别号：440703256268024<br>地 址、电 话：惠州市仲恺大道 248 号，88327589<br>开户行及账号：惠州市建行仲恺支行，71682674052 | 密码区 | （略） | | | | |
|---|---|---|---|---|---|---|---|
| 货物或应税劳务、服务名称 | 规格型号 | 单位 | 数量 | 单价 | 金额 | 税率 | 税额 |
| DRH 电路板 | | 块 | 8 000 | 11.80 | 94 400.00 | 17% | 16 048.00 |
| 合　计 | | | | | ¥94 400.00 | | ¥16 048.00 |
| 价税合计（大写） | ⊗壹拾壹万零肆佰肆拾捌元整 | | | | （小写）¥110 448.00 | | |
| 销货单位 | 名　　称：广东利源电子有限公司<br>纳税人识别号：440702498268020<br>地 址、电 话：惠州市金山大道 120 号，86682584<br>开户行及账号：惠州农行金山支行，71682543357 | 备注 | （印章：广东利源电子有限公司 440702498268020 发票专用章） | | | | |

收款人：　　复核：　　开票人：郑志源　　销货单位：（章）

第三联：发票联 购买方记账凭证

图 2-1-55　增值税专用发票

**中国建设银行支票存根（粤）**

GS 01034005

附加信息

出票日期　年　月　日

收款人：

金　额：

用　途：

单位主管　　会计

**中国建设银行支票（粤）**　　GS 01034005

付款期限自出票之日起十天

出票日期（大写）　年　月　日　　付款行名称：

收款人：　　出票人账号：

| 人民币（大写） | 千 | 百 | 十 | 万 | 千 | 百 | 十 | 元 | 角 | 分 |
|---|---|---|---|---|---|---|---|---|---|---|
| | | | | | | | | | | |

用途　　密码

上列款项请从我账户内支付　　行号

出票人签章　（印章：广东倍家科技有限公司财务专用章）（印章：陈利胜）

复核　　记账

（a）支票正面

图 2-1-56　支票

| 附加信息： | 被背书人： | 被背书人： | （粘贴单处） | 根据《中华人民共和国票据法》等法律法规的规定，签发空头支票由中国人民银行处以票面金额5%但不低于1 000元的罚款。 |
|---|---|---|---|---|
| | 背书人签章<br>年 月 日 | 背书人签章<br>年 月 日 | | |

（b）支票背面

图 2-1-56 支票（续）

**收 料 单**

2016 年 10 月 21 日　　收字第 1005 号

| 材料名称 | 规格型号 | 单位 | 应收数量 | 实收数量 | 金额（元） |
|---|---|---|---|---|---|
| DRH 电路板 | | 块 | 8 000 | 8 000 | 94 400.00 |
| | | | | | |

仓库主管：陈德明　　验收：李怡华　　收料：朱永材

图 2-1-57 收料单

24）10 月 21 日，签发转账支票支付惠州捷运报关有限公司报关代理费。涉及的凭证如图 2-1-58 和图 2-1-59 所示。

4607053350　　广东增值税普通发票　　№ 036130105

开票日期：2016 年 10 月 21 日

| 购货单位 | 名称：广东倍家科技有限公司<br>纳税人识别号：440703256268024<br>地址、电话：惠州市仲恺大道 248 号，88327589<br>开户行及账号：惠州市建行仲恺支行，71682674052 | | | | 密码区 | （略） | |
|---|---|---|---|---|---|---|---|
| 货物或应税劳务、服务名称 | 规格型号 | 单位 | 数量 | 单价 | 金额 | 税率 | 税额 |
| 报关代理费 | | | | | 1 941.75 | 3% | 58.25 |
| 合　计 | | | | | ¥1 941.75 | | ¥58.25 |
| 价税合计（大写） | ⊗贰仟元整 | | | | | （小写） | ¥2 000.00 |
| 销货单位 | 名称：惠州捷运报关有限公司<br>纳税人识别号：440716426268634<br>地址、电话：惠州市仲恺大道 175 号，88326659<br>开户行及账号：惠州市建行仲恺支行，71682677895 | | | | 备注 | | |

收款人：李忠彬　　复核：吴萍　　开票人：周兰新　　销货单位：（章）

第三联：发票联　购买方记账凭证



图 2-1-58 增值税普通发票发票联

中国建设银行支票存根（粤）

GS 01034006

附加信息

出票日期　　年　月　日

| 收款人： |
|---|
| 金　额： |
| 用　途： |

单位主管　　会计

付款期限自出票之日起十天

中国建设银行支票（粤）　　GS 01034006

出票日期（大写）　　年　月　日　　付款行名称：

收款人：　　出票人账号：

| 人民币（大写） | 千 | 百 | 十 | 万 | 千 | 百 | 十 | 元 | 角 | 分 |
|---|---|---|---|---|---|---|---|---|---|---|
| | | | | | | | | | | |

用途　　密码

上列款项请从　　行号

我账户内支付

出票人签章　　广东倍家科技有限公司财务专用章　　陈利胜

复核　　记账

（a）支票正面

| 附加信息： | 被背书人： | 被背书人： | （粘贴单处） | 根据《中华人民共和国票据法》等法律法规的规定，签发空头支票由中国人民银行处以票面金额5%但不低于1 000元的罚款。 |
|---|---|---|---|---|
| | 背书人签章<br>年　月　日 | 背书人签章<br>年　月　日 | | |

（b）支票背面

图 2-1-59　支票

25）10 月 22 日，向美国凯特电器有限公司出口电热壶 2 000 台，每台 11 美元 FOB 价格；电饭锅 800 台，每台 28 美元 FOB 价格。当日美元汇率为 1∶6.50。涉及的凭证如图 2-1-60～图 2-1-63 所示。

**4601041141** 广东增值税普通发票 发票联 №031131005

开票日期：2016年10月22日

| 购货单位 | 名　　称：美国凯特电器有限公司<br>纳税人识别号：（Kate Electronics Co. Ltd., U.S.A.）<br>地 址、电 话：<br>开户行及账号： | 密码区 | （略） |
|---|---|---|---|

| 货物或应税劳务、服务名称 | 规格型号 | 单位 | 数量 | 单价 | 金额 | 税率 | 税额 |
|---|---|---|---|---|---|---|---|
| 电热壶 | | 台 | 2 000 | 71.50 | 143 000.00 | ××× | ××× |
| 电饭锅 | | 台 | 800 | 182.00 | 145 600.00 | ××× | ××× |
| 合　计 | | | | | ¥288 600 | | ××× |
| 价税合计（大写） | ⊗贰拾捌万捌仟陆佰元整 | | | | （小写）¥288 600.00 | | |

| 销货单位 | 名　　称：广东倍家科技有限公司<br>纳税人识别号：440703256268024<br>地 址、电 话：惠州市仲恺大道248号，88327589<br>开户行及账号：惠州市建行仲恺支行，71682674052 | 备注 | 电热壶2 000台，每台11美元FOB价格；电饭锅800台，每台28美元FOB价格 |
|---|---|---|---|

广东倍家科技有限公司 440703256268024 发票专用章

收款人：　　复核：杨晓梅　　开票人：王耀林　　销货单位：（章）

第二联：发票联　购买方记账凭证

图2-1-60　增值税普通发票发票联

**4601041141** 广东增值税普通发票 №031131005

全国统一发票监制章 广东省 国家税务总局监制

此联不作报销、扣税凭证使用

开票日期：2016年10月22日

| 购货单位 | 名　　称：美国凯特电器有限公司<br>纳税人识别号：（Kate Electronics Co. Ltd., U.S.A.）<br>地 址、电 话：<br>开户行及账号： | 密码区 | （略） |
|---|---|---|---|

| 货物或应税劳务、服务名称 | 规格型号 | 单位 | 数量 | 单价 | 金额 | 税率 | 税额 |
|---|---|---|---|---|---|---|---|
| 电热壶 | | 台 | 2 000 | 71.50 | 143 000.00 | ××× | ××× |
| 电饭锅 | | 台 | 800 | 182.00 | 145 600.00 | ××× | ××× |
| 合　计 | | | | | ¥288 600.00 | | ××× |
| 价税合计（大写） | ⊗贰拾捌万捌仟陆佰元整 | | | | （小写） ¥288 600.00 | | |

| 销货单位 | 名　　称：广东倍家科技有限公司<br>纳税人识别号：440703256268024<br>地 址、电 话：惠州市仲恺大道248号，88327589<br>开户行及账号：惠州市建行仲恺支行，71682674052 | 备注 | 电热壶2 000台，每台11美元FOB价格；电饭锅800台，每台28美元FOB价格 |
|---|---|---|---|

收款人：　　复核：杨晓梅　　开票人：王耀林　　销货单位：（章）

第一联：记账联　销售方记账凭证

图2-1-61　增值税普通发票记账联

**中华人民共和国海关出口货物报关单**　　企业留存联

预录入编号：702491084　　海关编号：601920100123452364

| 出口口岸　皇岗海关 | | 备案号　5301 | 出口日期　2016-10-22 | 申报日期　2016-10-21 |
|---|---|---|---|---|
| 经营单位<br>广东倍家科技有限公司 | | 运输方式<br>公路运输 | 运输工具名称<br>粤 ZHN87 港 | 提运单号<br>5000580479275 |
| 发货单位<br>广东倍家科技有限公司 | | 贸易方式<br>一般贸易 0110 | 征免性质<br>一般征税（110） | 结汇方式<br>电汇 |
| 许可证号 | 运抵国(地区)<br>纽约（502） | 指运港<br>纽约（502） | | 境内货源地<br>惠州（44130） |
| 批准文号<br>246354851 | 成交方式<br>FOB | 运费 | 保费 | 杂费 |
| 合同协议号<br>101001 | 件数<br>310 | 包装种类<br>纸箱 | 毛重（千克）<br>5 200 | 净重（千克）<br>4 920 |
| 集装箱号<br>0 | 随附单据<br>B | | | 生产厂家 |

标记唛码及备注
随附单证号：031131005

| 项号 | 商品编号 | 商品名称、规格型号 | 数量及单位 | 最终目的国(地区) | 单价 | 总价 | 币制 | 征免 |
|---|---|---|---|---|---|---|---|---|
| 1.8516.6030<br>(　0　) | | 电热壶<br>1.2 千克×1 台 | 2 400.00 千克<br>0.00<br>120.00 箱 | 纽约<br>(502) | 11.00 | 22 000.00 | USD<br>美元<br>用途： | 照章征税 |
| 2.8516.7190<br>(　0　) | | 电饭锅<br>3.5 千克×1 台 | 2 800.00 千克<br>0.00<br>190. 00 箱 | 纽约<br>(502) | 28.00 | 22 400.00 | USD<br>美元<br>用途： | 照章征税 |

税费征收情况

中华人民共和国深圳海关 验讫章 (17)

| 录入员　录入单位 | 兹声明以上申报无讹并承担法律责任 | 海关审单批注及放行日期(签章) |
|---|---|---|
| 报关员 | | 审单　　审价 |
| 单位地址 | 申报单位(签章) | 征税　　统计 |
| 邮编　　电话 | 填制日期 | 查验　　放行 |

图 2-1-62　出口货物报关单

**产品出库单**

2016 年 10 月 22 日　　第 01005 号

| 产品名称 | 规格 | 型号 | 单位 | 数量 | 单位成本 | 金额（元） |
| --- | --- | --- | --- | --- | --- | --- |
| 电热壶 | | | 台 | 2 000 | | |
| 电饭锅 | | | 台 | 800 | | |

仓库主管：陈德明　　复核：杨晓梅　　发货：朱永材　　制单：梁晓芳

图 2-1-63　产品出库单

26）10 月 24 日，填写银行汇票申请书，向开户行申请签发银行汇票，收款人为广东福林科技有限公司，金额为 120 000 元。涉及的凭证如图 2-1-64 所示。

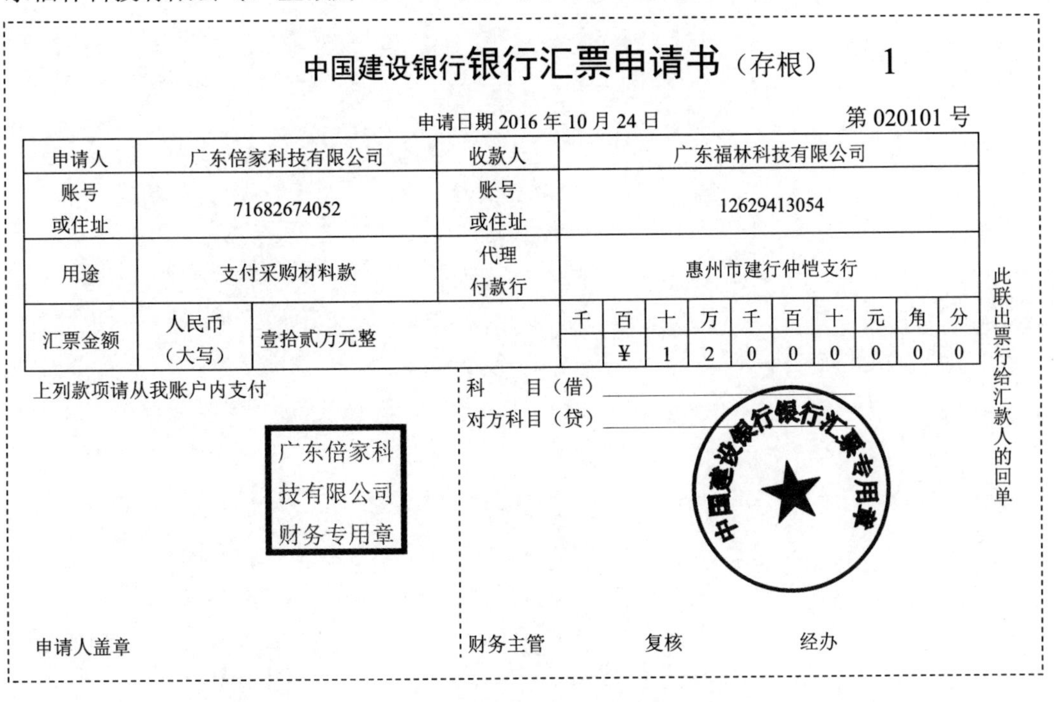

中国建设银行银行汇票申请书（存根）　1

申请日期 2016 年 10 月 24 日　　第 020101 号

| 申请人 | 广东倍家科技有限公司 | 收款人 | 广东福林科技有限公司 |
| --- | --- | --- | --- |
| 账号或住址 | 71682674052 | 账号或住址 | 12629413054 |
| 用途 | 支付采购材料款 | 代理付款行 | 惠州市建行仲恺支行 |

| 汇票金额 | 人民币（大写） | 壹拾贰万元整 | 千 | 百 | 十 | 万 | 千 | 百 | 十 | 元 | 角 | 分 |
| --- | --- | --- | --- | --- | --- | --- | --- | --- | --- | --- | --- | --- |
| | | | | ¥ | 1 | 2 | 0 | 0 | 0 | 0 | 0 | 0 |

上列款项请从我账户内支付

广东倍家科技有限公司财务专用章

申请人盖章

科　目（借）______

对方科目（贷）______

中国建设银行银行汇票专用章

财务主管　　复核　　经办

此联出票行给汇款人的回单

图 2-1-64　银行汇票申请书存根联

27）10 月 24 日，向广东华新钢材有限公司采购 HDP 钢板一批，收到增值税专用发票，款项未付，HDP 钢板验收合格入库。涉及的凭证如图 2-1-65 和图 2-1-66 所示。

4408241741　　　　广东增值税专用发票　　　　№ 421061407

开票日期：2016 年 10 月 24 日

| 购货单位 | 名　　称：广东倍家科技有限公司<br>纳税人识别号：440703256268024<br>地 址、电 话：惠州市仲恺大道 248 号，88327589<br>开户行及账号：惠州市建行仲恺支行，71682674052 | | | | 密码区 | （略） | | |
|---|---|---|---|---|---|---|---|---|
| 货物或应税劳务、服务名称 | 规格型号 | 单位 | 数量 | 单价 | 金额 | 税率 | 税额 | |
| HDP 钢板 | | 千克 | 4 000 | 13.50 | 54 000.00 | 17% | 9 180.00 | |
| 合　计 | | | | | ¥54 000.00 | | ¥9 180.00 | |
| 价税合计（大写） | ⊗陆万叁仟壹佰捌拾元整 | | | | | （小写）¥63 180.00 | | |
| 销货单位 | 名　　称：广东华新钢材有限公司<br>纳税人识别号：440703568268026<br>地 址、电 话：惠州市惠南大道 96 号，86637584<br>开户行及账号：惠州建行惠南支行，71606313052 | | | | 备注 | | | |

第三联：发票联　购买方记账凭证

收款人：　　复核：李立华　　开票人：陈红娜　　销货单位：（章）

（印章：广东华新钢材有限公司 440703568268026 发票专用章）

图 2-1-65　增值税专用发票

**收　料　单**

2016 年 10 月 24 日　　　　收字第 1006 号

| 材料名称 | 规格型号 | 单位 | 应收数量 | 实收数量 | 金额（元） |
|---|---|---|---|---|---|
| HDP 钢板 | | 千克 | 4 000 | 4 000 | 54 000.00 |
| | | | | | |

仓库主管：陈德明　　验收：李怡华　　收料：朱永材

图 2-1-66　收料单

28）10 月 24 日，领用材料，投入 3 000 台电热壶、1 000 台电饭锅生产。涉及的凭证如图 2-1-67 和图 2-1-68 所示。

**领　料　单**

用途：生产电热壶　　2016 年 10 月 24 日　　领字第 01005 号

| 材料名称 | 规格型号 | 单位 | 请领数量 | 实发数量 | 金额（元） |
|---|---|---|---|---|---|
| HDP 钢板 | | 千克 | 600 | 600 | |
| SEP 塑料 | | 千克 | 600 | 600 | |
| DRH 电路板 | | 块 | 3 000 | 3 000 | |

仓库主管：陈德明　　复核：杨晓梅　　发料：朱永材　　制单：梁晓芳

图 2-1-67　领料单 1

领　料　单

用途：生产电饭锅　　　　2016年10月24日　　　　领字第01006号

| 材料名称 | 规格型号 | 单位 | 请领数量 | 实发数量 | 金额（元） |
| --- | --- | --- | --- | --- | --- |
| HDP钢板 | | 千克 | 600 | 600 | |
| SEP塑料 | | 千克 | 600 | 600 | |
| DFG电路板 | | 块 | 1 000 | 1 000 | |

仓库主管：陈德明　　复核：杨晓梅　　发料：朱永材　　制单：梁晓芳

图2-1-68　领料单2

29）10月25日，计提本月长期借款利息。涉及的凭证如图2-1-69所示。

利息计提单

2016年10月25日　　　　单位：元

| 计息项目 | 起息日 | 结息日 | 本金 | 年利率 | 利息 |
| --- | --- | --- | --- | --- | --- |
| 长期借款 | 2016.9.25 | 2016.10.25 | 320 000.00 | 6% | 1 600.00 |
| | | | | | |
| | | | | | |
| | | | | | |
| 合计（大写） | 人民币壹仟陆佰元整 | | | | ¥1 600.00 |

会计主管：何建明　　会计：杨晓梅　　制单：谢惠新

图2-1-69　利息计提单1

30）10月25日，支付本月短期借款利息。涉及的凭证如图2-1-70和图2-1-71所示。

利息计提单

2016年10月25日　　　　单位：元

| 计息项目 | 起息日 | 结息日 | 本金 | 年利率 | 利息 |
| --- | --- | --- | --- | --- | --- |
| 短期借款 | 2016.9.25 | 2016.10.25 | 40 000.00 | 9% | 300.00 |
| | | | | | |
| | | | | | |
| | | | | | |
| 合计（大写） | 人民币叁佰元整 | | | | ¥300.00 |

会计主管：何建明　　会计：杨晓梅　　制单：谢惠新

图2-1-70　利息计提单2

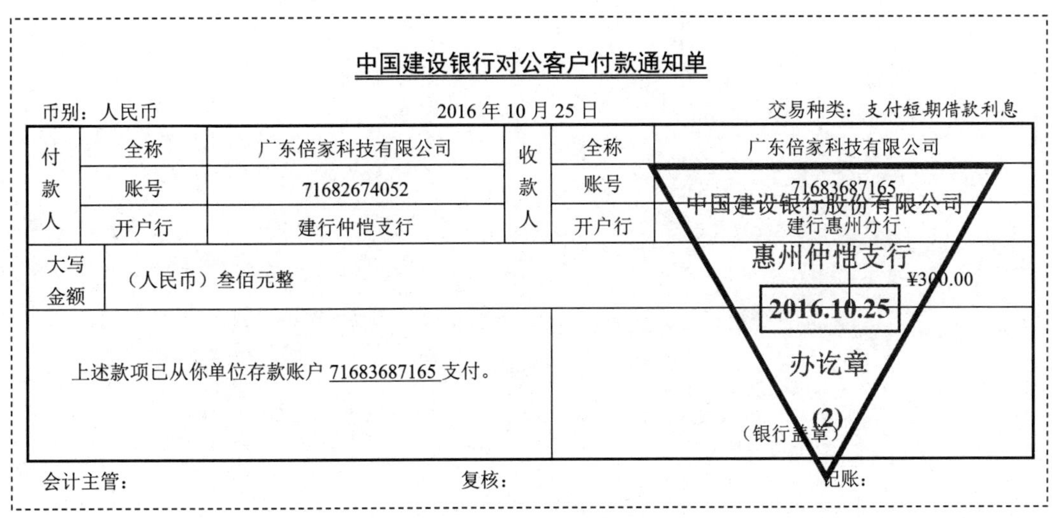

**中国建设银行对公客户付款通知单**

币别：人民币　　2016 年 10 月 25 日　　交易种类：支付短期借款利息

| 付款人 | 全称 | 广东倍家科技有限公司 | 收款人 | 全称 | 广东倍家科技有限公司 |
|---|---|---|---|---|---|
| | 账号 | 71682674052 | | 账号 | 71683687165 |
| | 开户行 | 建行仲恺支行 | | 开户行 | 建行惠州分行 |
| 大写金额 | （人民币）叁佰元整 | | | | ¥300.00 |
| 上述款项已从你单位存款账户 71683687165 支付。 | | | （银行盖章） | | |

会计主管：　　复核：　　记账：



图 2-1-71　付款通知单

31）10 月 26 日，电热壶 4 000 台、电饭锅 2 000 台完工，验收合格入库。涉及的凭证如图 2-1-72 所示。

**产成品入库单**

2016 年 10 月 26 日　　收字第 0103 号

| 产品名称 | 规格型号 | 单位 | 应收数量 | 实收数量 | 备注 |
|---|---|---|---|---|---|
| 电热壶 | | 台 | 4 000 | 4 000 | |
| 电饭锅 | | 台 | 2 000 | 2 000 | |

仓库主管：陈德明　　复核：朱永材　　验收：李怡华　　制单：梁晓芳

图 2-1-72　产成品入库单

32）10 月 26 日，收到深圳佳缘电器有限公司支付的本月 18 日的货款。涉及的凭证如图 2-1-73～图 2-1-75 所示。

**中国工商银行支票**（粤）　　GS 23853401

付款期限自出票之日起十天

出票日期（大写）贰零壹陆年零壹拾月贰拾陆日　　付款行名称：工行怡景支行

收款人：广东倍家科技有限公司　　出票人账号：21934783058

| 人民币（大写） | 千 | 百 | 十 | 万 | 千 | 百 | 十 | 元 | 角 | 分 |
|---|---|---|---|---|---|---|---|---|---|---|
| 贰拾陆万贰仟伍佰柒拾壹元肆角整 | | ¥ | 2 | 6 | 2 | 5 | 7 | 1 | 4 | 0 |

用途 支付货款　　密码

上列款项请从我账户内支付　　行号

出票人签章　　复核　　记账



（a）转账支票正面

图 2-1-73　转账支票

| 附加信息： | 被背书人： | 被背书人： |
| --- | --- | --- |
| | 背书人签章<br>年 月 日 | 背书人签章<br>年 月 日 |

（b）转账支票背面

图 2-1-73 转账支票（续）

**中国建设银行进账单** （回 单） 1

年 月 日

| 出票人 | 全称 | | 收款人 | 全称 | | | | | | | | | | |
| --- | --- | --- | --- | --- | --- | --- | --- | --- | --- | --- | --- | --- | --- | --- |
| | 账号 | | | 账号 | | | | | | | | | | |
| | 开户银行 | | | 开户银行 | | | | | | | | | | |
| 金额 | 人民币（大写） | | 亿 | 千 | 百 | 十 | 万 | 千 | 百 | 十 | 元 | 角 | 分 | |
| 票据种类 | | 票据张数 | | | | | | | | | | | | |
| 票据号码 | | | | | | | | | | | | | | |
| 复核 记账 | | | 开户银行盖章 | | | | | | | | | | | |

此联是开户银行交给持（出）票人的回单

图 2-1-74 银行进账单

**现金折扣审批单**

2016 年 10 月 26 日 单位：元

| 购买单位 | 深圳佳缘电器有限公司 | | 现金折扣条件 | （2/10，1/20，n/30） | |
| --- | --- | --- | --- | --- | --- |
| 商品名称 | 销售时间 | 收款时间 | 价税金额 | 折扣率 | 现金折扣 |
| 电热壶 | 2016.10.18 | 2016.10.26 | 152 100.00 | 2% | 3 042.00 |
| 电饭锅 | 2016.10.18 | 2016.10.26 | 115 830.00 | 2% | 2 316.60 |
| | | | | | |
| 合计 | — | — | ¥267 930.00 | 2% | ¥5 358.60 |

会计主管：何建明 销售主管：王裕峰 制表：梁晓芳

图 2-1-75 现金折扣审批单

33）10 月 26 日，根据合同向广东海天电器有限公司销售电热壶 3 000 台，单价 65 元，开出增值税专用发票，已办理托收手续。涉及的凭证如图 2-1-76～图 2-1-79 所示。

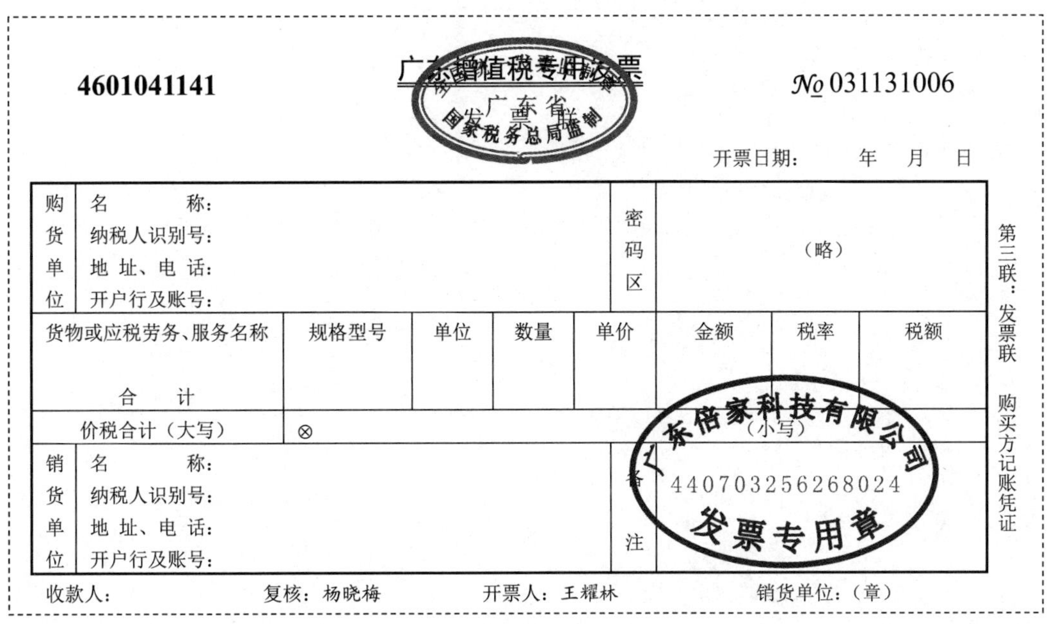

4601041141　　广东增值税专用发票　　№ 031131006

发票联

开票日期：　年　月　日

| 购货单位 | 名　称：<br>纳税人识别号：<br>地 址、电 话：<br>开户行及账号： | | | | 密码区 | （略） | |
|---|---|---|---|---|---|---|---|
| 货物或应税劳务、服务名称 | 规格型号 | 单位 | 数量 | 单价 | 金额 | 税率 | 税额 |
| 合　计 | | | | | | | |
| 价税合计（大写） | ⊗ | | | | （小写） | | |
| 销货单位 | 名　称：<br>纳税人识别号：<br>地 址、电 话：<br>开户行及账号： | | | | 备注 | | |

收款人：　　复核：杨晓梅　　开票人：王耀林　　销货单位：（章）

第三联：发票联　购买方记账凭证



图 2-1-76　增值税专用发票发票联

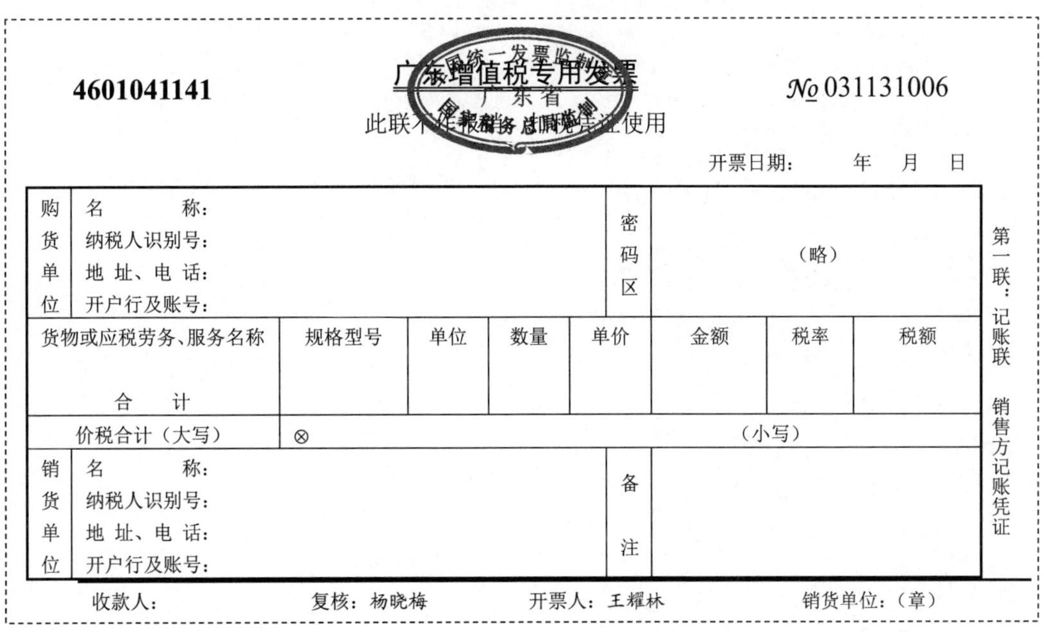

4601041141　　广东增值税专用发票　　№ 031131006

此联不作报销、扣税凭证使用

开票日期：　年　月　日

| 购货单位 | 名　称：<br>纳税人识别号：<br>地 址、电 话：<br>开户行及账号： | | | | 密码区 | （略） | |
|---|---|---|---|---|---|---|---|
| 货物或应税劳务、服务名称 | 规格型号 | 单位 | 数量 | 单价 | 金额 | 税率 | 税额 |
| 合　计 | | | | | | | |
| 价税合计（大写） | ⊗ | | | | （小写） | | |
| 销货单位 | 名　称：<br>纳税人识别号：<br>地 址、电 话：<br>开户行及账号： | | | | 备注 | | |

收款人：　　复核：杨晓梅　　开票人：王耀林　　销货单位：（章）

第一联：记账联　销售方记账凭证



图 2-1-77　增值税专用发票记账联

34）10 月 27 日，向广东福林科技有限公司采购 DFG 电路板一批，收到增值税专用发票，DFG 电路板验收合格入库，款项以银行汇票支付，并收回多余银行汇票款。涉及的凭证如图 2-1-80～图 2-1-82 所示。

**托收凭证**（受理回单） 1

委托日期： 年 月 日

| 业务类型 | 委托收款（□邮划、□电划） | | | 托收承付（□邮划、☑电划） | | |
|---|---|---|---|---|---|---|
| 付款人 | 全称 | | 收款人 | 全称 | | |
| | 账号 | | | 账号 | | |
| | 地址 | 市 县 开户行 | | 地址 | 市 县 开户行 | |
| 金额 | 人民币（大写） | | 亿 千 百 十 万 千 百 十 元 角 分 | | | |
| 款项内容 | | 托收凭据名称 | | 附寄单证张数 | | |
| 商品发运情况 | | | | 合同名称号码 | HT0010031 | |
| 备注：<br>复核 记账 | | 款项收妥日期：<br>年 月 日 | | 收款人开户银行签章 | | |

中国建设银行股份有限公司 惠州仲恺支行 2016.10.26 办讫章 (4)

此联作收款人开户银行给收款人的受理回单

图 2-1-78 托收承付受理回单

**产品出库单**

2016 年 10 月 26 日 第 01006 号

| 产品名称 | 规格 | 型号 | 单位 | 数量 | 单位成本 | 金额（元） |
|---|---|---|---|---|---|---|
| 电热壶 | | | 台 | 3 000 | | |
| | | | | | | |

仓库主管：陈德明 复核：杨晓梅 发货：朱永材 制单：梁晓芳

图 2-1-79 产品出库单

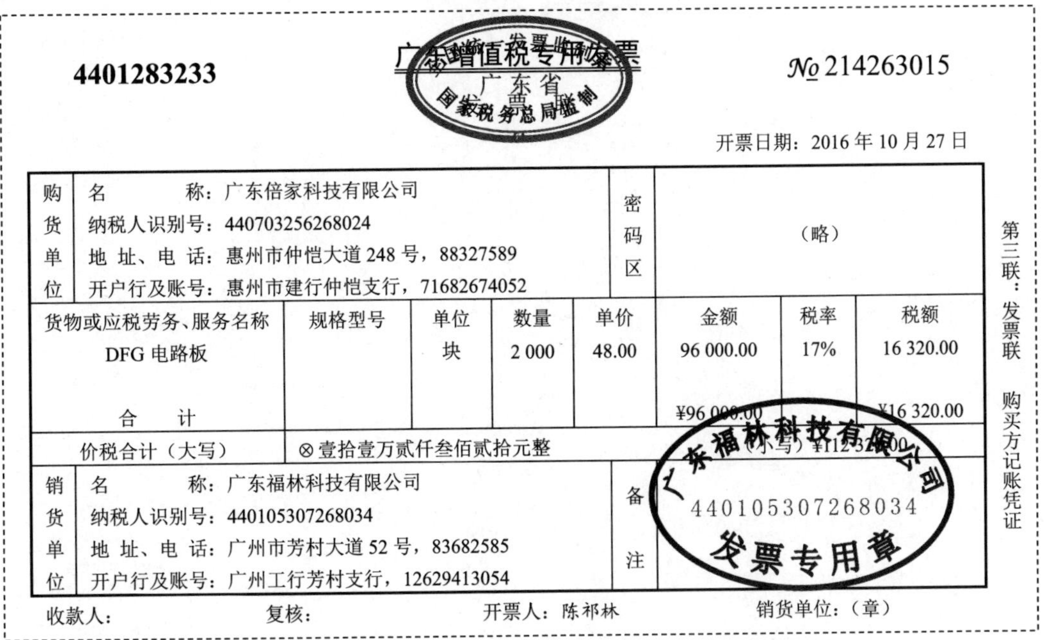

4401283233 **广东增值税专用发票** №214263015

全国统一发票监制章 广东省 国家税务总局监制

开票日期：2016 年 10 月 27 日

| 购货单位 | 名称：广东倍家科技有限公司<br>纳税人识别号：440703256268024<br>地址、电话：惠州市仲恺大道 248 号，88327589<br>开户行及账号：惠州市建行仲恺支行，71682674052 | | | | 密码区 | （略） | | |
|---|---|---|---|---|---|---|---|---|
| 货物或应税劳务、服务名称 | 规格型号 | 单位 | 数量 | 单价 | 金额 | 税率 | 税额 | |
| DFG 电路板 | | 块 | 2 000 | 48.00 | 96 000.00 | 17% | 16 320.00 | |
| 合计 | | | | | ¥96 000.00 | | ¥16 320.00 | |
| 价税合计（大写） | ⊗壹拾壹万贰仟叁佰贰拾元整 | | | | （小写）¥112 320.00 | | | |
| 销货单位 | 名称：广东福林科技有限公司<br>纳税人识别号：440105307268034<br>地址、电话：广州市芳村大道 52 号，83682585<br>开户行及账号：广州工行芳村支行，12629413054 | | | | 备注 | 广东福林科技有限公司 440105307268034 发票专用章 | | |

收款人： 复核： 开票人：陈祁林 销货单位：（章）

第三联：发票联 购买方记账凭证

图 2-1-80 增值税专用发票

**收　料　单**

2016 年 10 月 27 日　　　　收字第 1007 号

| 材料名称 | 规格型号 | 单位 | 应收数量 | 实收数量 | 金额（元） |
|---|---|---|---|---|---|
| DFG 电路板 | | 块 | 2000 | 2 000 | 96 000.00 |
| | | | | | |

仓库主管：陈德明　　　验收：李怡华　　　收料：朱永材

图 2-1-81　收料单

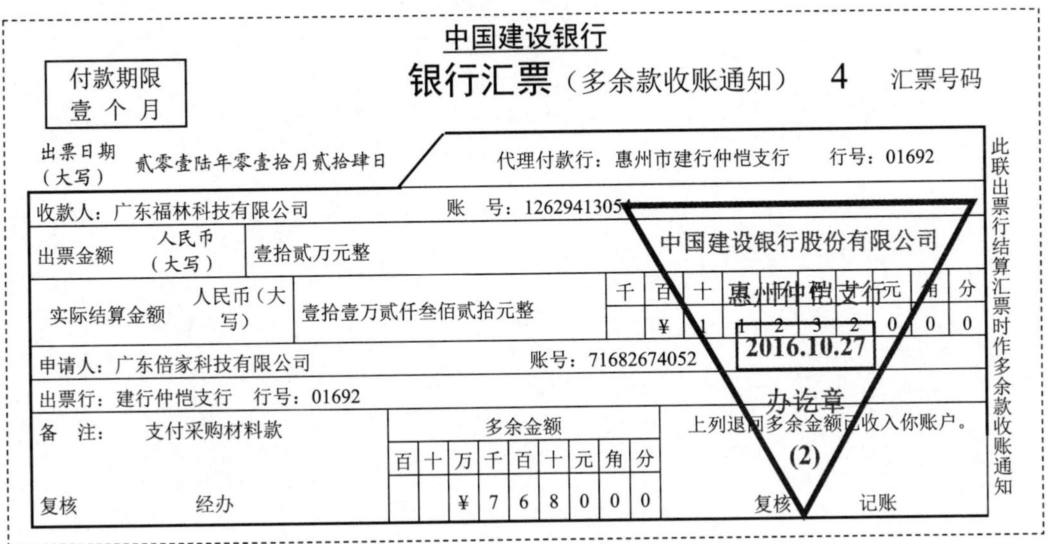

中国建设银行

银行汇票（多余款收账通知）　4　　汇票号码

付款期限 壹个月

| | |
|---|---|
| 出票日期（大写） | 贰零壹陆年零壹拾月贰拾肆日 |
| 代理付款行 | 惠州市建行仲恺支行　行号：01692 |
| 收款人 | 广东福林科技有限公司　账号：12629413054 |
| 出票金额 人民币（大写） | 壹拾贰万元整 |
| 实际结算金额 人民币（大写） | 壹拾壹万贰仟叁佰贰拾元整　¥112320.00 |
| 申请人 | 广东倍家科技有限公司　账号：71682674052 |
| 出票行 | 建行仲恺支行　行号：01692 |
| 备注 | 支付采购材料款 |
| 多余金额 | ¥7680.00 |

上列退回多余金额已收入你账户。

中国建设银行股份有限公司 惠州仲恺支行 2016.10.27 办讫章 (2)

复核　　经办　　复核　　记账

此联出票行结算汇票时作多余款收账通知

图 2-1-82　银行汇票多余款收账通知

35）10 月 27 日，以现金报销管理部门用汽车的修理费用。涉及的凭证如图 2-1-83 和图 2-1-84 所示。

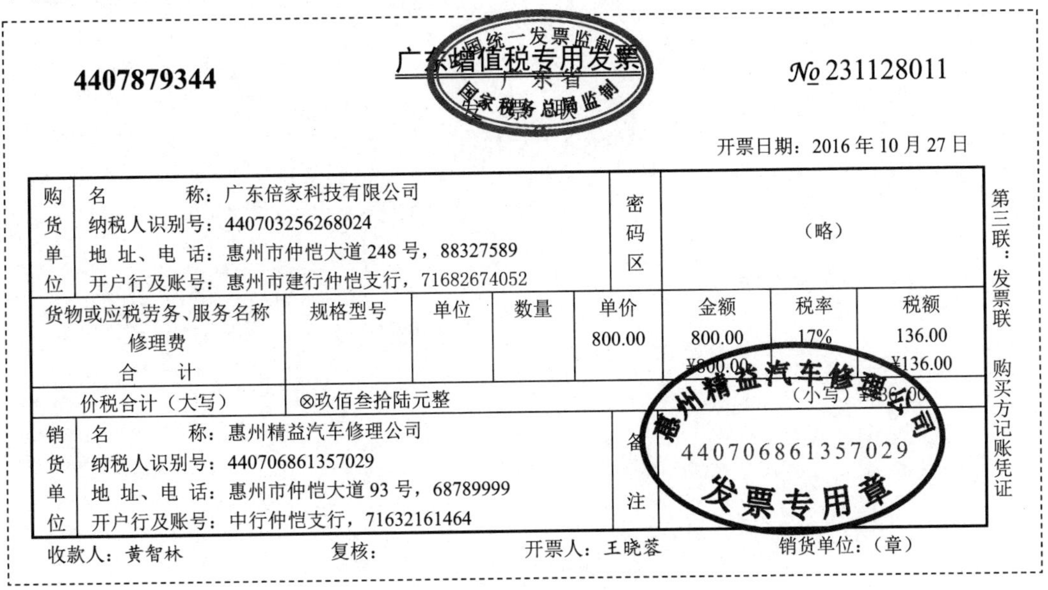

4407879344　　广东增值税专用发票　　№ 231128011

（全国统一发票监制章 广东省 国家税务总局监制）

开票日期：2016 年 10 月 27 日

| | |
|---|---|
| 购货单位 | 名称：广东倍家科技有限公司<br>纳税人识别号：440703256268024<br>地址、电话：惠州市仲恺大道 248 号，88327589<br>开户行及账号：惠州市建行仲恺支行，71682674052 |
| 密码区 | （略） |

| 货物或应税劳务、服务名称 | 规格型号 | 单位 | 数量 | 单价 | 金额 | 税率 | 税额 |
|---|---|---|---|---|---|---|---|
| 修理费 | | | | 800.00 | 800.00 | 17% | 136.00 |
| 合　计 | | | | | ¥800.00 | | ¥136.00 |
| 价税合计（大写） | ⊗玖佰叁拾陆元整 | | | | （小写）¥936.00 | | |

| | |
|---|---|
| 销货单位 | 名称：惠州精益汽车修理公司<br>纳税人识别号：440706861357029<br>地址、电话：惠州市仲恺大道 93 号，68789999<br>开户行及账号：中行仲恺支行，71632161464 |
| 备注 | 惠州精益汽车修理公司 440706861357029 发票专用章 |

收款人：黄智林　　复核：　　开票人：王晓蓉　　销货单位：（章）

第三联：发票联　购买方记账凭证

图 2-1-83　增值税专用发票发票联

**费用报销单**

2016年10月27日

| 报销部门 | 管理部门 | 报销人 | 陈瑞明 |
|---|---|---|---|
| 费用项目 | 单据张数 | 金额（元） | 备注 |
| 汽车修理费 | 1 | 936.00 | |
| | | | |
| | | | |
| 合计 | | ¥936.00 | 现金付讫 |
| 金额（大写） | 人民币玖佰叁拾陆元整 | | |
| 单位领导审批：同意 陈利胜 | | 部门主管审批：同意 聂源珍 | |

会计主管：何建明　　复核：杨晓梅　　出纳：谢惠新

图 2-1-84　费用报销单

36）10月28日，收到广东海天电器有限公司支付的本月26日的货款。涉及的凭证如图2-1-85所示。

**托收凭证**（收账通知）　4

| 付款期限 | 年 月 日 |
|---|---|

委托日期：　年　月　日

| 业务类型 | 委托收款（☐邮划、☐电划）　托收承付（☐邮划、☑电划） | | | | | | | | | | | | | | | | |
|---|---|---|---|---|---|---|---|---|---|---|---|---|---|---|---|---|---|
| 付款人 全称 | | 收款人 全称 | | | | | | | | | | | | | | | |
| 付款人 账号 | | 收款人 账号 | | | | | | | | | | | | | | | |
| 付款人 地址 | 省 市县 开户行 | 收款人 地址 | 省 市县 开户行 | | | | | | | | | | | | | | |
| 金额 | 人民币（大写） | | | 亿 | 千 | 百 | 十 | 万 | 千 | 百 | 十 | 元 | 角 | 分 | | | |
| 款项内容 | | 托收凭据名称 | | 附寄单证张数 | | | | | | | | | | | | | |
| 商品发运情况 | | | | 合同名称号码 HT0010031 | | | | | | | | | | | | | |
| 备注：<br>复核　记账 | | 款项收妥日期：<br>年　月　日 | | 收款人开户银行签章 | | | | | | | | | | | | | |

中国建设银行股份有限公司 惠州仲恺支行 2016.10.28 办讫章 (4)

此联作收款人开户银行给收款人的收账通知

图 2-1-85　托收承付收账通知

37）10月28日，以现金支付职工上下班交通补助8 400元。涉及的凭证如图2-1-86所示。

## 交通补助清单

2016 年 10 月 28 日

| 序号 | 姓名 | 补助金额（元） | 签名 |
|---|---|---|---|
| 1 | 陈利胜 | 320.00 | 陈利胜 |
| 2 | 何建明 | 280.00 | 何建明 |
| 3 | 杨晓梅 | 240.00 | 杨晓梅 |
| … | … | 现金付讫 | … |
| … | … | | … |
| 合计 | — | ¥8 400.00 | — |

单位负责人：陈利胜　　会计主管：何建明　　会计：杨晓梅　　制表：谢惠新

图 2-1-86　交通补助清单

38）10 月 29 日，为拓展产品销售，支付客户招待餐饮费，以银行存款支付。涉及的凭证如图 2-1-87 和图 2-1-88 所示。

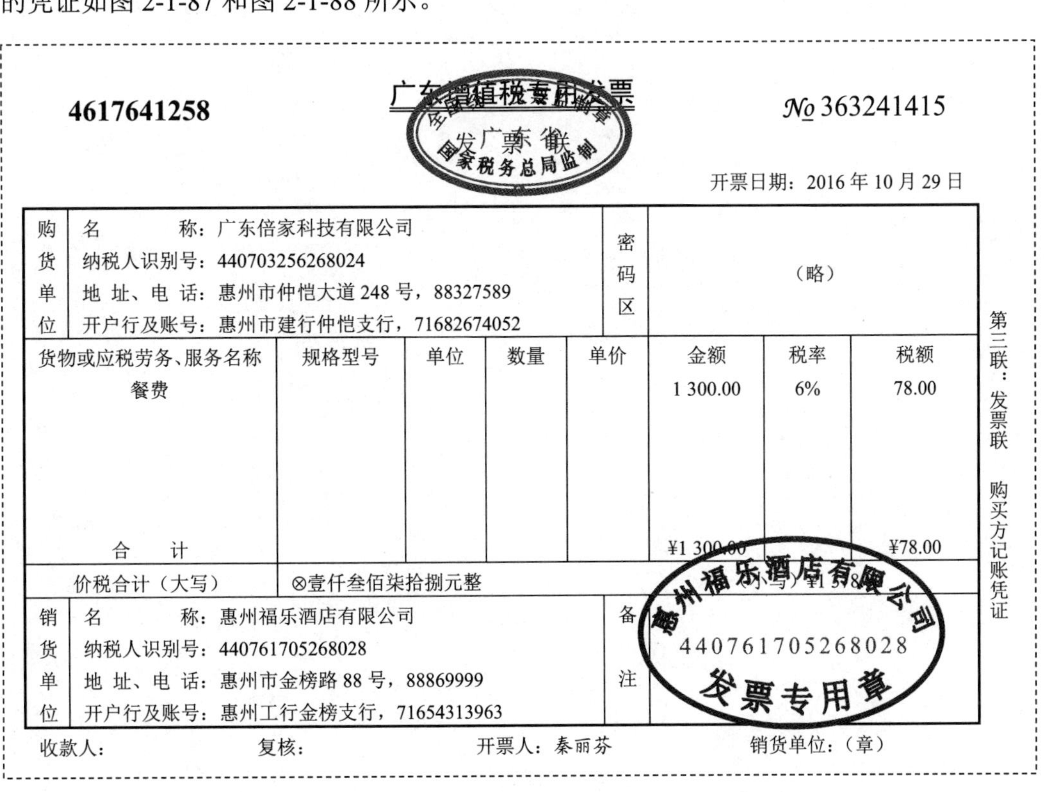

4617641258　　广东增值税专用发票　　№ 363241415

全国统一发票监制章 广东省 国家税务总局监制

发票联

开票日期：2016 年 10 月 29 日

| 购货单位 | 名　　称：广东倍家科技有限公司<br>纳税人识别号：440703256268024<br>地 址、电 话：惠州市仲恺大道 248 号，88327589<br>开户行及账号：惠州市建行仲恺支行，71682674052 | 密码区 | （略） |
|---|---|---|---|

| 货物或应税劳务、服务名称 | 规格型号 | 单位 | 数量 | 单价 | 金额 | 税率 | 税额 |
|---|---|---|---|---|---|---|---|
| 餐费 | | | | | 1 300.00 | 6% | 78.00 |
| 合　计 | | | | | ¥1 300.00 | | ¥78.00 |
| 价税合计（大写） | ⊗壹仟叁佰柒拾捌元整 | | | | （小写）¥1 378.00 | | |

| 销货单位 | 名　　称：惠州福乐酒店有限公司<br>纳税人识别号：440761705268028<br>地 址、电 话：惠州市金榜路 88 号，88869999<br>开户行及账号：惠州工行金榜支行，71654313963 | 备注 | 惠州福乐酒店有限公司 440761705268028 发票专用章 |
|---|---|---|---|

收款人：　　复核：　　开票人：秦丽芬　　销货单位：（章）

第三联：发票联　购买方记账凭证

图 2-1-87　增值税专用发票

中国建设银行支票存根（粤）

GS 01034007

附加信息

出票日期　　年　月　日

收款人：

金　额：

用　途：

单位主管　　会计

付款期限自出票之日起十天

**中国建设银行支票**（粤）　　GS 01034007

出票日期（大写）　　年　月　日　　付款行名称：

收款人：　　出票人账号：

| 人民币（大 写） | 千 | 百 | 十 | 万 | 千 | 百 | 十 | 元 | 角 | 分 |
|---|---|---|---|---|---|---|---|---|---|---|
| | | | | | | | | | | |

用途　　密码

上列款项请从　　行号

我账户内支付

出票人签章　　广东倍家科技有限公司财务专用章　　陈利胜

复核　　记账

（a）支票正面

| 附加信息： | 被背书人： | 被背书人： | （粘贴单处） |
|---|---|---|---|
| | 背书人签章<br>年　月　日 | 背书人签章<br>年　月　日 | 根据《中华人民共和国票据法》等法律法规的规定，签发空头支票由中国人民银行处以票面金额5%但不低于1 000元的罚款。 |

（b）支票背面

图 2-1-88　支票

39）10 月 29 日，以现金支付给职工张林海生活困难补助 800 元。涉及的凭证如图 2-1-89 所示。

40）10 月 31 日，签发现金支票，提取现金 10 000 元备用。涉及的凭证如图 2-1-90 所示。

支 付 证 明 单

2016 年 10 月 29 日

| 事由或品名 | 数量 | 单位 | 单价 | 金额 | | | | | | | |
|---|---|---|---|---|---|---|---|---|---|---|---|
| | | | | 十 | 万 | 千 | 百 | 十 | 元 | 角 | 分 |
| 生活困难补助 | 现金付讫 | | | | | | 8 | 0 | 0 | 0 | 0 |
| | | | | | | | | | | | |
| 共计金额 | 零拾零万零仟捌佰零拾零元零角零分 | | | ¥800.00 | | | | | | | |
| 受款人 | 张林海 | 未能取得单据原因 | 支付给职工个人 | | | | | | | | |

单位负责人：陈利胜　　部门主管：聂源珍　　会计：杨晓梅　　出纳：谢惠新

图 2-1-90 之前：图 2-1-89　支付证明

中国建设银行支票存根（粤）

GS 01034008

附加信息

出票日期　　年　月　日

| 收款人： |
|---|
| 金　额： |
| 用　途： |

单位主管　　会计

中国建设银行支票（粤）　　GS 01034008

付款期限自出票之日起十天

出票日期（大写）　　年　月　日　　付款行名称：

收款人：　　出票人账号：

| 人民币（大写） | 千 | 百 | 十 | 万 | 千 | 百 | 十 | 元 | 角 | 分 |
|---|---|---|---|---|---|---|---|---|---|---|
| | | | | | | | | | | |

用途　　密码

上列款项请从　　行号

我账户内支付

出票人签章　广东倍家科技有限公司财务专用章　陈利胜　　复核　　记账

（a）支票正面

| 附加信息： | 被背书人： | 被背书人： | （粘贴单处） 根据《中华人民共和国票据法》等法律法规的规定，签发空头支票由中国人民银行处以票面金额5%但不低于1 000元的罚款。 |
|---|---|---|---|
| | 背书人签章<br>年　月　日 | 背书人签章<br>年　月　日 | |

（b）支票背面

图 2-1-90　支票

41）10月31日，以现金支付会计人员电算化培训费。涉及的凭证如图2-1-91和图2-1-92所示。

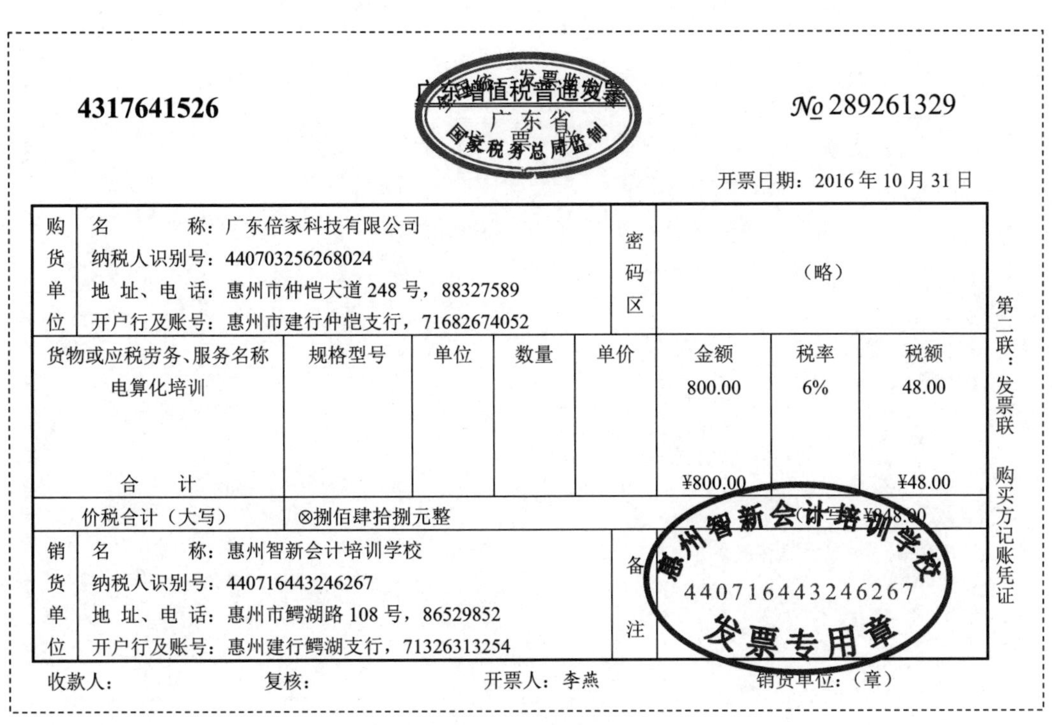

4317641526　　广东增值税普通发票　　№289261329

开票日期：2016年10月31日

| 购货单位 | 名　　称：广东倍家科技有限公司<br>纳税人识别号：440703256268024<br>地 址、电 话：惠州市仲恺大道248号，88327589<br>开户行及账号：惠州市建行仲恺支行，71682674052 | | | | 密码区 | （略） | |
|---|---|---|---|---|---|---|---|
| 货物或应税劳务、服务名称 | 规格型号 | 单位 | 数量 | 单价 | 金额 | 税率 | 税额 |
| 电算化培训 | | | | | 800.00 | 6% | 48.00 |
| 合　计 | | | | | ¥800.00 | | ¥48.00 |
| 价税合计（大写） | ⊗捌佰肆拾捌元整 | | | | （小写）¥848.00 | | |
| 销货单位 | 名　　称：惠州智新会计培训学校<br>纳税人识别号：440716443246267<br>地 址、电 话：惠州市鳄湖路108号，86529852<br>开户行及账号：惠州建行鳄湖支行，71326313254 | | | | 备注 | 惠州智新会计培训学校 440716443246267 发票专用章 | |

收款人：　　复核：　　开票人：李燕　　销货单位：（章）

第二联：发票联　购买方记账凭证

图2-1-91　增值税普通发票

**费用报销单**

2016年10月31日

| 报销部门 | 管理部门 | 报销人 | 杨晓梅 |
|---|---|---|---|
| 费用项目 | 单据张数 | 金额（元） | 备注 |
| 电算化培训 | 1 | 848.00 | |
| | | | |
| | | | |
| 合计 | | ¥848.00 | 现金付讫 |
| 金额（大写）人民币玖佰叁拾陆元整 | | | |
| 单位领导审批：同意　陈利胜 | | 部门主管审批：同意　聂源珍 | |

会计主管：何建明　　复核：杨晓梅　　出纳：谢惠新

图2-1-92　费用报销单

42）10月31日，计算发出材料成本，采用月末一次加权平均法。涉及的凭证如图2-1-93～图2-1-97所示。

发出材料单位成本计算表

材料：HDP 不锈钢板　　2016 年 10 月 31 日　　单位：元

| 日期 | 期初余额 | | | 本期购进 | | | 加权单位成本 |
|---|---|---|---|---|---|---|---|
| | 数量 | 单价 | 金额 | 数量 | 单价 | 金额 | |
| | | | | | | | |
| | | | | | | | |
| | | | | | | | |
| | | | | | | | |
| | | | | | | | |
| | | | | | | | |
| | | | | | | | |
| | | | | | | | |
| | | | | | | | |

会计主管：何建明　　复核：杨晓梅　　制表：梁晓芳

图 2-1-93　发出材料单位成本计算表 1

发出材料单位成本计算表

材料：SEP 塑料　　2016 年 10 月 31 日　　单位：元

| 日期 | 期初余额 | | | 本期购进 | | | 加权单位成本 |
|---|---|---|---|---|---|---|---|
| | 数量 | 单价 | 金额 | 数量 | 单价 | 金额 | |
| | | | | | | | |
| | | | | | | | |
| | | | | | | | |
| | | | | | | | |
| | | | | | | | |
| | | | | | | | |
| | | | | | | | |
| | | | | | | | |
| | | | | | | | |

会计主管：何建明　　复核：杨晓梅　　制表：梁晓芳

图 2-1-94　发出材料单位成本计算表 2

**发出材料单位成本计算表**

材料：DRH 电路板　　2016 年 10 月 31 日　　单位：元

| 日期 | 期初余额 | | | 本期购进 | | | 加权单位成本 |
|---|---|---|---|---|---|---|---|
| | 数量 | 单价 | 金额 | 数量 | 单价 | 金额 | |
| | | | | | | | |
| | | | | | | | |
| | | | | | | | |
| | | | | | | | |
| | | | | | | | |
| | | | | | | | |
| | | | | | | | |
| | | | | | | | |
| | | | | | | | |

会计主管：何建明　　复核：杨晓梅　　制表：梁晓芳

图 2-1-95　发出材料单位成本计算表 3

**发出材料单位成本计算表**

材料：DFG 电路板　　2016 年 10 月 31 日　　单位：元

| 日期 | 期初余额 | | | 本期购进 | | | 加权单位成本 |
|---|---|---|---|---|---|---|---|
| | 数量 | 单价 | 金额 | 数量 | 单价 | 金额 | |
| | | | | | | | |
| | | | | | | | |
| | | | | | | | |
| | | | | | | | |
| | | | | | | | |
| | | | | | | | |
| | | | | | | | |
| | | | | | | | |
| | | | | | | | |

会计主管：何建明　　复核：杨晓梅　　制表：梁晓芳

图 2-1-96　发出材料单位成本计算表 4

发出材料成本汇总表

2016 年 10 月 31 日　　单位：元

| 部门/用途 | HDP 不锈钢板 | | | SEP 塑料 | | | DRH 电路板 | | | DFG 电路板 | | | 合计 |
|---|---|---|---|---|---|---|---|---|---|---|---|---|---|
| | 数量 | 单价 | 金额 | 数量 | 单价 | 金额 | 数量 | 单价 | 金额 | 数量 | 单价 | 金额 | |
| 电热壶 | | | | | | | | | | | | | |
| 电饭锅 | | | | | | | | | | | | | |
| 合计 | | | | | | | | | | | | | |

会计主管：何建明　　复核：杨晓梅　　制表：梁晓芳

图 2-1-97　发出材料成本汇总表

43）10 月 31 日，计算分配本月工资费用。涉及的凭证如图 2-1-98 所示。

工资结算汇总表

2016 年 10 月　　单位：元

| 部门或用途 | 基本工资 | 奖金 | 津贴补贴 | 应付工资 | 代扣款 | 实发工资 |
|---|---|---|---|---|---|---|
| 生产电热壶 | 84 768.00 | 56 921.00 | 54 064.00 | 195 753.00 | | |
| 生产电饭锅 | 57 941.00 | 36 887.00 | 32 330.00 | 127 158.00 | | |
| 车间管理人员 | 16 854.00 | 8 263.00 | 10 249.00 | 35 366.00 | | |
| 行政管理人员 | 16 878.00 | 8 367.00 | 7 672.00 | 32 917.00 | | |
| 销售人员 | 73 696.00 | 34 937.00 | 22 560.00 | 131 193.00 | | |
| 合计 | 250 137.00 | 145 375.00 | 126 875.00 | 522 387.00 | | |

会计主管：何建明　　复核：杨晓梅　　制表：梁晓芳

图 2-1-98　工资结算汇总表

44）10 月 31 日，计提本月社会保险费和住房公积金（单位负担部分）。涉及的凭证如图 2-1-99 所示。

社会保险费与住房公积金计提表

2016 年 10 月　　单位：元

| 部门或用途 | 计提基数 | 基本养老保险费 | | 基本医疗保险费 | | 失业保险费 | | 生育保险费 | 工伤保险费 | 社会保险费合计 | | 住房公积金 | |
|---|---|---|---|---|---|---|---|---|---|---|---|---|---|
| | | 单位 18% | 个人 8% | 单位 8% | 个人 2% | 单位 0.8% | 个人 0.2% | 单位 0.5% | 单位 0.25% | 单位 | 个人 | 单位 8% | 个人 8% |
| 生产电热壶 | 195 753.00 | 35 235.54 | 15 660.24 | 15 660.24 | 3 915.06 | 1 566.02 | 391.51 | 978.77 | 489.38 | 53 929.95 | 19 966.81 | 15 660.24 | 15 660.24 |
| 生产电饭锅 | 127 158.00 | 22 888.44 | 10 172.64 | 10 172.64 | 2 543.16 | 1 017.26 | 254.32 | 635.79 | 317.90 | 35 032.03 | 12 970.12 | 10 172.64 | 10 172.64 |
| 车间管理 | 35 366.00 | 6 365.88 | 2 829.28 | 2 829.28 | 707.32 | 282.93 | 70.73 | 176.83 | 88.42 | 9 743.33 | 3 607.33 | 2 829.28 | 2 829.28 |
| 行政管理 | 32 917.00 | 5 925.06 | 2 633.36 | 2 633.36 | 658.34 | 263.34 | 65.83 | 164.59 | 82.29 | 9 068.63 | 3 357.53 | 2 633.36 | 2 633.36 |
| 销售人员 | 131 193.00 | 23 614.74 | 10 495.44 | 10 495.44 | 2 623.86 | 1 049.54 | 262.39 | 655.97 | 327.98 | 36 143.67 | 13 381.69 | 10 495.44 | 10 495.44 |
| 合计 | 522 387.00 | 94 029.66 | 41 790.96 | 41 790.96 | 10 447.74 | 4 179.10 | 1 044.77 | 2 611.94 | 1 305.97 | 143 917.62 | 53 283.47 | 41 790.96 | 41 790.96 |

会计主管：何建明　　复核：杨晓梅　　制表：梁晓芳

图 2-1-99　社会保险费与住房公积金计提表

45）10 月 31 日，结转本月应从职工工资中扣除的各种代扣代垫款。涉及的凭证如图 2-1-100 所示。

**代扣代垫款汇总表**

2016 年 10 月　　单位：元

| 部门或用途 | 计提基数 | 基本养老保险费个人 8% | 基本医疗保险费个人 2% | 失业保险费个人 0.2% | 社会保险费合计个人 10.2% | 住房公积金个人 8% | 个人所得税 |
|---|---|---|---|---|---|---|---|
| 生产电热壶 | 195 753.00 | 15 660.24 | 3 915.06 | 391.51 | 19 966.81 | 15 660.24 | 360.54 |
| 生产电饭锅 | 127 158.00 | 10 172.64 | 2 543.16 | 254.32 | 12 970.12 | 10 172.64 | 229.08 |
| 车间管理 | 35 366.00 | 2 829.28 | 707.32 | 70.73 | 3 607.33 | 2 829.28 | 168.99 |
| 行政管理 | 32 917.00 | 2 633.36 | 658.34 | 65.83 | 3 357.53 | 2 633.36 | 157.01 |
| 销售人员 | 131 193.00 | 10 495.44 | 2 623.86 | 262.39 | 13 381.69 | 10 495.44 | 330.98 |
| 合计 | 522 387.00 | 41 790.96 | 10 447.74 | 1 044.77 | 53 283.47 | 41 790.96 | 1 246.60 |

会计主管：何建明　　复核：杨晓梅　　制表：梁晓芳

图 2-1-100　代扣代垫款汇总表

46）10 月 31 日，计提本月工会经费。涉及的凭证如图 2-1-101 所示。

**工会经费计提表**

2016 年 10 月　　单位：元

| 部门或用途 | 计提基数 | 计提比例 | 计提金额 | 备注 |
|---|---|---|---|---|
| 生产电热壶 | 195 753.00 | 2% | | |
| 生产电饭锅 | 127 158.00 | 2% | | |
| 车间管理 | 35 366.00 | 2% | | |
| 行政管理 | 32 917.00 | 2% | | |
| 销售人员 | 131 193.00 | 2% | | |
| 合计 | 522 387.00 | 2% | | |

会计主管：何建明　　复核：杨晓梅　　制表：梁晓芳

图 2-1-101　工会经费计提表

47）10 月 31 日，计提本月职工教育经费。涉及的凭证如图 2-1-102 所示。

**职工教育经费计提表**

2016 年 10 月　　单位：元

| 部门或用途 | 计提基数 | 计提比例 | 计提金额 | 备注 |
|---|---|---|---|---|
| 生产电热壶 | 195 753.00 | 1.5% | | |
| 生产电饭锅 | 127 158.00 | 1.5% | | |
| 车间管理 | 35 366.00 | 1.5% | | |
| 行政管理 | 32 917.00 | 1.5% | | |
| 销售人员 | 131 193.00 | 1.5% | | |
| 合计 | 522 387.00 | 1.5% | | |

会计主管：何建明　　复核：杨晓梅　　制表：梁晓芳

图 2-1-102　职工教育经费计提表

48）10月31日，计算并分配本月电费。涉及的凭证如图2-1-103所示。

**电费分配表**

2016年10月

| 部门或用途 | 用电量（度） | 单价（元/度） | 应分配电费（元） |
|---|---|---|---|
| 生产电热壶 | 5 600 | 1.20 | |
| 生产电饭锅 | 4 900 | 1.20 | |
| 车间管理 | 672 | 1.20 | |
| 行政管理 | 380 | 1.20 | |
| 销售机构 | 260 | 1.20 | |
| 合计 | 11 812 | 1.20 | |

会计主管：何建明　　复核：杨晓梅　　制表：梁晓芳

图2-1-103　电费分配表

49）10月31日，计算并分配本月水费。涉及的凭证如图2-1-104所示。

**水费分配表**

2016年10月

| 部门或用途 | 用水量（吨） | 单价（元/吨） | 应分配水费（元） |
|---|---|---|---|
| 生产电热壶 | 122 | 4.00 | |
| 生产电饭锅 | 98 | 4.00 | |
| 车间管理 | 9 | 4.00 | |
| 行政管理 | 14 | 4.00 | |
| 销售机构 | 10 | 4.00 | |
| 合计 | 243 | 4.00 | |

会计主管：何建明　　复核：杨晓梅　　制表：梁晓芳

图2-1-104　水费分配表

50）10月31日，计提本月固定资产折旧。涉及的凭证如图2-1-105所示。

**折旧计算表**

2016年10月　　单位：元

| 固定资产类型 | | 固定资产价值 | 月折旧率 | 月折旧额 |
|---|---|---|---|---|
| 生产用固定资产 | 房屋 | 1 340 160.00 | 0.42% | |
| | 设备 | 893 440.00 | 1.05% | |
| 非生产用固定资产 | 房屋 | 390 880.00 | 0.42% | |
| | 设备 | 167 520.00 | 1.05% | |
| 合计 | | 2 792 000.00 | — | |

会计主管：何建明　　复核：杨晓梅　　制表：梁晓芳

图2-1-105　折旧计算表

51）10 月 31 日，计提本月无形资产累计摊销额。涉及的凭证如图 2-1-106 所示。

**无形资产摊销计算表**

2016 年 10 月 单位：元

| 无形资产类型 | 无形资产价值 | 月摊销率 | 月摊销额 |
|---|---|---|---|
| 电热壶专利 | 160 000.00 | 1.05% | |
| 电饭锅专利 | 260 000.00 | 1.05% | |
| 合计 | 420 000.00 | — | |

会计主管：何建明 复核：杨晓梅 制表：梁晓芳

图 2-1-106 无形资产摊销计算表

52）10 月 31 日，分配结转本月制造费用。涉及的凭证如图 2-1-107 所示。

**制造费用分配表**

2016 年 10 月

| 产品项目 | 分配标准（工时） | 分配率（元/工时） | 分配金额（元） |
|---|---|---|---|
| 生产电热壶 | 2 880 | | |
| 生产电饭锅 | 2 240 | | |
| 合计 | 5 120 | | |

会计主管：何建明 复核：杨晓梅 制表：梁晓芳

图 2-1-107 制造费用分配表

53）10 月 31 日，计算本月完工产品成本。涉及的凭证如图 2-1-108 和图 2-1-109 所示。

**完工产品成本计算单**

2016 年 10 月 31 日 单位：元

产品名称：电热壶（台） 完工产品数量：

| 项目 | | 产量 | 直接材料 | 直接人工 | 水费 | 电费 | 制造费用 | 其他费用 | 合计 |
|---|---|---|---|---|---|---|---|---|---|
| 期初在产品成本 | 在产品数量 | | | | | | | | |
| | 约当产量 | | | | | | | | |
| 本月生产费用 | 投入量 | | | | | | | | |
| | 生产费用 | | | | | | | | |
| 生产费用合计 | | — | | | | | | | |
| 完工产品成本 | 总成本 | | | | | | | | |
| | 单位成本 | | | | | | | | |
| 期末在产品成本 | 在产品数量 | | | | | | | | |
| | 约当产量 | | | | | | | | |

会计主管：何建明 复核：杨晓梅 制表：梁晓芳

图 2-1-108 完工产品成本计算单 1

**完工产品成本计算单**

2016 年 10 月 31 日　　　　单位：元

产品名称：电饭锅（台）　　　　完工产品数量：

| 项目 | | 产量 | 直接材料 | 直接人工 | 水费 | 电费 | 制造费用 | 其他费用 | 合计 |
|---|---|---|---|---|---|---|---|---|---|
| 期初在产品成本 | 在产品数量 | | | | | | | | |
| | 约当产量 | | | | | | | | |
| 本月生产费用 | 投入量 | | | | | | | | |
| | 生产费用 | | | | | | | | |
| 生产费用合计 | | — | | | | | | | |
| 完工产品成本 | 总成本 | | | | | | | | |
| | 单位成本 | | | | | | | | |
| 期末在产品成本 | 在产品数量 | | | | | | | | |
| | 约当产量 | | | | | | | | |

会计主管：何建明　　　　复核：杨晓梅　　　　制表：梁晓芳

图 2-1-109　完工产品成本计算单 2

54)10 月 31 日，计算并结转本月产品销售成本。涉及的凭证如图 2-1-110～图 2-1-112 所示。

**发出产品单位成本计算表**

产品名称：电热壶　　　　2016 年 10 月 31 日　　　　单位：元

| 日期 | 期初余额 | | | 本期完工 | | | 加权单位成本 |
|---|---|---|---|---|---|---|---|
| | 数量 | 单位成本 | 金额 | 数量 | 单位成本 | 金额 | |
| | | | | | | | |
| | | | | | | | |
| | | | | | | | |
| | | | | | | | |
| | | | | | | | |
| | | | | | | | |

会计主管：何建明　　　　复核：杨晓梅　　　　制表：梁晓芳

图 2-1-110　发出产品单位成本计算表 1

**发出产品单位成本计算表**

产品名称：电饭锅　　　　2016 年 10 月 31 日　　　　单位：元

| 日期 | 期初余额 | | | 本期完工 | | | 加权单位成本 |
|---|---|---|---|---|---|---|---|
| | 数量 | 单位成本 | 金额 | 数量 | 单位成本 | 金额 | |
| | | | | | | | |
| | | | | | | | |
| | | | | | | | |
| | | | | | | | |
| | | | | | | | |
| | | | | | | | |

会计主管：何建明　　　　复核：杨晓梅　　　　制表：梁晓芳

图 2-1-111　发出产品单位成本计算表 2

产品销售成本汇总表

2016 年 10 月 单位：元

| 项目 | 产品名称 | 计量单位 | 销售量 | 单位成本 | 总成本 |
|---|---|---|---|---|---|
| 内销 | 电热壶 | | | | |
| | 电饭锅 | | | | |
| | 小计 | | | | |
| 自营出口 | 电热壶 | | | | |
| | 电饭锅 | | | | |
| | 小计 | | | | |
| 合计 | | | | | |

会计主管：何建明 复核：杨晓梅 制表：梁晓芳

图 2-1-112 产品销售成本汇总表

55）10 月 31 日，采用逐笔折算法计算本月汇兑损益。当日美元汇率为 1∶6.60。涉及的凭证如图 2-1-113 所示。

汇兑损益计算表

2016 年 10 月 31 日 单位：元

| 外汇收入日期 | 外汇收入金额 | 收入当日汇率 | 期末汇率 | 汇兑损益 |
|---|---|---|---|---|
| | | | | |
| | | | | |
| | | | | |
| | | | | |
| 合计 | | | | |

会计主管：何建明 复核：杨晓梅 制表：梁晓芳

图 2-1-113 汇兑损益计算表

56）10 月 31 日，按应收账款余额百分比法计提本月坏账准备金（5‰）。涉及的凭证如图 2-1-114 所示。

坏账准备计提表

2016 年 10 月 31 日 单位：元

| 时间 | 应收账款余额 | 计提比例 | 当期应计提 | 计提前余额 | 当期实际计提 |
|---|---|---|---|---|---|
| | | | | | |
| | | | | | |
| | | | | | |

会计主管：何建明 复核：杨晓梅 制表：梁晓芳

图 2-1-114 坏账准备计提表

57）10 月 31 日，计算本月应交城市维护建设税（7%）、教育费附加（3%）、地方教育费附加（2%）、堤围防护费（营业收入×0.072%）。涉及的凭证如图 2-1-115 所示。

**税费计算表**

2016年10月31日　　　　单位：元

| 税（费）种 | 计税基数 | 税（费）率 | 税（费）额 | 备注 |
|---|---|---|---|---|
| 城市维护建设税 | | | | |
| 教育费附加 | | | | |
| 地方教育费附加 | | | | |
| 堤围防护费 | | | | |
| 合计 | | | | |

会计主管：何建明　　　　复核：杨晓梅　　　　制表：梁晓芳

图 2-1-115　税费计算表

58）10月31日，结转当月应交而未交（或多交）的增值税。涉及的凭证如图 2-1-116 所示。

**内部转账单**

2016年10月31日　　　　转字第101号

| 摘要 | 结转科目 | | | 转入科目 | | |
|---|---|---|---|---|---|---|
| | 总账科目 | 明细科目 | 金额（元） | 总账科目 | 明细科目 | 金额（元） |
| 转出当月未交增值税 | 应交税费 | 应交增值税（转出未交增值税） | | 应交税费 | 未交增值税 | |
| | | | | | | |
| | | | | | | |
| 合计 | | | | | | |

会计主管：何建明　　　　复核：杨晓梅　　　　制表：梁晓芳

图 2-1-116　内部转账单

59）10月31日，结转本月损益类账户。涉及的凭证如图 2-1-117～图 2-1-119 所示。

**损益类账户发生额表**（结转到本年利润前）

2016年10月　　　　单位：元

| 收入类账户 | 借方发生额 | 贷方发生额 | 费用类账户 | 借方发生额 | 贷方发生额 |
|---|---|---|---|---|---|
| | | | | | |
| | | | | | |
| | | | | | |
| | | | | | |
| | | | | | |
| | | | | | |
| | | | | | |
| | | | | | |
| | | | | | |
| | | | | | |
| 合计 | | | | | |

会计主管：何建明　　　　复核：杨晓梅　　　　制表：梁晓芳

图 2-1-117　损益类账户发生额表

**内部转账单**

2016 年 10 月 31 日　　　　转字第 102 号

| 摘要 | 结转科目 | | | 转入科目 | | |
|---|---|---|---|---|---|---|
| | 总账科目 | 明细科目 | 金额（元） | 总账科目 | 明细科目 | 金额（元） |
| 结转收入类账户 | | | | | | |
| | | | | | | |
| | | | | | | |
| | | | | | | |
| | | | | | | |
| | | | | | | |
| | | | | | | |
| | | | | | | |
| | | | | | | |
| 合计 | | | | | | |

会计主管：何建明　　　　复核：杨晓梅　　　　制表：梁晓芳

图 2-1-118　内部转账单 1

**内部转账单**

2016 年 10 月 31 日　　　　转字第 103 号

| 摘要 | 结转科目 | | | 转入科目 | | |
|---|---|---|---|---|---|---|
| | 总账科目 | 明细科目 | 金额（元） | 总账科目 | 明细科目 | 金额（元） |
| 结转费用类账户 | | | | | | |
| | | | | | | |
| | | | | | | |
| | | | | | | |
| | | | | | | |
| | | | | | | |
| | | | | | | |
| | | | | | | |
| | | | | | | |
| | | | | | | |
| | | | | | | |
| | | | | | | |
| | | | | | | |
| 合计 | | | | | | |

会计主管：何建明　　　　复核：杨晓梅　　　　制表：梁晓芳

图 2-1-119　内部转账单 2

60）10 月 31 日，计算并结转本月应交所得税，企业所得税税率为 25%。涉及的凭证如图 2-1-120 和图 2-1-121 所示。

**税费计算表**

2016年10月31日　　单位：元

| 税（费）种 | 计税基数 | 税（费）率 | 税（费）额 | 备注 |
|---|---|---|---|---|
| 所得税 | | | | |
| | | | | |
| | | | | |
| 合计 | | | | |

会计主管：何建明　　复核：杨晓梅　　制表：梁晓芳

图2-1-120　税费计算表

**内部转账单**

2016年10月31日　　转字第104号

| 摘要 | 结转科目 | | | 转入科目 | | |
|---|---|---|---|---|---|---|
| | 总账科目 | 明细科目 | 金额（元） | 总账科目 | 明细科目 | 金额（元） |
| 结转所得税费用 | | | | | | |
| | | | | | | |
| | | | | | | |
| 合计 | | | | | | |

会计主管：何建明　　复核：杨晓梅　　制表：梁晓芳

图2-1-121　内部转账单

61）10月31日，结转“本年利润”账户余额到“利润分配——未分配利润”账户。涉及的凭证如图2-1-122所示。

**内部转账单**

2016年10月31日　　转字第105号

| 摘要 | 结转科目 | | | 转入科目 | | |
|---|---|---|---|---|---|---|
| | 总账科目 | 明细科目 | 金额（元） | 总账科目 | 明细科目 | 金额（元） |
| 结转“本年利润”账户余额 | | | | | | |
| | | | | | | |
| | | | | | | |
| | | | | | | |
| 合计 | | | | | | |

会计主管：何建明　　复核：杨晓梅　　制表：梁晓芳

图2-1-122　内部转账单

## 第二节 11月份经济业务

1）11 月 1 日，填写银行本票申请书，向开户行申请签发银行本票。涉及的凭证如图 2-2-1 所示。

中国建设银行银行本票申请书（存根） 1

申请日期：2016 年 11 月 01 日　　第 002321 号

受款单位或个人名称 广东新怡塑料有限公司　本票号码 0145620602

申请签发 本票金额（大写） 伍万元整　¥50 000.00

广东倍家科技有限公司财务专用章　中国建设银行银行本票专用章

申请人名称 广东倍家科技有限公司

申请人地址（或账号）71682674052

申请人签章　银行出纳　复核　记账　验印

此联由申请人签发单位或个人留存，代替记账凭证

图 2-2-1　银行本票申请书存根联

2）11 月 2 日，向广东新怡塑料有限公司采购 SEP 塑料一批，收到增值税专用发票，款项以银行本票支付，SEP 塑料尚未收到。涉及的凭证如图 2-2-2 和图 2-2-3 所示。

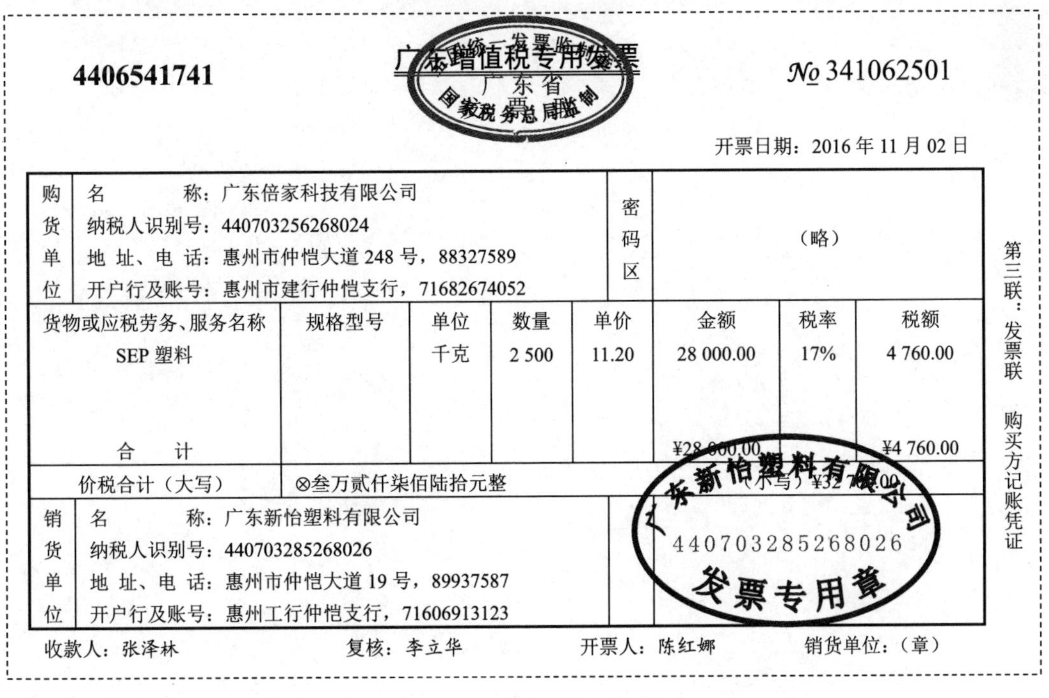

4406541741　广东增值税专用发票　№ 341062501

开票日期：2016 年 11 月 02 日

| 购货单位 | 名称：广东倍家科技有限公司<br>纳税人识别号：440703256268024<br>地址、电话：惠州市仲恺大道 248 号，88327589<br>开户行及账号：惠州市建行仲恺支行，71682674052 | | | | | 密码区 | （略） | |
|---|---|---|---|---|---|---|---|---|
| 货物或应税劳务、服务名称 | 规格型号 | 单位 | 数量 | 单价 | 金额 | 税率 | 税额 | |
| SEP 塑料 | | 千克 | 2 500 | 11.20 | 28 000.00 | 17% | 4 760.00 | |
| 合计 | | | | | ¥28 000.00 | | ¥4 760.00 | |
| 价税合计（大写） | ⊗叁万贰仟柒佰陆拾元整 | | | | （小写）¥32 760.00 | | | |
| 销货单位 | 名称：广东新怡塑料有限公司<br>纳税人识别号：440703285268026<br>地址、电话：惠州市仲恺大道 19 号，89937587<br>开户行及账号：惠州工行仲恺支行，71606913123 | | | | | 备注 | | |

收款人：张泽林　复核：李立华　开票人：陈红娜　销货单位：（章）

第三联：发票联　购买方记账凭证

图 2-2-2　增值税专用发票

| 收 据 | №0001341 |
|---|---|
| 2016年11月2日 | |
| 今收到 广东倍家科技有限公司交来的银行本票一张。 | 第一联：交付款人 |
| 金额（大写）：零拾伍万零仟零佰零拾零元零角零分（¥50 000.00） | |
| 会计主管：陈莉　复核：李立华　收款人：张泽林　单位盖章 | |

印章：广东新怡塑料有限公司 440703285268026 发票专用章

图 2-2-3　收据

3）11 月 3 日，收到广东新怡塑料有限公司退回的银行本票多余款。涉及的凭证如图 2-2-4 和图 2-2-5 所示。

**中国工商银行支票**（粤）　GS 02031101

付款期限自出票之日起十天

出票日期（大写）贰零壹陆年壹拾壹月零叁日　付款行名称：惠州工行仲恺支行

收款人：广东倍家科技有限公司　出票人账号：71606913123

| 人民币（大写） | 千 | 百 | 十 | 万 | 千 | 百 | 十 | 元 | 角 | 分 |
|---|---|---|---|---|---|---|---|---|---|---|
| 壹万柒仟贰佰肆拾元整 | | | ¥ | 1 | 7 | 2 | 4 | 0 | 0 | 0 |

用途 支付银行本票余款　密码

上列款项请从我账户内支付　行号

出票人签章　广东新怡塑料有限公司财务专用章　谢丽华　复核　记账

（a）转账支票正面

| 附加信息： | 被背书人： | 被背书人： |
|---|---|---|
| | 背书人签章<br>年 月 日 | 背书人签章<br>年 月 日 |

（b）转账支票背面

图 2-2-4　转账支票

<table>
<tr><td colspan="16">中国建设银行进账单（回　单）　1</td></tr>
<tr><td colspan="16">年　月　日</td></tr>
<tr><td rowspan="3">出票人</td><td>全称</td><td colspan="2"></td><td rowspan="3">收款人</td><td>全称</td><td colspan="10"></td></tr>
<tr><td>账号</td><td colspan="2"></td><td>账号</td><td colspan="10"></td></tr>
<tr><td>开户银行</td><td colspan="2"></td><td>开户银行</td><td colspan="10"></td></tr>
<tr><td rowspan="2">金额</td><td colspan="4" rowspan="2">人民币<br>（大写）</td><td>亿</td><td>千</td><td>百</td><td>十</td><td>万</td><td>千</td><td>百</td><td>十</td><td>元</td><td>角</td><td>分</td></tr>
<tr><td></td><td></td><td></td><td></td><td></td><td></td><td></td><td></td><td></td><td></td><td></td></tr>
<tr><td colspan="2">票据种类</td><td></td><td>票据张数</td><td></td><td colspan="11" rowspan="3">开户银行盖章</td></tr>
<tr><td colspan="2">票据号码</td><td colspan="3"></td></tr>
<tr><td colspan="5">复核　　记账</td></tr>
</table>

此联是开户银行交给持（出）票人的回单

图 2-2-5　银行进账单

4）11 月 4 日，向广东新怡塑料有限公司采购的 SEP 塑料到达，验收合格入库。涉及的凭证如图 2-2-6 所示。

**收　料　单**

2016 年 11 月 04 日　　收字第 1101 号

| 材料名称 | 规格型号 | 单位 | 应收数量 | 实收数量 | 金额（元） |
|---|---|---|---|---|---|
| SEP 塑料 | | 千克 | 2 500 | 2 500 | 28 000.00 |
| | | | | | |

仓库主管：陈德明　　验收：李怡华　　收料：朱永材

图 2-2-6　收料单

5）11 月 5 日，领用材料，投入 5 000 台电热壶、2 000 台电饭锅生产。涉及的凭证如图 2-2-7 和图 2-2-8 所示。

**领　料　单**

用途：生产电热壶　　2016 年 11 月 05 日　　领字第 01101 号

| 材料名称 | 规格型号 | 单位 | 请领数量 | 实发数量 | 金额（元） |
|---|---|---|---|---|---|
| HDP 钢板 | | 千克 | 1 000 | 1 000 | |
| SEP 塑料 | | 千克 | 1 000 | 1 000 | |
| DRH 电路板 | | 块 | 5 000 | 5 000 | |

仓库主管：陈德明　　复核：杨晓梅　　发料：朱永材　　制单：梁晓芳

图 2-2-7　领料单 1

**领 料 单**

用途：生产电饭锅　　　　2016年11月05日　　　　领字第01102号

| 材料名称 | 规格型号 | 单位 | 请领数量 | 实发数量 | 金额（元） |
|---|---|---|---|---|---|
| HDP钢板 | | 千克 | 1200 | 1200 | |
| SEP塑料 | | 千克 | 1200 | 1200 | |
| DFG电路板 | | 块 | 2000 | 2000 | |

仓库主管：陈德明　　复核：杨晓梅　　发料：朱永材　　制单：梁晓芳

图2-2-8　领料单2

6）11月6日，向广东惠欣电器有限公司销售电热壶1 000台，单价65元，电饭锅500台，单价160元，开出增值税专用发票，货款未收。涉及的凭证如图2-2-9～图2-2-11所示。

4601041141　　广东增值税专用发票　　№ 031131101

（印章：全国统一发票监制章 广东省 国家税务总局监制）

发票联

开票日期：　年　月　日

| 购货单位 | 名称：<br>纳税人识别号：<br>地址、电话：<br>开户行及账号： | 密码区 | （略） |
|---|---|---|---|

| 货物或应税劳务、服务名称 | 规格型号 | 单位 | 数量 | 单价 | 金额 | 税率 | 税额 |
|---|---|---|---|---|---|---|---|
| 合　计 | | | | | | | |
| 价税合计（大写） | ⊗ | | | | （小写） | | |

| 销货单位 | 名称：<br>纳税人识别号：<br>地址、电话：<br>开户行及账号： | 备注 | |
|---|---|---|---|

（印章：广东倍家科技有限公司 440703256268024 发票专用章）

第三联：发票联　购买方记账凭证

收款人：谢惠新　　复核：杨晓梅　　开票人：王耀林　　销货单位：（章）

图2-2-9　增值税专用发票发票联

4601041141

广东增值税专用发票

№ 031131101

此联不作报销、扣税凭证使用

开票日期：　　年　月　日

| 购货单位 | 名称：<br>纳税人识别号：<br>地址、电话：<br>开户行及账号： | | | | 密码区 | （略） | |
|---|---|---|---|---|---|---|---|
| 货物或应税劳务、服务名称 | 规格型号 | 单位 | 数量 | 单价 | 金额 | 税率 | 税额 |
| 合计 | | | | | | | |
| 价税合计（大写） | ⊗ | | | | （小写） | | |
| 销货单位 | 名称：<br>纳税人识别号：<br>地址、电话：<br>开户行及账号： | | | | 备注 | | |

收款人：谢惠新　复核：杨晓梅　开票人：王耀林　销货单位：（章）

第一联：记账联 销售方记账凭证

图 2-2-10　增值税专用发票记账联

产品出库单

2016 年 11 月 06 日　第 01101 号

| 产品名称 | 规格 | 型号 | 单位 | 数量 | 单位成本 | 金额（元） |
|---|---|---|---|---|---|---|
| 电热壶 | | | 台 | 1 000 | | |
| 电饭锅 | | | 台 | 500 | | |

仓库主管：陈德明　复核：杨晓梅　发货：朱永材　制单：梁晓芳

图 2-2-11　产品出库单

7）11 月 7 日，收到广东惠欣电器有限公司支付的前欠货款。涉及的凭证如图 2-2-12 和图 2-2-13 所示。

中国建设银行支票（粤）　GS 32461101

出票日期（大写）贰零壹陆年壹拾壹月零柒日　付款行名称：惠州建行金山支行

收款人：广东倍家科技有限公司　出票人账号：71606969058

| 人民币（大写） | 千 | 百 | 十 | 万 | 千 | 百 | 十 | 元 | 角 | 分 |
|---|---|---|---|---|---|---|---|---|---|---|
| 壹拾陆万玖仟陆佰伍拾元整 | | ¥ | 1 | 6 | 9 | 6 | 5 | 0 | 0 | 0 |

付款期限自出票之日起十天

用途 支付货款　密码

上列款项请从我账户内支付　行号

出票人签章　广东惠欣电器有限公司财务专用章　陈金明

复核　记账

（a）转账支票正面

图 2-2-12　转账支票

| 附加信息： | 被背书人： | 被背书人： |
| --- | --- | --- |
| | 背书人签章<br>年 月 日 | 背书人签章<br>年 月 日 |

（b）转账支票背面

图 2-2-12 转账支票（续）

**中国建设银行进账单** （回 单） 1

年 月 日

| 出票人 | 全称 | | 收款人 | 全称 | | | | | | | | | | | |
| --- | --- | --- | --- | --- | --- | --- | --- | --- | --- | --- | --- | --- | --- | --- | --- |
| | 账号 | | | 账号 | | | | | | | | | | | |
| | 开户银行 | | | 开户银行 | | | | | | | | | | | |
| 金额 | 人民币（大写） | | 亿 | 千 | 百 | 十 | 万 | 千 | 百 | 十 | 元 | 角 | 分 | | |
| | | | | | | | | | | | | | | | |
| 票据种类 | | 票据张数 | | | | | | | | | | | | | |
| 票据号码 | | | | | | | | | | | | | | | |
| 复核 | 记账 | | 开户银行盖章 | | | | | | | | | | | | |

此联是开户银行交给持（出）票人的回单

图 2-2-13 银行进账单

8）11 月 7 日，电热壶 4 000 台、电饭锅 1 000 台完工，验收合格入库。涉及的凭证如图 2-2-14 所示。

**产成品入库单**

2016 年 11 月 07 日　　收字第 1101 号

| 产品名称 | 规格型号 | 单位 | 应收数量 | 实收数量 | 金额（元） |
| --- | --- | --- | --- | --- | --- |
| 电热壶 | | 台 | 4 000 | 4 000 | |
| 电饭锅 | | 台 | 1 000 | 1 000 | |

仓库主管：陈德明　　复核：朱永材　　验收：李怡华　　制单：梁晓芳

图 2-2-14 产成品入库单

9）11 月 7 日，将一张由广东惠欣电器有限公司 9 月 7 日签发的、为期 5 个月、票面金额为 40 000 元的银行承兑汇票向银行申请贴现（银行不享有追索权），银行规定贴现率为 6%。涉及的凭证如图 2-2-15 所示。

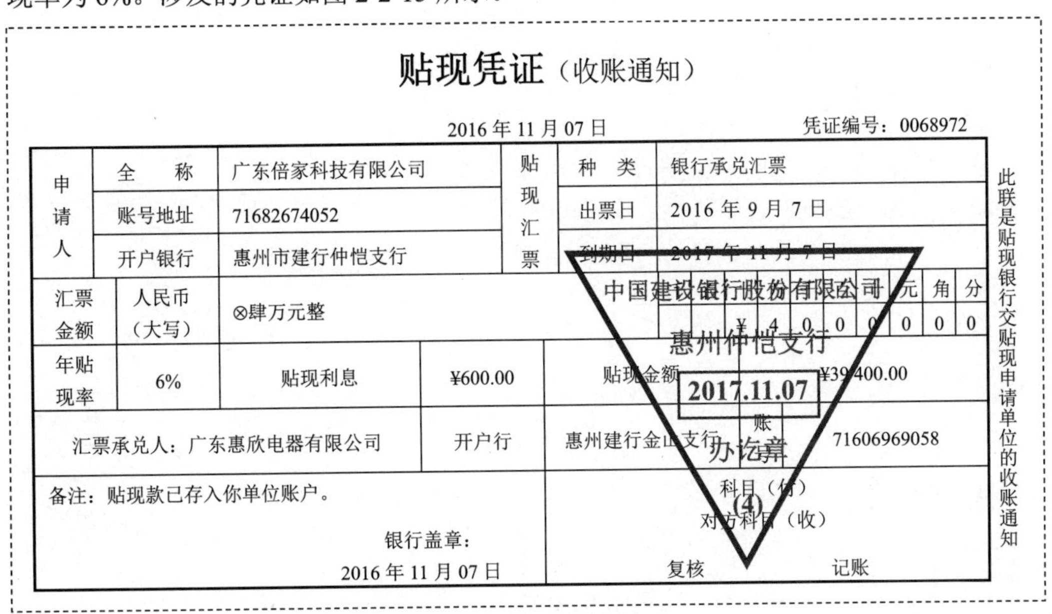

贴现凭证（收账通知）

2016 年 11 月 07 日　　凭证编号：0068972

| 申请人 | 全　称 | 广东倍家科技有限公司 | 贴现汇票 | 种　类 | 银行承兑汇票 |
|---|---|---|---|---|---|
| | 账号地址 | 71682674052 | | 出票日 | 2016 年 9 月 7 日 |
| | 开户银行 | 惠州市建行仲恺支行 | | 到期日 | 2017 年 11 月 7 日 |
| 汇票金额 | 人民币（大写） | ⊗肆万元整 | | | ¥ 4 0 0 0 0 0 0 |
| 年贴现率 | 6% | 贴现利息 | ¥600.00 | 贴现金额 | ¥39 400.00 |
| 汇票承兑人：广东惠欣电器有限公司 | | | 开户行 | 惠州建行金山支行 | 71606969058 |
| 备注：贴现款已存入你单位账户。银行盖章：2016 年 11 月 07 日 | | | | 科目（付）对方科目（收）复核　记账 | |

此联是贴现银行交贴现申请单位的收账通知



图 2-2-15　贴现凭证收账通知

10）11 月 7 日，向广东华新钢材有限公司采购 HDP 钢板一批，收到增值税专用发票与货物运费增值税专用发票（运费已由华新钢材公司垫付），款项以银行承兑汇票支付，钢板已验收入库。涉及的凭证如图 2-2-16～图 2-2-19 所示。

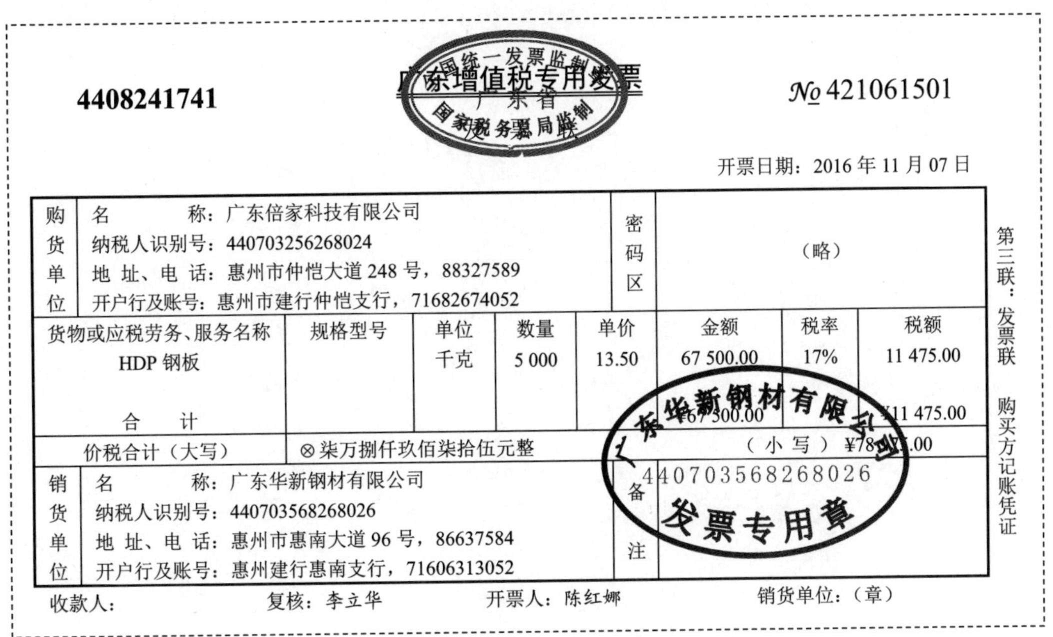

4408241741　　广东增值税专用发票　　№ 421061501

开票日期：2016 年 11 月 07 日

| 购货单位 | 名称：广东倍家科技有限公司<br>纳税人识别号：440703256268024<br>地址、电话：惠州市仲恺大道 248 号，88327589<br>开户行及账号：惠州市建行仲恺支行，71682674052 | | | | 密码区 | （略） | | |
|---|---|---|---|---|---|---|---|---|
| 货物或应税劳务、服务名称 | 规格型号 | 单位 | 数量 | 单价 | 金额 | 税率 | 税额 | |
| HDP 钢板 | | 千克 | 5 000 | 13.50 | 67 500.00 | 17% | 11 475.00 | |
| 合　计 | | | | | ¥67 500.00 | | ¥11 475.00 | |
| 价税合计（大写） | ⊗柒万捌仟玖佰柒拾伍元整 | | | | （小写）¥78 975.00 | | | |
| 销货单位 | 名称：广东华新钢材有限公司<br>纳税人识别号：440703568268026<br>地址、电话：惠州市惠南大道 96 号，86637584<br>开户行及账号：惠州建行惠南支行，71606313052 | | | | 备注 | | | |

收款人：　　复核：李立华　　开票人：陈红娜　　销货单位：（章）

第三联：发票联　购买方记账凭证



图 2-2-16　增值税专用发票

4406235372

广东增值税专用发票

№ 391061101

开票日期：2016 年 11 月 07 日

| 购货单位 | 名　　称：广东倍家科技有限公司<br>纳税人识别号：440703256268024<br>地 址、电 话：惠州市仲恺大道 248 号，88327589<br>开户行及账号：惠州市建行仲恺支行，71682674052 | | | | 密码区 | （略） | | |
|---|---|---|---|---|---|---|---|---|
| 货物或应税劳务、服务名称 | | 规格型号 | 单位 | 数量 | 单价 | 金额 | 税率 | 税额 |
| 运输 | | | | | | 500.00 | 11% | 55.00 |
| 合　计 | | | | | | ¥500.00 | | ¥55.00 |
| 价税合计（大写） | ⊗伍佰伍拾伍元整 | | | | | （小写）¥555.00 | | |
| 销货单位 | 名　　称：广东通达快递有限公司<br>纳税人识别号：440766208268039<br>地 址、电 话：惠州市惠南大道 119 号，83697282<br>开户行及账号：惠州交行惠南支行，71658643031 | | | | 备注 | 惠南大道——仲恺大道<br>HDP 钢板 | | |

收款人：　　复核：　　开票人：李晓红　　销货单位：（章）

第三联：发票联　购买方记账凭证

图 2-2-17　运费增值税专用发票

## 收　料　单

2016 年 11 月 07 日　　收字第 1102 号

| 材料名称 | 规格型号 | 单位 | 应收数量 | 实收数量 | 金额（元） |
|---|---|---|---|---|---|
| HDP 钢板 | | 千克 | 5 000 | 5 000 | 68 000.00 |
| | | | | | |

仓库主管：陈德明　　验收：李怡华　　收料：朱永材

图 2-2-18　收料单

## 银行承兑汇票　4

出票日期（大写）：贰零壹陆年壹拾壹月零柒日　　汇票号码：0563891

| 出票人全称 | 广东倍家科技有限公司 | 收款人 | 全　称 | 广东华新钢材有限公司 | | |
|---|---|---|---|---|---|---|
| 出票人账号 | 71682674052 | | 账　号 | 71606313052 | | |
| 付款行全称 | 惠州市建行仲恺支行 | | 开户银行 | 建行惠南支行 | 行号 | 02436 |
| 出票金额 | 人民币（大写） | 柒万玖仟伍佰叁拾元整 | 亿 千 百 十 万 千 百 十 元 角 分 | ¥ 7 9 5 3 0 0 0 | | |
| 汇票到期日（大写） | 贰零壹柒年零壹月零柒日 | 付款行 | 行号 | 01692 | | |
| 承兑协议编号 | 0020169432 | | 地址 | 惠州市仲恺大道 256 号 | | |
| 本汇票请你行承兑，此项汇票款我单位承兑协议于到期日前足额交存银行，到期请予以支付。<br>广东倍家科技有限公司财务专用章　陈利胜<br>出票人签章 | | 本汇票已承兑，到期由本行承付。<br>承兑行签章：<br>承兑日期：2016.11.07<br>备注： | | 中国建设银行汇票专用章<br>复核　记账 | | |

此联作为签发单位记账凭证附件

图 2-2-19　银行承兑汇票存根

11）11月8日，向广东金程电器有限公司销售电热壶2 000台，单价60元，电饭锅1 000台，单价165元，开出增值税专用发票，货款已收。涉及的凭证如图2-2-20～图2-2-24所示。

4601041141　　广东增值税专用发票　　№ 031131102

发票联　（印章：广东省 国家税务总局监制）

开票日期：　　年　　月　　日

| 购货单位 | 名称：<br>纳税人识别号：<br>地址、电话：<br>开户行及账号： | | | | 密码区 | （略） | | |
|---|---|---|---|---|---|---|---|---|
| 货物或应税劳务、服务名称 | 规格型号 | 单位 | 数量 | 单价 | 金额 | 税率 | 税额 | |
| 合计 | | | | | | | | |
| 价税合计（大写） | ⊗ | | | | （小写） | | | |
| 销货单位 | 名称：<br>纳税人识别号：<br>地址、电话：<br>开户行及账号： | | | | 备注 | 广东倍家科技有限公司 440703256268024 发票专用章 | | |

收款人：谢惠新　　复核：杨晓梅　　开票人：王耀林　　销货单位：（章）

第三联：发票联　购买方记账凭证

图2-2-20　增值税专用发票发票联

4601041141　　广东增值税专用发票　　№ 031131102

此联不作报销、扣税凭证使用　（印章：广东省 国家税务总局监制）

开票日期：　　年　　月　　日

| 购货单位 | 名称：<br>纳税人识别号：<br>地址、电话：<br>开户行及账号： | | | | 密码区 | （略） | | |
|---|---|---|---|---|---|---|---|---|
| 货物或应税劳务、服务名称 | 规格型号 | 单位 | 数量 | 单价 | 金额 | 税率 | 税额 | |
| 合计 | | | | | | | | |
| 价税合计（大写） | ⊗ | | | | （小写） | | | |
| 销货单位 | 名称：<br>纳税人识别号：<br>地址、电话：<br>开户行及账号： | | | | 备注 | | | |

收款人：谢惠新　　复核：杨晓梅　　开票人：王耀林　　销货单位：（章）

第一联：记账联　销售方记账凭证

图2-2-21　增值税专用发票记账联

产品出库单

2016 年 11 月 08 日　　　　第 01102 号

| 产品名称 | 规格 | 型号 | 单位 | 数量 | 单位成本 | 金额（元） |
| --- | --- | --- | --- | --- | --- | --- |
| 电热壶 | | | 台 | 2 000 | | |
| 电饭锅 | | | 台 | 1 000 | | |

仓库主管：陈德明　　复核：杨晓梅　　发货：朱永材　　制单：梁晓芳

图 2-2-22　产品出库单

中国农业银行支票（粤）　　GS 13353111

付款期限自出票之日起十天

出票日期（大写）贰零壹陆年壹拾壹月零捌日　　付款行名称：惠州农行惠南支行

收款人：广东倍家科技有限公司　　出票人账号：71235469056

| 人民币（大写） | 叁拾叁万叁仟肆佰伍拾元整 | 千 | 百 | 十 | 万 | 千 | 百 | 十 | 元 | 角 | 分 |
| --- | --- | --- | --- | --- | --- | --- | --- | --- | --- | --- | --- |
| | | | ¥ | 3 | 3 | 3 | 4 | | 0 | 0 | 0 |

用途 支付货款　　密码

上列款项请从我账户内支付　　行号

出票人签章　广东金程电器有限公司财务专用章　程建源

复核　　记账

（a）转账支票正面

| 附加信息： | 被背书人： | 被背书人： |
| --- | --- | --- |
| | 背书人签章<br>年 月 日 | 背书人签章<br>年 月 日 |

（b）转账支票背面

图 2-2-23　转账支票

**中国建设银行进账单** （回 单） 1

年 月 日

<table>
<tr><td rowspan="3">出票人</td><td>全称</td><td></td><td rowspan="3">收款人</td><td>全称</td><td colspan="11"></td></tr>
<tr><td>账号</td><td></td><td>账号</td><td colspan="11"></td></tr>
<tr><td>开户银行</td><td></td><td>开户银行</td><td colspan="11"></td></tr>
<tr><td rowspan="2">金额</td><td colspan="4" rowspan="2">人民币<br>（大写）</td><td>亿</td><td>千</td><td>百</td><td>十</td><td>万</td><td>千</td><td>百</td><td>十</td><td>元</td><td>角</td><td>分</td></tr>
<tr><td></td><td></td><td></td><td></td><td></td><td></td><td></td><td></td><td></td><td></td><td></td></tr>
<tr><td colspan="2">票据种类</td><td>票据张数</td><td colspan="13" rowspan="3">开户银行盖章</td></tr>
<tr><td colspan="2">票据号码</td><td></td></tr>
<tr><td colspan="3">复核 记账</td></tr>
</table>

此联是开户银行交给持（出）票人的回单

图 2-2-24 银行进账单

12）11 月 8 日，以交易为目的，通过二级市场购入神火股份股票 8 000 股，另支付交易手续费等相关费用 120 元。涉及的凭证如图 2-2-25 所示。

委托买入交割单

| | |
|---|---|
| 买卖类别：买入 | 成交日期：2016.11.08 |
| 股东代码：00149865 | 股东姓名：广东倍家科技有限公司 |
| 证券代码：000933 | 合同号码：0124392 |
| 证券名称：神火股份 | 委托时间：13:25:20 |
| 成交号码：00325123 | 成交时间：13:36:23 |
| 成交价格：4.50 | 上次余额：0 股 |
| 成交股数：8 000 | 本次余额：8 000 股 |
| 成交金额：36 000.00 | 手续费：100.00 |
| 过户费： 20.00 | 印花税：0.00 |
| 其他收费：0.00 | 收付金额：36 120.00 |



图 2-2-25 委托买入交割单

13）11 月 8 日，向广东利源电子有限公司采购 DRH 电路板一批，收到增值税专用发票，款项已付，DRH 电路板未到。涉及的凭证如图 2-2-26 和图 2-2-27 所示。

4407541253　　广东增值税专用发票　　№ 346073201

（广东省 国家税务总局监制）

开票日期：2016 年 11 月 08 日

| 购货单位 | 名　　称：广东倍家科技有限公司<br>纳税人识别号：440703256268024<br>地 址、电 话：惠州市仲恺大道 248 号，88327589<br>开户行及账号：惠州市建行仲恺支行，71682674052 | | | | 密码区 | （略） | | |
|---|---|---|---|---|---|---|---|---|
| 货物或应税劳务、服务名称 | 规格型号 | 单位 | 数量 | 单价 | 金额 | 税率 | 税额 | |
| DRH 电路板 | | 块 | 6 000 | 11.80 | 70 800.00 | 17% | 12 036.00 | |
| 合　　计 | | | | | ¥70 800.00 | | ¥12 036.00 | |
| 价税合计（大写） | ⊗捌万贰仟捌佰叁拾陆元整 | | | | （小写）¥82 836.00 | | | |
| 销货单位 | 名　　称：广东利源电子有限公司<br>纳税人识别号：440702498268020<br>地 址、电 话：惠州市金山大道 120 号，86682584<br>开户行及账号：惠州农行金山支行，71682543357 | | | | 备注 | （广东利源电子有限公司 440702498268020 发票专用章） | | |

收款人：　　复核：　　开票人：郑志源　　销货单位：（章）

第三联：发票联　购买方记账凭证

图 2-2-26　增值税专用发票

**中国建设银行支票存根（粤）**

GS 01034101

附加信息

出票日期　　年　月　日

收款人：

金　额：

用　　：

单位主管　　　会计

付款期限自出票之日起十天

**中国建设银行支票（粤）**　　**GS 01034101**

出票日期（大写）　　年　　月　　日　　付款行名称：

收款人：　　出票人账号：

| 人民币（大 写） | 千 | 百 | 十 | 万 | 千 | 百 | 十 | 元 | 角 | 分 |
|---|---|---|---|---|---|---|---|---|---|---|
| | | | | | | | | | | |

用途　　　　密码

上列款项请从我账户内支付　　行号

出票人签章　（广东倍家科技有限公司财务专用章）（陈利胜）

复核　　记账

（a）支票正面

图 2-2-27　支票

| 附加信息： | 被背书人： | 被背书人： | （粘贴单处） | 根据《中华人民共和国票据法》等法律法规的规定，签发空头支票由中国人民银行处以票面金额5%但不低于1 000元的罚款。 |
|---|---|---|---|---|
| | 背书人签章<br>年 月 日 | 背书人签章<br>年 月 日 | | |

（b）支票背面

图 2-2-27 支票（续）

14）11 月 9 日，收到 8 日向广东利源电子有限公司采购的 DRH 电路板，验收合格入库。涉及的凭证如图 2-2-28 所示。

**收 料 单**

2016 年 11 月 09 日　　收字第 1103 号

| 材料名称 | 规格型号 | 单位 | 应收数量 | 实收数量 | 金额（元） |
|---|---|---|---|---|---|
| DRH 电路板 | | 块 | 6 000 | 6 000 | 70 800.00 |
| | | | | | |

仓库主管：陈德明　　验收：李怡华　　收料：朱永材

图 2-2-28 收料单

15）11 月 10 日，广东海天电器有限公司 8 月 10 日签发的商业承兑汇票到期，收回票据款。涉及的凭证如图 2-2-29 所示。

16）11 月 10 日，向广东福林科技有限公司采购 DFG 电路板一批，收到增值税专用发票，DFG 电路板暂未收到，款项已付。涉及的凭证如图 2-2-30 和图 2-2-31 所示。

**托收凭证**（收账通知） 4

付款期限 2016 年 11 月 13 日

委托日期：2016 年 11 月 09 日

| 业务类型 | 委托收款（☐邮划、☑电划） 托收承付（☐邮划、☐电划） | | | | | | |
|---|---|---|---|---|---|---|---|
| 付款人 | 全称 | 广东海天电器有限公司 | | 收款人 | 全称 | 广东倍家科技有限公司 | |
| | 账号 | 11634813054 | | | 账号 | 71682674052 | |
| | 地址 | 广东省 广州 市/县 | 开户行：新华支行 | | 地址 | 广东省惠州 市/县 | 开户行：仲恺支行 |
| 金额 | 人民币（大写） | 叁万元整 | | | | 亿千百十万千百十元角分 | ¥ 3 0 0 0 0 0 0 |
| 款项内容 | 商业承兑汇票款 | 托收凭据名称 | 商业承兑汇票 | 附寄单证张数 | 1 | | |
| 商品发运情况 | 已发运 | | | 合同名称号码 | 0T0040201 | | |
| 备注：<br>复核 记账 | 款项收妥日期：<br>2016 年 11 月 10 日 | | | 收款人开户银行签章 | | | |

中国建设银行股份有限公司 惠州仲恺支行 2016.11.10 办讫章 (4)

此联作收款人开户银行给收款人的收账通知

图 2-2-29 委托收款收账通知

4401283233 **广东增值税专用发票** №214263112

广东省 国家税务总局监制 发票联

开票日期：2016 年 11 月 10 日

| 购货单位 | 名称：广东倍家科技有限公司<br>纳税人识别号：440703256268024<br>地址、电话：惠州市仲恺大道 248 号，88327589<br>开户行及账号：惠州市建行仲恺支行，71682674052 | | | | 密码区 | （略） | |
|---|---|---|---|---|---|---|---|
| 货物或应税劳务、服务名称 | 规格型号 | 单位 | 数量 | 单价 | 金额 | 税率 | 税额 |
| DFG 电路板 | | 块 | 3 000 | 48.00 | 144 000.00 | 17% | 24 480.00 |
| 合计 | | | | | ¥144 000.00 | | ¥24 480.00 |
| 价税合计（大写） | ⊗壹拾陆万捌仟肆佰捌拾元整 | | | | （小写）¥168 480.00 | | |
| 销货单位 | 名称：广东福林科技有限公司<br>纳税人识别号：440105307268034<br>地址、电话：广州市芳村大道 52 号，83682585<br>开户行及账号：广州工行芳村支行，12629413054 | | | | 备注 | | |

收款人： 复核： 开票人：陈祁林 销货单位：（章）

广东福林科技有限公司 440105307268034 发票专用章

第三联：发票联 购买方记账凭证

图 2-2-30 增值税专用发票

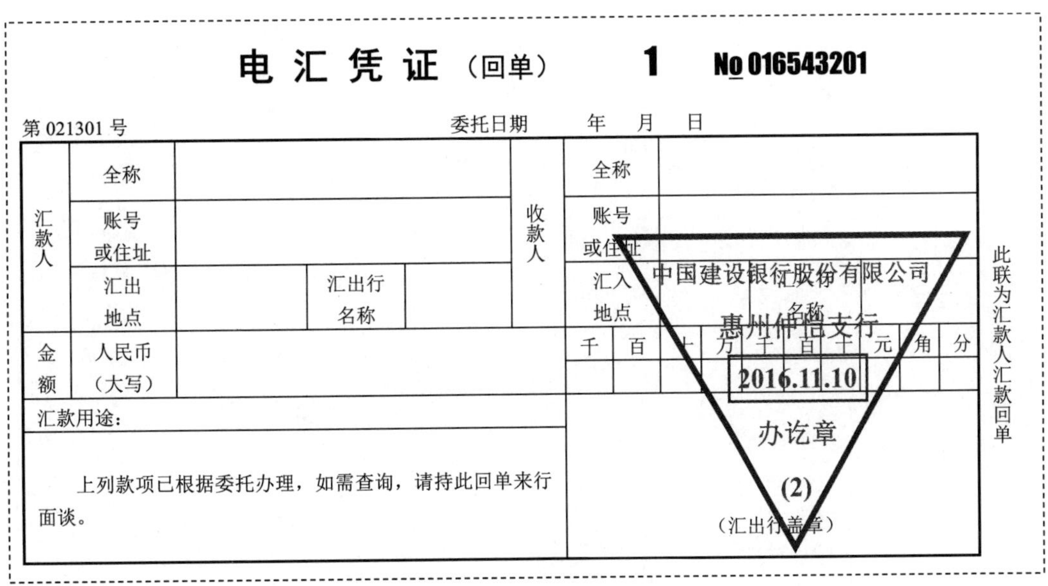

**电汇凭证**（回单） 1 №016543201

第021301号　　委托日期　年　月　日

| 汇款人 | 全称 | | | 收款人 | 全称 | |
|---|---|---|---|---|---|---|
| | 账号或住址 | | | | 账号或住址 | |
| | 汇出地点 | | 汇出行名称 | | 汇入地点 | 汇入行名称 |
| 金额 | 人民币（大写） | | | | 千 百 十 万 千 百 十 元 角 分 | |
| 汇款用途： | | | | | | |
| 上列款项已根据委托办理，如需查询，请持此回单来行面谈。 | | | | | 中国建设银行股份有限公司惠州仲恺支行 2016.11.10 办讫章 (2)（汇出行盖章） | |

此联为汇款人汇款回单

图 2-2-31　电汇凭证回单

17）11 月 10 日，购入修理用工具一套，已交付生产车间使用，采用一次摊销法摊销其成本。涉及的凭证如图 2-2-32～图 2-2-35 所示。

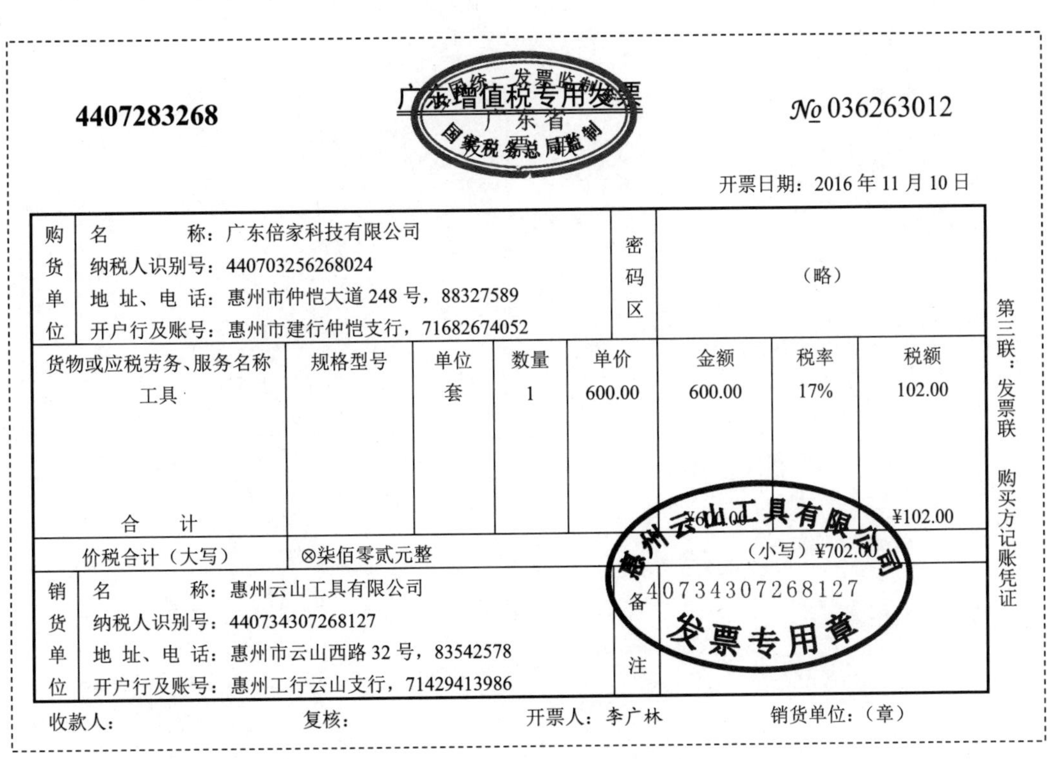

4407283268　　广东增值税专用发票　　№036263012

开票日期：2016 年 11 月 10 日

| 购货单位 | 名　　称：广东倍家科技有限公司<br>纳税人识别号：440703256268024<br>地 址、电 话：惠州市仲恺大道 248 号，88327589<br>开户行及账号：惠州市建行仲恺支行，71682674052 | | | | 密码区 | （略） | | |
|---|---|---|---|---|---|---|---|---|
| 货物或应税劳务、服务名称 | 规格型号 | 单位 | 数量 | 单价 | 金额 | 税率 | 税额 | |
| 工具 | | 套 | 1 | 600.00 | 600.00 | 17% | 102.00 | |
| 合　计 | | | | | ¥600.00 | | ¥102.00 | |
| 价税合计（大写） | ⊗柒佰零贰元整 | | | | （小写）¥702.00 | | | |
| 销货单位 | 名　　称：惠州云山工具有限公司<br>纳税人识别号：440734307268127<br>地 址、电 话：惠州市云山西路 32 号，83542578<br>开户行及账号：惠州工行云山支行，71429413986 | | | | 备注 | 惠州云山工具有限公司 440734307268127 发票专用章 | | |

收款人：　　复核：　　开票人：李广林　　销货单位：（章）

第三联：发票联　购买方记账凭证

图 2-2-32　增值税专用发票

**低值易耗品入库单**

用途：生产车间用　　2016年11月10日　　NO：00101

| 名称及规格 | 单位 | 应收数量 | 实收数量 | 单价 | 金额（元） |
|---|---|---|---|---|---|
| 修理工具 | 套 | 1 | 1 | 600.00 | 600.00 |
| | | | | | |

仓库主管：陈德明　　验收：李怡华　　保管员：朱永材

图2-2-33　低值易耗品入库单

中国建设银行支票存根（粤）

GS 01034102

附加信息

出票日期　年　月　日

| 收款人： |
|---|
| 金　额： |
| 用　途： |

单位主管　会计

付款期限自出票之日起十天

**中国建设银行支票**（粤）　**GS 01034102**

出票日期（大写）　年　月　日　付款行名称：

收款人：　出票人账号：

| 人民币（大写） | 千 | 百 | 十 | 万 | 千 | 百 | 十 | 元 | 角 | 分 |
|---|---|---|---|---|---|---|---|---|---|---|
| | | | | | | | | | | |

用途＿＿＿＿　密码＿＿＿＿

上列款项请从　行号＿＿＿＿

我账户内支付

出票人签章　广东倍家科技有限公司财务专用章　陈利胜

复核　记账

（a）支票正面

| 附加信息： | 被背书人： | 被背书人： | （粘贴单处） | 根据《中华人民共和国票据法》等法律法规的规定，签发空头支票由中国人民银行处以票面金额5%但不低于1 000元的罚款。 |
|---|---|---|---|---|
| | 背书人签章<br>年　月　日 | 背书人签章<br>年　月　日 | | |

（b）支票背面

图2-2-34　支票

**低值易耗品出库单**

用途：生产车间用　　2016 年 11 月 10 日　　NO：10201

| 名称及规格 | 单位 | 请领数量 | 实发数量 | 单价 | 金额（元） |
|---|---|---|---|---|---|
| 修理工具 | 套 | 1 | 1 | 600.00 | 600.00 |
| | | | | | |

仓库主管：陈德明　　经手：李怡华　　保管员：朱永材

图 2-2-35　低值易耗品出库单

18）11 月 10 日，收到银行转来收汇通知，收妥凯特公司的销售货款，当日美元汇率中间价为 1∶6.65。涉及的凭证如图 2-2-36～图 2-2-38 所示。

**国际结算贷记通知**

**INTERNATION SETTLEMENT CREDIT ADVICE**

客户号：0010220340055　　日期：Transaction Date: 2016/11/10

收款人名称（Beneficiary）：广东倍家科技有限公司

收款人账号（Beneficiary A/C NO.）：71682678196

汇款人名称（Remitter's Name）：Kate Electronics Co. Ltd., U.S.A

汇款行名称（Remitter's Bank）：CITI BANK N.A.,NEW YORK

币种（CCY）：USD 小写金额：44 400.00

大写金额：美元肆万肆仟肆佰元整

业务种类（Business Type）：国际汇入汇款 TI　业务编号 Business Ref. No.：T1151101200033323

汇款编号（Remittance Ret. No.）：151102MP007142

货币/金额（CCY/AMT）：USD/44 400.00　　起息日（Value Date）：2016/11/10

实际买入价（Trans Buying Rate）：0.00　　实际卖出价（Trans Selling Rate）：0.00

基准买入价（Base Buying Rate）：665.00　　基准卖出价（Base Selling Rate）：666.00

申报号码（SAFE Declaration）No.：440513000101151103N007

内扣货币/费用金额（Included Fee CCY/AMT）：0.00

汇款信息（Remittance Information）：INVOICE NO. 1110/16

费用明细（Details of Charges）：SHA

发报行费用（Sender's Charges）：0.00

收报行费用（Receiver's Charges）：0.00

备注：根据国家外汇管理局规定，请于五个工作日内到我行办理根据收支涉外收入申报手续，此凭证可代兑换水单。

(Note：Please come to BOC branch/outlet to complete the international payments declaration procedure within live working days according to the regulation of SAFE .This document could be used as Exchange Memo.)

中国建设银行股份有限公司 惠州仲恺支行 2016.11.10 办讫章 (4)

补打，请避免重复

交易机构：33716　　交易渠道：　　交易流水号：01344416234　　经办：134879

回单编号：1511031344144658　　验证码：OIFVOVAO4GEOJTTTNRPI　　打印时间：14:59:43

（备注说明：SHA 表示费用由汇款人和收款人各自承担，汇款人负担汇出时费用。）

图 2-2-36　国际结算贷记通知

# 涉外收入申报单
## REPORTING FORM FOR RECEIPTS FROM ABORD

根据《国际收支统计申报办法》（1995 年 8 月 30 日经国务院批准），特制发本申报单。
This Reporting Form is Distributed According to The Regulations of Balance of Payments Statistics (Approved by The State Council on Aug. 30, 1995)
国家外汇管理局和有关银行将为您的具体申报内容保密。
The State Administration of Foreign Exchange(The SAFE) and The Banks Concerned Would Keep What You Reported Condifidential.
请按填报说明（见第二联背面）填写。 制表机关：国家外汇管理局
Please Report According to The Instructions Overleaf. Authority: The SAFE

| | | | |
|---|---|---|---|
| 申报号码 Bop Reporting No. | 4 4 0 7 0 3 2 5 6 2 6 8 0 2 4 □□□ □□□□ | | |
| 收款人名称 Payee | | | |
| ☑ 对公 Unit | 组织机构代码 Unit Code 7 8 5 7 8 1 2 3—4 | | |
| □ 对私 Individual | 个人身份证件号码 ID Number<br>□ 中国居民 Resident Individual □ 非中国居民 Non-resident Individual | | |
| 结算方式 Payment Method | □ 信用证 L/C □ 托收 Collection □ 保函 L/G ☑ 电汇 T/T □ 票汇 D/D □ 信汇 M/T □ 其他 Others | | |
| 收入款币种及金额 Currency & Amount of Receipts | USD 44 400.00 | 结汇汇率 Exchange Rate | |
| 其中 of which：结汇金额 Amount of Sale | | 账号/银行卡号 Account No./Credit Card No. | 71682678129 |
| 现汇金额 Amount in FX | USD 44 400.00 | | |
| 其他金额 Amount of Others | | 账号/银行卡号 Account No./Credit Card No. | |
| 国内银行扣费币种及金额 Bank's Charges inside China | | 国外银行扣费币种及金额 Bank's Charges outside China | |
| 付款人名称 Payer | | | |
| 付款人常驻国家（地区）名称及代码 Country/Region of Payer & Code | 美国 U S A | 申报日期 Reporting Date | 2016 年 11 月 10 日 |
| 如果本笔款项为预收货款或退款，请选择 If Advance Receipts/Refund, Please Choose | □ 预收货款 Advance Receipts | □ 退款 Refund | |
| 本笔款项是否为出口核销项下收汇 | ☑ 是 | □ 否 | |
| 如果本笔款项为外债提款，请填写外债编号 | | | |
| 交易编码 BOP Transac. Code: 1 0 1 0 1 0 | 相应币种及金额 Currency & Amount: USD 44 400.00 | 交易附言 Transac. Remark | 一般贸易（出口家电货款） |
| 填报人签章 Signature of Stamp of Reporter | | 填报人电话 Phone No. of Reporter | 电话：<br>出口核销单： |

收款人章 Stamp of Payee　　银行经办人签章 Signature of Bank Teller　　银行业务编号 Bank Transaction Ref. No.

第三联：申报主体留存联

（印章：广东信家科技有限公司；中国建设银行股份有限公司惠州仲恺支行 2016.11.10 办讫章 (4)）

图 2-2-37 涉外收入申报单

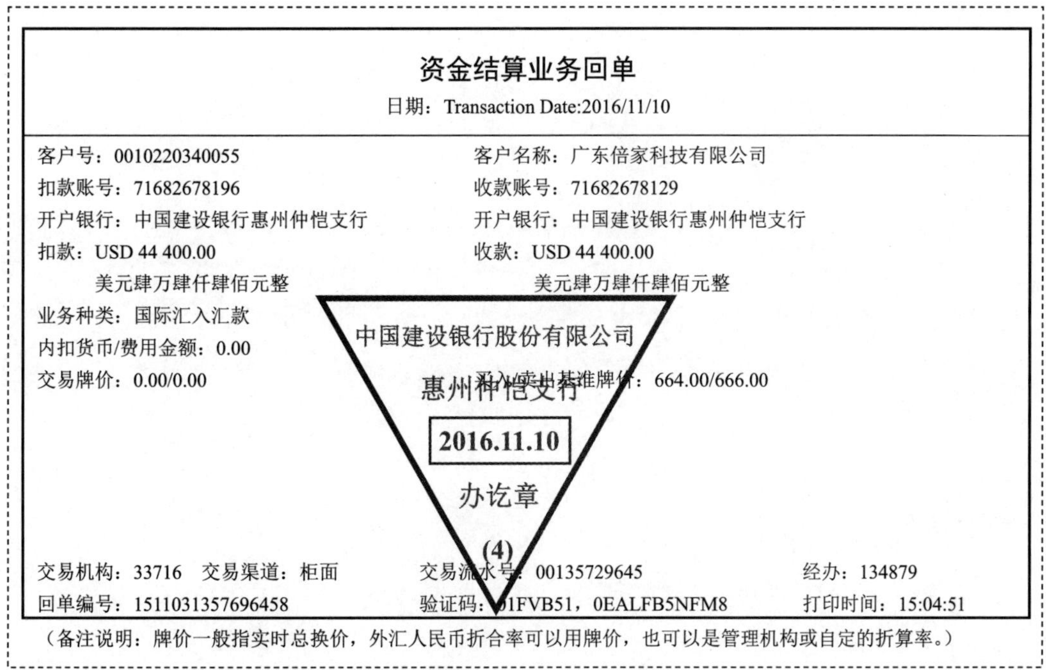

资金结算业务回单

日期：Transaction Date:2016/11/10

客户号：0010220340055　　客户名称：广东倍家科技有限公司

扣款账号：71682678196　　收款账号：71682678129

开户银行：中国建设银行惠州仲恺支行　　开户银行：中国建设银行惠州仲恺支行

扣款：USD 44 400.00　　收款：USD 44 400.00

美元肆万肆仟肆佰元整　　美元肆万肆仟肆佰元整

业务种类：国际汇入汇款

内扣货币/费用金额：0.00

交易牌价：0.00/0.00　　买入/卖出基准牌价：664.00/666.00

中国建设银行股份有限公司 惠州仲恺支行 2016.11.10 办讫章 (4)

交易机构：33716　交易渠道：柜面　交易流水号：00135729645　经办：134879

回单编号：1511031357696458　验证码：01FVB51，0EALFB5NFM8　打印时间：15:04:51

（备注说明：牌价一般指实时总换价，外汇人民币折合率可以用牌价，也可以是管理机构或自定的折算率。）

图 2-2-38　资金结算业务回单

19）11 月 10 日，收到银行转来结汇通知，办妥本次结汇业务，当日美元买入价为 1∶6.64。涉及的凭证如图 2-2-39～图 2-2-42 所示。

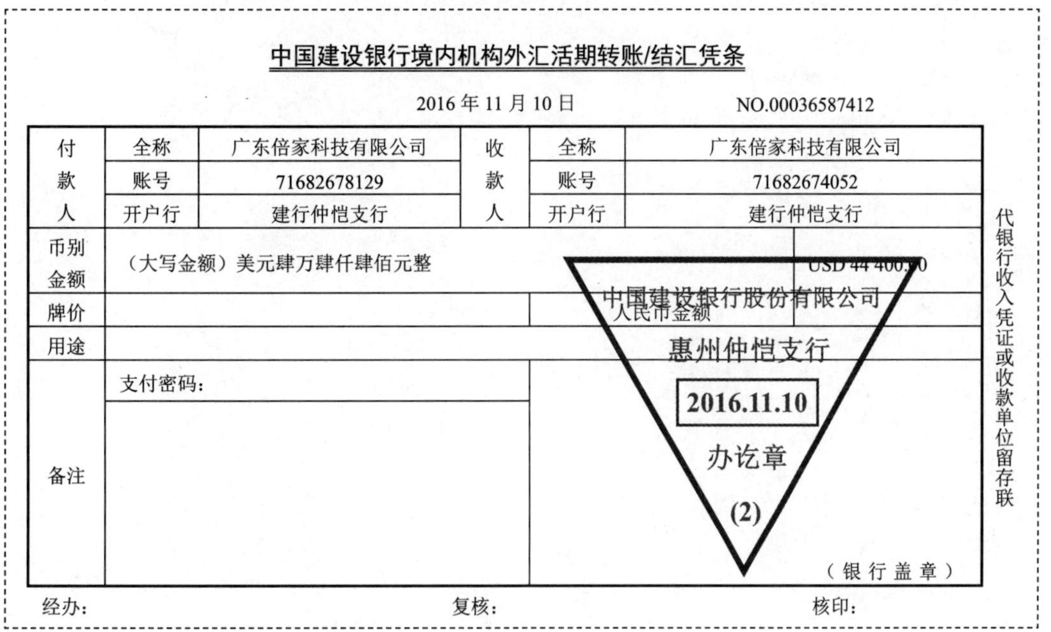

中国建设银行境内机构外汇活期转账/结汇凭条

2016 年 11 月 10 日　　NO.00036587412

| 付款人 | 全称 | 广东倍家科技有限公司 | 收款人 | 全称 | 广东倍家科技有限公司 |
|---|---|---|---|---|---|
| | 账号 | 71682678129 | | 账号 | 71682674052 |
| | 开户行 | 建行仲恺支行 | | 开户行 | 建行仲恺支行 |
| 币别金额 | （大写金额）美元肆万肆仟肆佰元整 | | | | USD 44 400.00 |
| 牌价 | | | 人民币金额 | | |
| 用途 | | | | | |
| 备注 | 支付密码： | | （银行盖章） | | |

中国建设银行股份有限公司 惠州仲恺支行 2016.11.10 办讫章 (2)

代银行收入凭证或收款单位留存联

经办：　　复核：　　核印：

图 2-2-39　外汇活期转账/结汇凭条

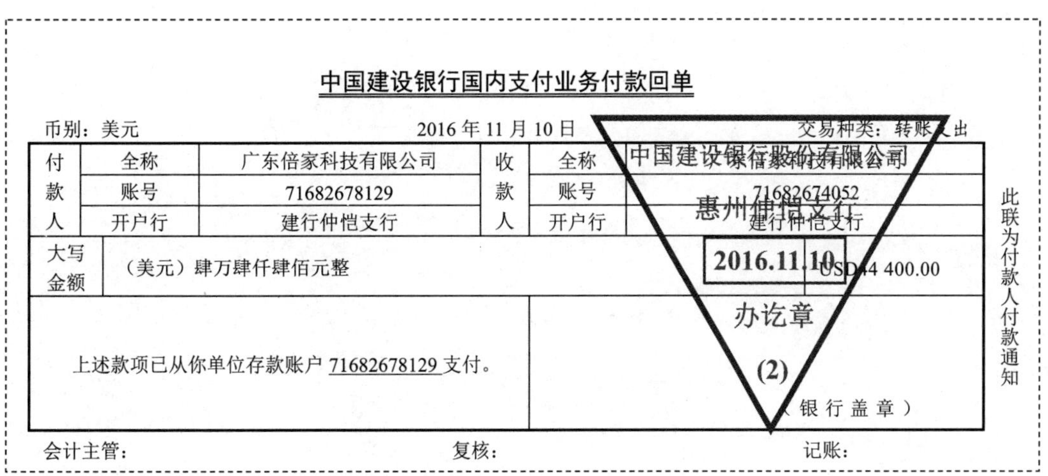

**中国建设银行国内支付业务付款回单**

币别：美元　　2016 年 11 月 10 日　　交易种类：转账支出

| 付款人 | 全称 | 广东倍家科技有限公司 | 收款人 | 全称 | 广东倍家科技有限公司 |
|---|---|---|---|---|---|
| | 账号 | 71682678129 | | 账号 | 71682674052 |
| | 开户行 | 建行仲恺支行 | | 开户行 | 建行仲恺支行 |
| 大写金额 | （美元）肆万肆仟肆佰元整 | | | | USD44 400.00 |
| 上述款项已从你单位存款账户 71682678129 支付。 | | | （银行盖章） | | |

中国建设银行股份有限公司 惠州仲恺支行 2016.11.10 办讫章 (2)

会计主管：　　复核：　　记账：

此联为付款人付款通知

图 2-2-40　国内支付业务付款回单

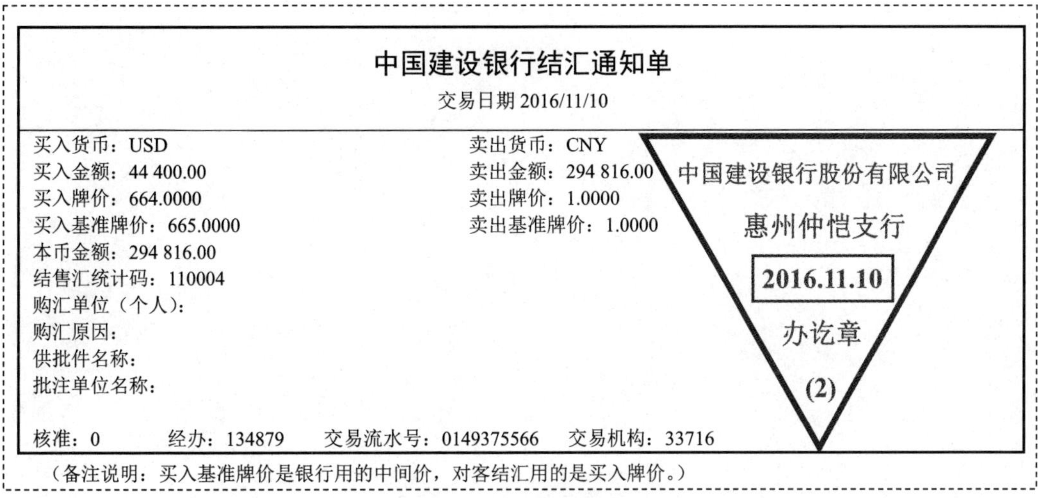

**中国建设银行结汇通知单**

交易日期 2016/11/10

买入货币：USD　　卖出货币：CNY
买入金额：44 400.00　　卖出金额：294 816.00
买入牌价：664.0000　　卖出牌价：1.0000
买入基准牌价：665.0000　　卖出基准牌价：1.0000
本币金额：294 816.00
结售汇统计码：110004
购汇单位（个人）：
购汇原因：
供批件名称：
批注单位名称：

中国建设银行股份有限公司 惠州仲恺支行 2016.11.10 办讫章 (2)

核准：0　　经办：134879　　交易流水号：0149375566　　交易机构：33716

（备注说明：买入基准牌价是银行用的中间价，对客结汇用的是买入牌价。）

图 2-2-41　结汇通知单

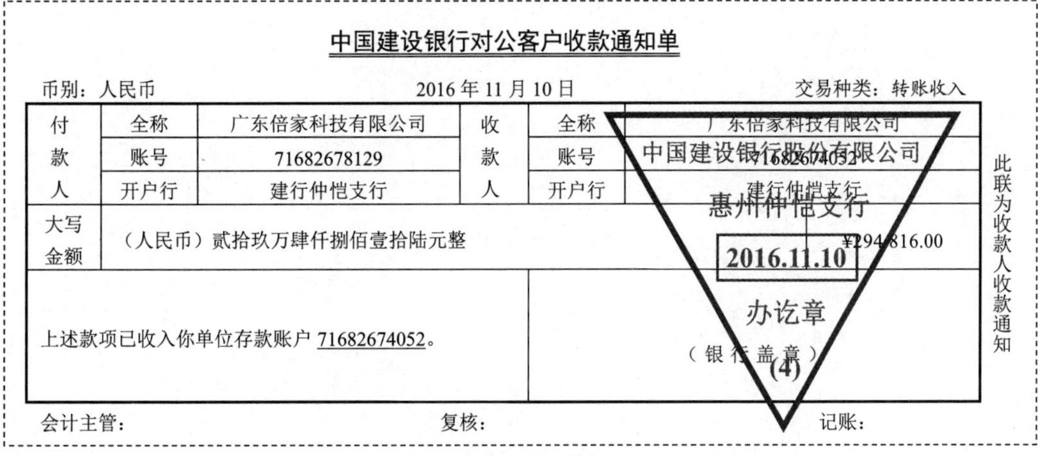

**中国建设银行对公客户收款通知单**

币别：人民币　　2016 年 11 月 10 日　　交易种类：转账收入

| 付款人 | 全称 | 广东倍家科技有限公司 | 收款人 | 全称 | 广东倍家科技有限公司 |
|---|---|---|---|---|---|
| | 账号 | 71682678129 | | 账号 | 71682674052 |
| | 开户行 | 建行仲恺支行 | | 开户行 | 建行仲恺支行 |
| 大写金额 | （人民币）贰拾玖万肆仟捌佰壹拾陆元整 | | | | ¥294 816.00 |
| 上述款项已收入你单位存款账户 71682674052。 | | | （银行盖章） | | |

中国建设银行股份有限公司 惠州仲恺支行 2016.11.10 办讫章 (4)

会计主管：　　复核：　　记账：

此联为收款人收款通知

图 2-2-42　收款通知单

20）11 月 11 日，收到 10 日向广东福林科技有限公司采购的 3 000 块 DFG 电路板，验收合格入库。涉及的凭证如图 2-2-43 所示。

**收　料　单**

2016 年 11 月 11 日　　　　收字第 1104 号

| 材料名称 | 规格型号 | 单位 | 应收数量 | 实收数量 | 金额（元） |
| --- | --- | --- | --- | --- | --- |
| DFG 电路板 | | 块 | 3 000 | 3 000 | 144 000.00 |
| | | | | | |

仓库主管：陈德明　　　　验收：李怡华　　　　收料：朱永材

图 2-2-43　收料单

21）11 月 12 日，以现金报销管理部门用汽车的修理费用。涉及的凭证如图 2-2-44 和图 2-2-45 所示。

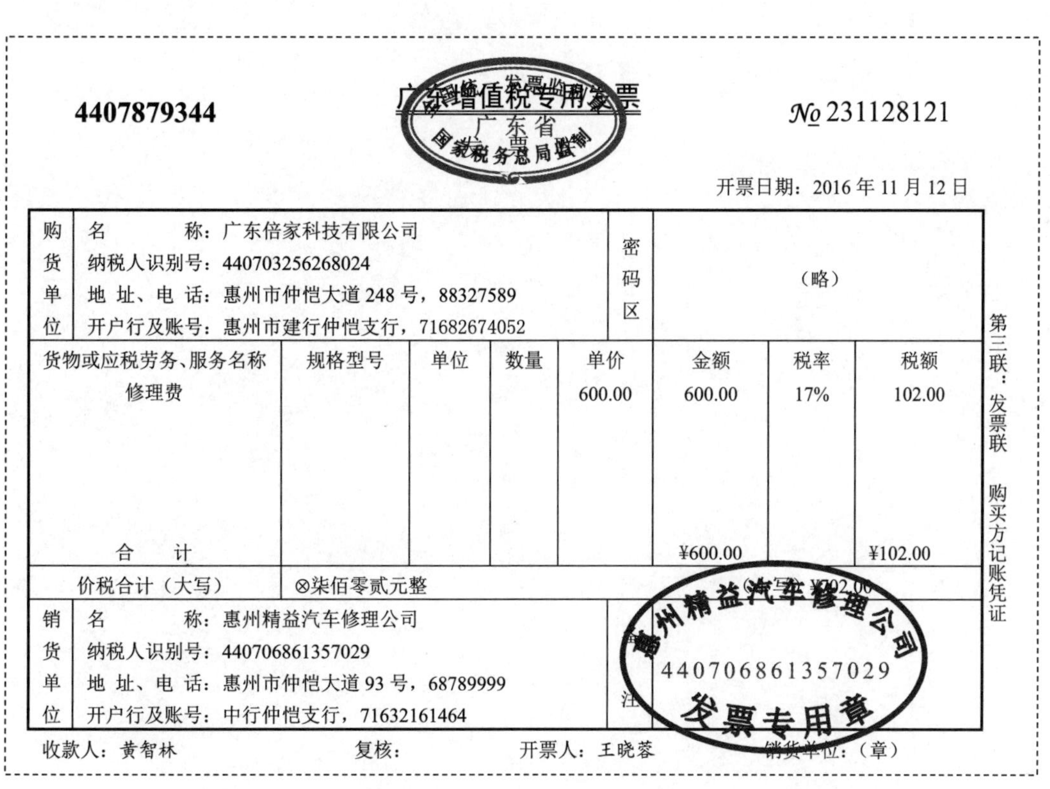

4407879344　　广东增值税专用发票　　№ 231128121

开票日期：2016 年 11 月 12 日

| 购货单位 | 名　　称：广东倍家科技有限公司<br>纳税人识别号：440703256268024<br>地 址、电 话：惠州市仲恺大道 248 号，88327589<br>开户行及账号：惠州市建行仲恺支行，71682674052 | 密码区 | （略） |
| --- | --- | --- | --- |

| 货物或应税劳务、服务名称 | 规格型号 | 单位 | 数量 | 单价 | 金额 | 税率 | 税额 |
| --- | --- | --- | --- | --- | --- | --- | --- |
| 修理费 | | | | 600.00 | 600.00 | 17% | 102.00 |
| 合　计 | | | | | ¥600.00 | | ¥102.00 |
| 价税合计（大写） | ⊗柒佰零贰元整 | | | | （小写）¥702.00 | | |

| 销货单位 | 名　　称：惠州精益汽车修理公司<br>纳税人识别号：440706861357029<br>地 址、电 话：惠州市仲恺大道 93 号，68789999<br>开户行及账号：中行仲恺支行，71632161464 | 备注 | |
| --- | --- | --- | --- |

第三联：发票联　购买方记账凭证

收款人：黄智林　　复核：　　开票人：王晓蓉　　销货单位：（章）



图 2-2-44　增值税专用发票发票联

**费用报销单**

2016 年 11 月 12 日

| 报销部门 | 管理部门 | 报销人 | 陈瑞明 |
|---|---|---|---|
| 费用项目 | 单据张数 | 金额（元） | 备注 |
| 汽车修理费 | 1 | 702.00 | |
| | | | |
| | | | |
| 合计 | | ¥702.00 | 现金付讫 |
| 金额（大写）人民币柒佰零贰元整 | | | |
| 单位领导审批：同意 陈利胜 | | 部门主管审批：同意 聂源珍 | |

会计主管：何建明　　复核：杨晓梅　　出纳：谢惠新

图 2-2-45　费用报销单

22）11 月 12 日，领用材料，投入 4 000 台电热壶、1 000 台电饭锅生产。涉及的凭证如图 2-2-46 和图 2-2-47 所示。

**领　料　单**

用途：生产电热壶　　2016 年 11 月 12 日　　领字第 01103 号

| 材料名称 | 规格型号 | 单位 | 请领数量 | 实发数量 | 金额（元） |
|---|---|---|---|---|---|
| HDP 钢板 | | 千克 | 800 | 800 | |
| SEP 塑料 | | 千克 | 800 | 800 | |
| DRH 电路板 | | 块 | 4 000 | 4 000 | |

仓库主管：陈德明　　复核：杨晓梅　　发料：朱永材　　制单：梁晓芳

图 2-2-46　领料单

**领　料　单**

用途：生产电饭锅　　2016 年 11 月 12 日　　领字第 01104 号

| 材料名称 | 规格型号 | 单位 | 请领数量 | 实发数量 | 金额（元） |
|---|---|---|---|---|---|
| HDP 钢板 | | 千克 | 600 | 600 | |
| SEP 塑料 | | 千克 | 600 | 600 | |
| DFG 电路板 | | 块 | 1 000 | 1 000 | |

仓库主管：陈德明　　复核：杨晓梅　　发料：朱永材　　制单：梁晓芳

图 2-2-47　领料单

23）11 月 13 日，向惠州民生医药有限公司购买公司卫生室所需药品。涉及的凭证如图 2-2-48 和图 4-4-49 所示。

4407876398　　广东增值税专用发票　　№ 296128361

发票联

开票日期：2016 年 11 月 13 日

| 购货单位 | 名称：广东倍家科技有限公司<br>纳税人识别号：440703256268024<br>地址、电话：惠州市仲恺大道 248 号，88327589<br>开户行及账号：惠州市建行仲恺支行，71682674052 | 密码区 | （略） | | | |
|---|---|---|---|---|---|---|
| 货物或应税劳务、服务名称 | 规格型号 | 单位 | 数量 | 单价 | 金额 | 税率 | 税额 |
| 药品 | | | | | 3 000.00 | 17% | 510.00 |
| 合　计 | | | | | ¥3 000.00 | | ¥510.00 |
| 价税合计（大写） | ⊗叁仟伍佰壹拾元整 | | | | （小写）¥3 510.00 | | |
| 销货单位 | 名称：惠州民生医药有限公司<br>纳税人识别号：440716561352396<br>地址、电话：惠州市仲恺大道 180 号，68988686<br>开户行及账号：建行仲恺支行，71682161987 | 备注 | | | | |

收款人：　　复核：　　开票人：杨柳英　　销货单位：（章）

第三联：发票联　购买方记账凭证

图 2-2-48　增值税专用发票发票联

中国建设银行支票存根（粤）

GS 01034103

附加信息

出票日期　　年　月　日

收款人：

金　额：

用　途：

单位主管　　会计

中国建设银行支票（粤）　　GS 01034103

付款期限自出票之日起十天

出票日期（大写）　　年　　月　　日　　付款行名称：

收款人：　　出票人账号：

| 人民币（大写） | 千 | 百 | 十 | 万 | 千 | 百 | 十 | 元 | 角 | 分 |
|---|---|---|---|---|---|---|---|---|---|---|
| | | | | | | | | | | |

用途　　密码

上列款项请从　　行号

我账户内支付

出票人签章　　广东倍家科技有限公司财务专用章　　陈利胜

复核　　记账

（a）支票正面

图 2-2-49　支票

| 附加信息： | 被背书人： | 被背书人： | （粘贴单处） | 根据《中华人民共和国票据法》等法律法规的规定，签发空头支票由中国人民银行处以票面金额5%但不低于1 000元的罚款。 |
|---|---|---|---|---|
| | 背书人签章<br>年　月　日 | 背书人签章<br>年　月　日 | | |

（b）支票背面

图 2-2-49　支票（续）

24）11 月 13 日，向广东新怡塑料有限公司采购 SEP 塑料一批，收到增值税专用发票，款项已付，SEP 塑料验收合格入库。涉及的凭证如图 2-2-50～图 2-2-52 所示。

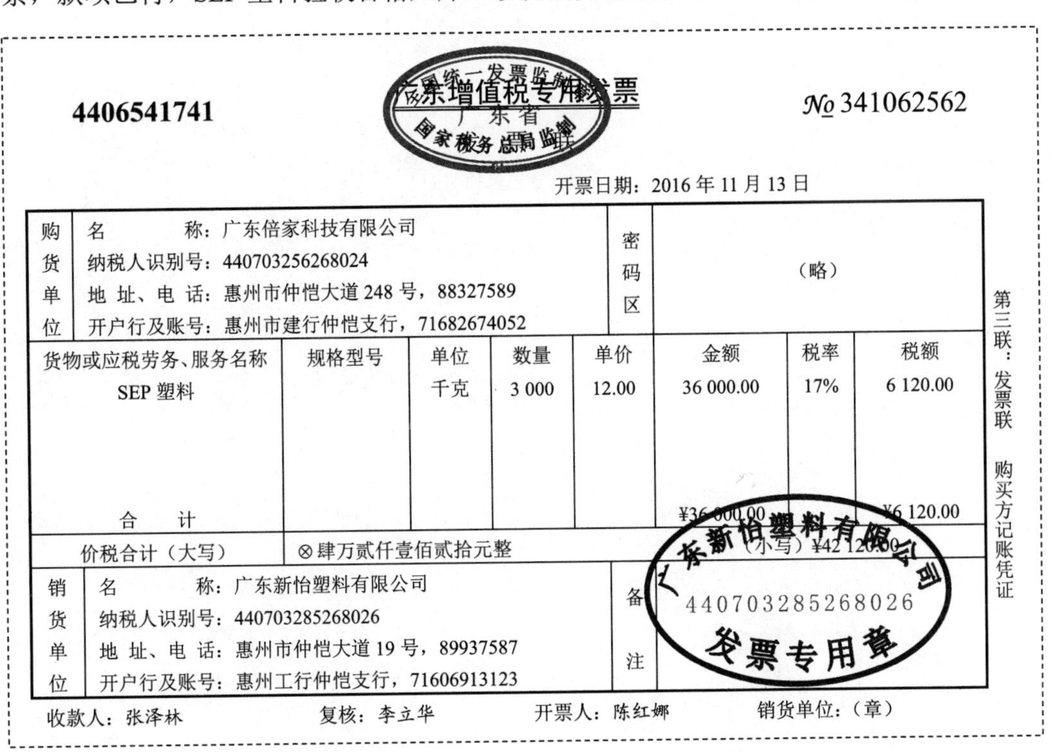

4406541741　　广东增值税专用发票　　№ 341062562

全国统一发票监制章　广东省　国家税务总局监制

开票日期：2016 年 11 月 13 日

| 购货单位 | 名　　称：广东倍家科技有限公司<br>纳税人识别号：440703256268024<br>地 址、电 话：惠州市仲恺大道 248 号，88327589<br>开户行及账号：惠州市建行仲恺支行，71682674052 | | | | 密码区 | （略） | |
|---|---|---|---|---|---|---|---|
| 货物或应税劳务、服务名称 | 规格型号 | 单位 | 数量 | 单价 | 金额 | 税率 | 税额 |
| SEP 塑料 | | 千克 | 3 000 | 12.00 | 36 000.00 | 17% | 6 120.00 |
| 合　计 | | | | | ¥36 000.00 | | ¥6 120.00 |
| 价税合计（大写） | ⊗肆万贰仟壹佰贰拾元整 | | | | （小写）¥42 120.00 | | |
| 销货单位 | 名　　称：广东新怡塑料有限公司<br>纳税人识别号：440703285268026<br>地 址、电 话：惠州市仲恺大道 19 号，89937587<br>开户行及账号：惠州工行仲恺支行，71606913123 | | | | 备注 | 广东新怡塑料有限公司 440703285268026 发票专用章 | |

第三联：发票联　购买方记账凭证

收款人：张泽林　　复核：李立华　　开票人：陈红娜　　销货单位：（章）

图 2-2-50　增值税专用发票

**收　料　单**

2016年11月13日　　　　收字第1105号

| 材料名称 | 规格型号 | 单位 | 应收数量 | 实收数量 | 金额（元） |
|---|---|---|---|---|---|
| SEP塑料 | | 千克 | 3 000 | 3 000 | 36 000.00 |
| | | | | | |

仓库主管：陈德明　　验收：李怡华　　收料：朱永材

图2-2-51　收料单

中国建设银行支票存根（粤）

GS 01034104

附加信息

出票日期　年　月　日

| 收款人： |
|---|
| 金　额： |
| 用　途： |

单位主管　会计

付款期限自出票之日起十天

中国建设银行**支票**（粤）　GS 01034104

出票日期（大写）　年　月　日　付款行名称：

收款人：　出票人账号：

| 人民币（大写） | 千 | 百 | 十 | 万 | 千 | 百 | 十 | 元 | 角 | 分 |
|---|---|---|---|---|---|---|---|---|---|---|
| | | | | | | | | | | |

用途　　密码

上列款项请从　　行号

我账户内支付

出票人签章　广东倍家科技有限公司财务专用章　陈利胜

复核　记账

（a）支票正面

| 附加信息： | 被背书人： | 被背书人： | （粘贴单处） |
|---|---|---|---|
| | 背书人签章<br>年　月　日 | 背书人签章<br>年　月　日 | 根据《中华人民共和国票据法》等法律法规的规定，签发空头支票由中国人民银行处以票面金额5%但不低于1 000元的罚款。 |

（b）支票背面

图2-2-52　支票

25）11 月 14 日，根据合同向佛山海纳电器有限公司销售电热壶 2 000 台，单价 62 元，开出增值税专用发票，并办妥托收手续。涉及的凭证如图 2-2-53～图 2-2-56 所示。

**4601041141**　　广东增值税专用发票　　№ 031131103

（印章：全国统一发票监制章 广东省 国家税务总局监制）

开票日期：　　年　月　日

| 购货单位 | 名　　称：<br>纳税人识别号：<br>地 址、电 话：<br>开户行及账号： | | | | 密码区 | （略） | |
|---|---|---|---|---|---|---|---|
| 货物或应税劳务、服务名称 | 规格型号 | 单位 | 数量 | 单价 | 金额 | 税率 | 税额 |
| 合　计 | | | | | | | |
| 价税合计（大写） | ⊗ | | | | （小写） | | |
| 销货单位 | 名　　称：<br>纳税人识别号：<br>地 址、电 话：<br>开户行及账号： | | | | 备注 | （印章：广东倍家科技有限公司 440703256268024 发票专用章） | |

收款人：　　复核：杨晓梅　　开票人：王耀林　　销货单位：（章）

第三联：发票联　购买方记账凭证

图 2-2-53　增值税专用发票发票联

**4601041141**　　广东增值税专用发票　　№ 031131103

此联不作报销、扣税凭证使用

（印章：全国统一发票监制章 广东省 国家税务总局监制）

开票日期：　　年　月　日

| 购货单位 | 名　　称：<br>纳税人识别号：<br>地 址、电 话：<br>开户行及账号： | | | | 密码区 | （略） | |
|---|---|---|---|---|---|---|---|
| 货物或应税劳务、服务名称 | 规格型号 | 单位 | 数量 | 单价 | 金额 | 税率 | 税额 |
| 合　计 | | | | | | | |
| 价税合计（大写） | ⊗ | | | | （小写） | | |
| 销货单位 | 名　　称：<br>纳税人识别号：<br>地 址、电 话：<br>开户行及账号： | | | | 备注 | | |

收款人：　　复核：杨晓梅　　开票人：王耀林　　销货单位：（章）

第一联：记账联　销售方记账凭证

图 2-2-54　增值税专用发票记账联

**产品出库单**

2016 年 11 月 14 日　　　　第 01103 号

| 产品名称 | 规格 | 型号 | 单位 | 数量 | 单位成本 | 金额（元） |
|---|---|---|---|---|---|---|
| 电热壶 | | | 台 | 2 000 | | |
| | | | | | | |

仓库主管：陈德明　　复核：杨晓梅　　发货：朱永材　　制单：梁晓芳

图 2-2-55　产品出库单

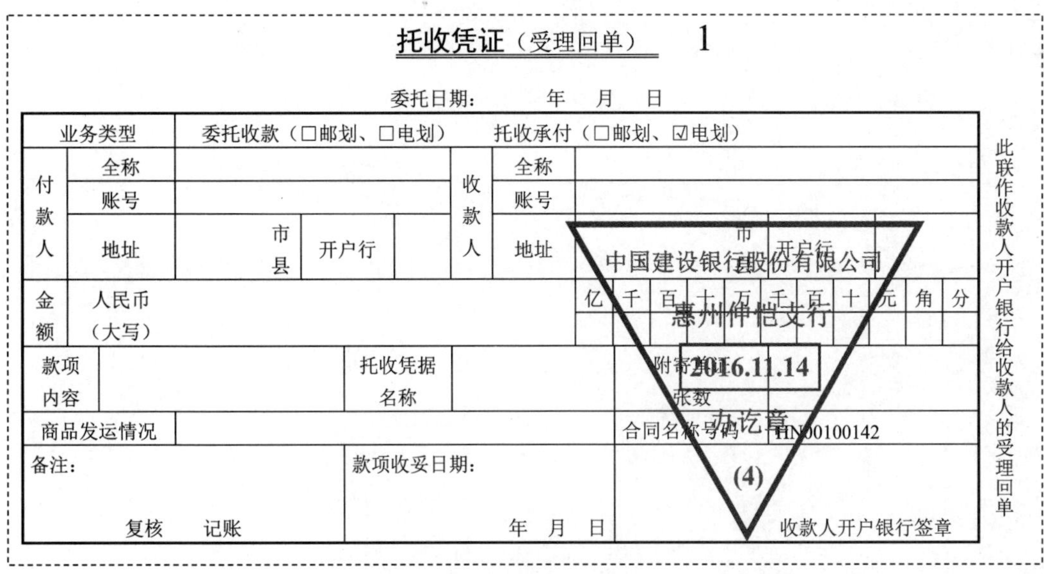

**托收凭证**（受理回单）　1

委托日期：　年　月　日

| 业务类型 | 委托收款（☐邮划、☐电划）　托收承付（☐邮划、☑电划） | | | |
|---|---|---|---|---|
| 付款人 | 全称 | | 收款人 | 全称 | |
| | 账号 | | | 账号 | |
| | 地址 | 市 县　开户行 | | 地址 | 市 县　开户行 |
| 金额 | 人民币（大写） | | 亿 千 百 十 万 千 百 十 元 角 分 | | |
| 款项内容 | | 托收凭据名称 | | 附寄单证张数 | |
| 商品发运情况 | | | | 合同名称号码 | HN00100142 |
| 备注：<br>复核　记账 | | 款项收妥日期：<br>年　月　日 | | 收款人开户银行签章 | |

此联作收款人开户银行给收款人的受理回单



图 2-2-56　托收承付受理回单

26）11 月 15 日，上缴 10 月未交增值税及附加税费以及预缴企业所得税。涉及的凭证如图 2-2-57～图 2-2-59 所示。

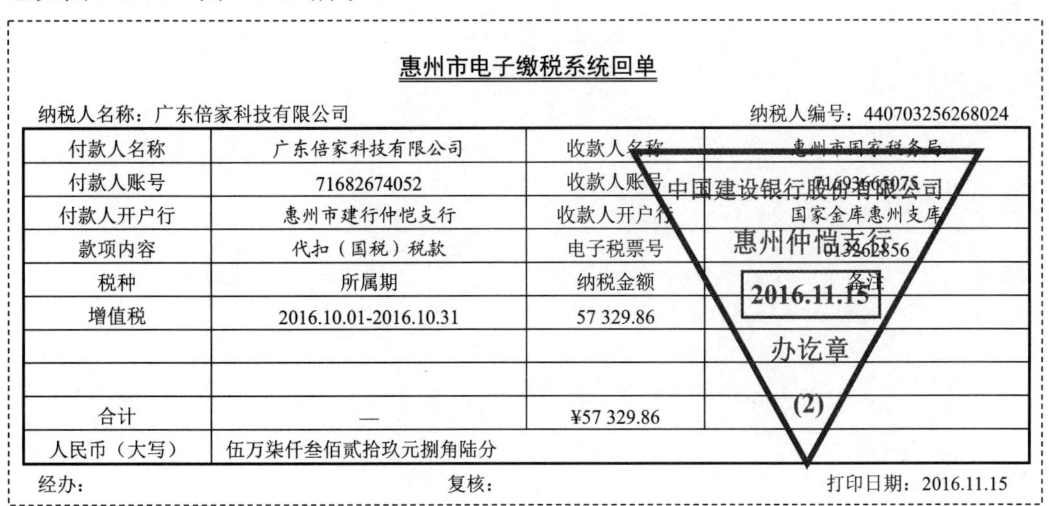

**惠州市电子缴税系统回单**

纳税人名称：广东倍家科技有限公司　　纳税人编号：440703256268024

| 付款人名称 | 广东倍家科技有限公司 | 收款人名称 | 惠州市国家税务局 |
|---|---|---|---|
| 付款人账号 | 71682674052 | 收款人账号 | 71693665075 |
| 付款人开户行 | 惠州市建行仲恺支行 | 收款人开户行 | 国家金库惠州支库 |
| 款项内容 | 代扣（国税）税款 | 电子税票号 | 013262856 |
| 税种 | 所属期 | 纳税金额 | 备注 |
| 增值税 | 2016.10.01-2016.10.31 | 57 329.86 | |
| | | | |
| | | | |
| 合计 | — | ¥57 329.86 | |
| 人民币（大写） | 伍万柒仟叁佰贰拾玖元捌角陆分 | | |

经办：　　复核：　　打印日期：2016.11.15



图 2-2-57　电子缴税凭证 1

**惠州市电子缴税系统回单**

纳税人名称：广东倍家科技有限公司　　　　纳税人编号：440703256268024

| 付款人名称 | 广东倍家科技有限公司 | 收款人名称 | 惠州市地方税务局 |
|---|---|---|---|
| 付款人账号 | 71682674052 | 收款人账号 | 71682165072 |
| 付款人开户行 | 惠州市建行仲恺支行 | 收款人开户行 | 国家金库惠州支库 |
| 款项内容 | 代扣（地税）税款 | 电子税票号 | 013262872 |
| 税种 | 所属期 | 纳税金额 | 备注 |
| 城市维护建设税 | 2016.10.01-2016.10.31 | 4 013.09 | |
| 教育费附加 | 2016.10.01-2016.10.31 | 1 719.90 | |
| 地方教育费附加 | 2016.10.01-2016.10.31 | 1 146.60 | |
| 堤围防护费 | 2016.10.01-2016.10.31 | 811.89 | |
| 印花税 | 2016.10.01-2016.10.31 | 338.29 | |
| 个人所得税 | 2016.10.01-2016.10.31 | 1 246.60 | |
| 合计 | — | ¥9 276.37 | |
| 人民币（大写） | 玖仟贰佰柒拾陆元叁角柒分 | | |

中国建设银行股份有限公司 惠州仲恺支行 2016.11.15 办讫章 (2)

经办：　　　　复核：　　　　打印日期：2016.11.15

图 2-2-58　电子缴税凭证 2

**惠州市电子缴税系统回单**

纳税人名称：广东倍家科技有限公司　　　　纳税人编号：440703256268024

| 付款人名称 | 广东倍家科技有限公司 | 收款人名称 | 惠州市国家税务局 |
|---|---|---|---|
| 付款人账号 | 71682674052 | 收款人账号 | [illegible] |
| 付款人开户行 | 惠州市建行仲恺支行 | 收款人开户行 | 国家金库惠州支库 |
| 款项内容 | 代扣（国税）税款 | 电子税票号 | 013262857 |
| **税种** | **所属期** | **纳税金额** | 备注 |
| 所得税 | 2016.10.01-2016.10.31 | 32 263.13 | |
| | | | |
| | | | |
| 合计 | — | ¥32 263.13 | |
| 人民币（大写） | 叁万贰仟贰佰陆拾叁元壹角叁分 | | |

中国建设银行股份有限公司 惠州仲恺支行 2016.11.15 办讫章 (2)

经办：　　　　复核：　　　　打印日期：2016.11.15

图 2-2-59　电子缴税凭证 3

27）11 月 15 日，电热壶 5 000 台、电饭锅 1 500 台完工，验收合格入库。涉及的凭证如图 2-2-60 所示。

**产成品入库单**

2016 年 11 月 15 日　　　　收字第 1102 号

| 产品名称 | 规格型号 | 单位 | 应收数量 | 实收数量 | 金额（元） |
|---|---|---|---|---|---|
| 电热壶 | | 台 | 5 000 | 5 000 | |
| 电饭锅 | | 台 | 1 500 | 1 500 | |

仓库主管：陈德明　　复核：朱永材　　验收：李怡华　　制单：梁晓芳

图 2-2-60　产成品入库单

28）11 月 16 日，收到佛山海纳电器有限公司支付的本月 14 日的货款。涉及的凭证如图 2-2-61 所示。

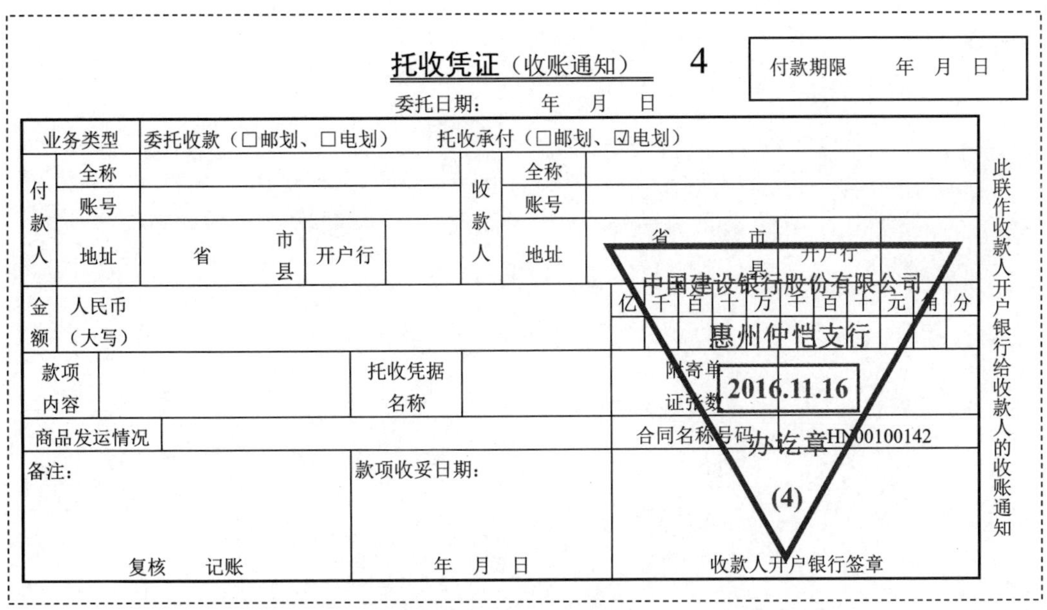

托收凭证（收账通知） 4

付款期限 年 月 日

委托日期： 年 月 日

| 业务类型 | 委托收款（□邮划、□电划） 托收承付（□邮划、☑电划） | | | | | |
|---|---|---|---|---|---|---|
| 付款人 | 全称 | | 收款人 | 全称 | | |
| | 账号 | | | 账号 | | |
| | 地址 | 省 市县 开户行 | | 地址 | 省 市县 开户行 | |
| 金额 | 人民币（大写） | | | 亿 千 百 十 万 千 百 十 元 角 分 | | |
| 款项内容 | | 托收凭据名称 | | 附寄单证张数 | | |
| 商品发运情况 | | | | 合同名称号码 HN00100142 | | |
| 备注： 复核 记账 | | 款项收妥日期： 年 月 日 | | 收款人开户银行签章 | | |

中国建设银行股份有限公司 惠州仲恺支行 2016.11.16 办讫章 (4)

此联作收款人开户银行给收款人的收账通知

图 2-2-61 托收承付收账通知

29）11 月 17 日，签发转账支票支付惠州捷运报关有限公司报关代理费。涉及的凭证如图 2-2-62 和图 2-2-63 所示。

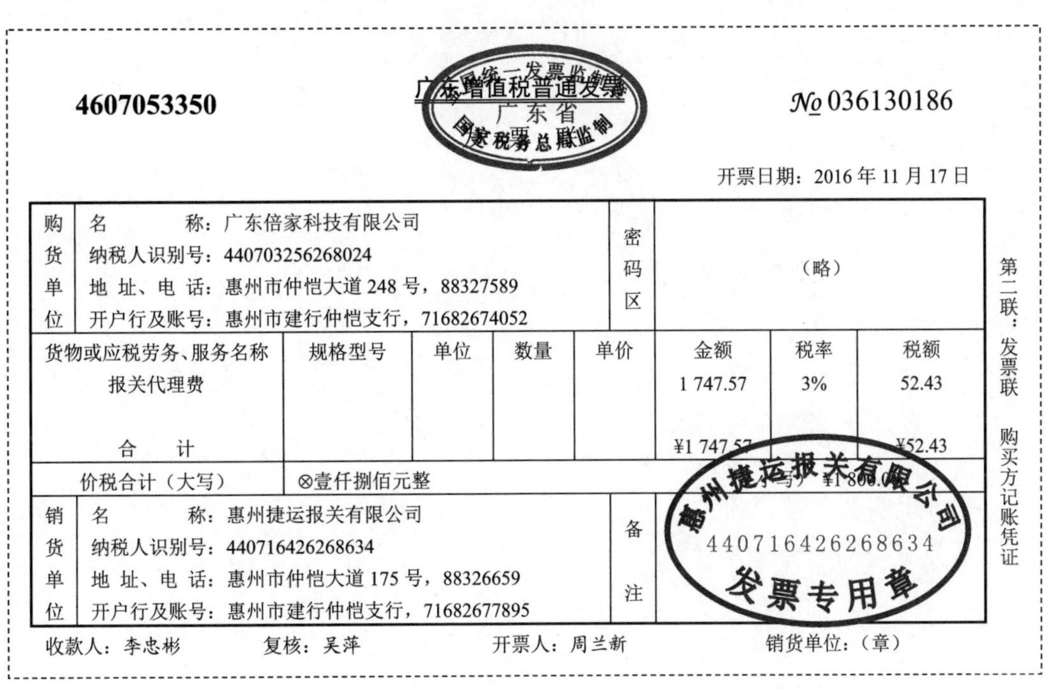

4607053350 广东增值税普通发票 №036130186

开票日期：2016 年 11 月 17 日

| 购货单位 | 名 称：广东倍家科技有限公司<br>纳税人识别号：440703256268024<br>地 址、电 话：惠州市仲恺大道 248 号，88327589<br>开户行及账号：惠州市建行仲恺支行，71682674052 | | | | 密码区 | （略） | |
|---|---|---|---|---|---|---|---|
| 货物或应税劳务、服务名称 | 规格型号 | 单位 | 数量 | 单价 | 金额 | 税率 | 税额 |
| 报关代理费 | | | | | 1 747.57 | 3% | 52.43 |
| 合 计 | | | | | ¥1 747.57 | | ¥52.43 |
| 价税合计（大写） | ⊗壹仟捌佰元整 | | | | （小写）¥1 800.00 | | |
| 销货单位 | 名 称：惠州捷运报关有限公司<br>纳税人识别号：440716426268634<br>地 址、电 话：惠州市仲恺大道 175 号，88326659<br>开户行及账号：惠州市建行仲恺支行，71682677895 | | | | 备注 | | |

收款人：李忠彬 复核：吴萍 开票人：周兰新 销货单位：（章）

惠州捷运报关有限公司 440716426268634 发票专用章

第二联：发票联 购买方记账凭证

图 2-2-62 增值税普通发票发票联

中国建设银行支票存根（粤）

GS 01034105

附加信息

出票日期 年 月 日

| 收款人： |
|---|
| 金 额： |
| 用 途： |

单位主管 会计

付款期限自出票之日起十天

中国建设银行**支票**（粤） **GS 01034105**

出票日期（大写） 年 月 日 付款行名称：

收款人： 出票人账号：

| 人民币（大 写） | 千 | 百 | 十 | 万 | 千 | 百 | 十 | 元 | 角 | 分 |
|---|---|---|---|---|---|---|---|---|---|---|
| | | | | | | | | | | |

用途 密码

上列款项请从 行号

我账户内支付

出票人签章 广东倍家科技有限公司财务专用章 陈利胜 复核 记账

（a）支票正面

| 附加信息： | 被背书人： | 被背书人： | （粘贴单处） |
|---|---|---|---|
| | 背书人签章<br>年 月 日 | 背书人签章<br>年 月 日 | 根据《中华人民共和国票据法》等法律法规的规定，签发空头支票由中国人民银行处以票面金额5%但不低于1 000元的罚款。 |

（b）支票背面

图 2-2-63 支票

30）11 月 18 日，为拓展产品销售，支付客户招待餐饮费，以银行存款支付。涉及的凭证如图 2-2-64 和图 2-2-65 所示。

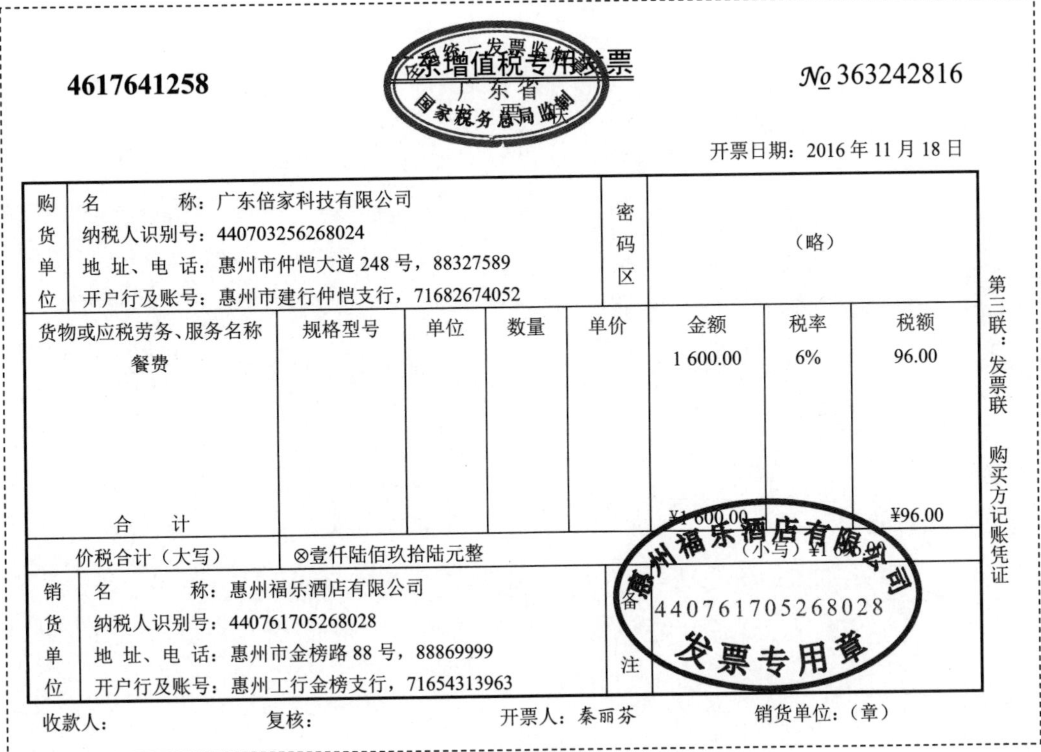

4617641258 广东增值税专用发票 №363242816

开票日期：2016年11月18日

| 购货单位 | 名　　称：广东倍家科技有限公司<br>纳税人识别号：440703256268024<br>地 址、电 话：惠州市仲恺大道248号，88327589<br>开户行及账号：惠州市建行仲恺支行，71682674052 | 密码区 | （略） | | | | |
|---|---|---|---|---|---|---|---|
| 货物或应税劳务、服务名称 | 规格型号 | 单位 | 数量 | 单价 | 金额 | 税率 | 税额 |
| 餐费 | | | | | 1 600.00 | 6% | 96.00 |
| 合　计 | | | | | ¥1 600.00 | | ¥96.00 |
| 价税合计（大写） | ⊗壹仟陆佰玖拾陆元整 | | | | （小写）¥1 696.00 | | |
| 销货单位 | 名　　称：惠州福乐酒店有限公司<br>纳税人识别号：440761705268028<br>地 址、电 话：惠州市金榜路88号，88869999<br>开户行及账号：惠州工行金榜支行，71654313963 | 备注 | | | | | |

收款人：　复核：　开票人：秦丽芬　销货单位：（章）

第三联：发票联 购买方记账凭证

图 2-2-64　增值税专用发票

中国建设银行支票存根（粤）

GS 01034106

附加信息

出票日期　年　月　日

收款人：

金　额：

用　途：

单位主管　会计

中国建设银行支票（粤）　GS 01034106

付款期限自出票之日起十天

出票日期（大写）　年　月　日　付款行名称：

收款人：　出票人账号：

| 人民币（大写） | 千 | 百 | 十 | 万 | 千 | 百 | 十 | 元 | 角 | 分 |
|---|---|---|---|---|---|---|---|---|---|---|
| | | | | | | | | | | |

用途　密码

上列款项请从我账户内支付　行号

出票人签章　广东倍家科技有限公司财务专用章　陈利胜

复核　记账

（a）支票正面

图 2-2-65　支票

| 附加信息： | 被背书人： | 被背书人： | （粘贴单处） | 根据《中华人民共和国票据法》等法律法规的规定，签发空头支票由中国人民银行处以票面金额5%但不低于1 000元的罚款。 |
|---|---|---|---|---|
| | 背书人签章<br>年 月 日 | 背书人签章<br>年 月 日 | | |

（b）支票背面

图 2-2-65 支票（续）

31）11 月 18 日，向广东利源电子有限公司采购 DRH 电路板一批，收到增值税专用发票，款项未付，DRH 电路板验收合格入库。涉及的凭证如图 2-2-66 和图 2-2-67 所示。

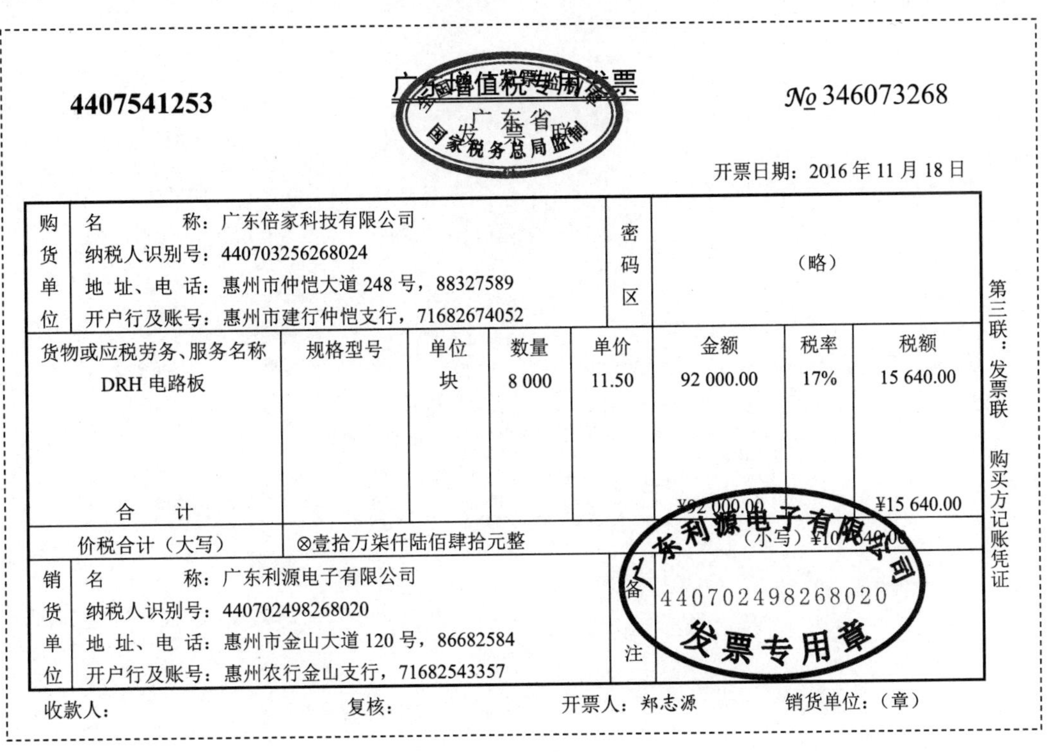

4407541253　　广东增值税专用发票　　№ 346073268

广东省　发票联　全国统一发票监制章　国家税务总局监制

开票日期：2016 年 11 月 18 日

| 购货单位 | 名 称：广东倍家科技有限公司<br>纳税人识别号：440703256268024<br>地 址、电 话：惠州市仲恺大道 248 号，88327589<br>开户行及账号：惠州市建行仲恺支行，71682674052 | 密码区 | （略） |
|---|---|---|---|

| 货物或应税劳务、服务名称 | 规格型号 | 单位 | 数量 | 单价 | 金额 | 税率 | 税额 |
|---|---|---|---|---|---|---|---|
| DRH 电路板 | | 块 | 8 000 | 11.50 | 92 000.00 | 17% | 15 640.00 |
| 合 计 | | | | | ¥92 000.00 | | ¥15 640.00 |
| 价税合计（大写） | ⊗壹拾万柒仟陆佰肆拾元整 | | | | （小写）¥107 640.00 | | |

| 销货单位 | 名 称：广东利源电子有限公司<br>纳税人识别号：440702498268020<br>地 址、电 话：惠州市金山大道 120 号，86682584<br>开户行及账号：惠州农行金山支行，71682543357 | 备注 | 广东利源电子有限公司<br>440702498268020<br>发票专用章 |
|---|---|---|---|

收款人：　　复核：　　开票人：郑志源　　销货单位：（章）

第三联：发票联　购买方记账凭证

图 2-2-66 增值税专用发票

收料单

2016年11月18日　　收字第1106号

| 材料名称 | 规格型号 | 单位 | 应收数量 | 实收数量 | 金额（元） |
|---|---|---|---|---|---|
| DRH电路板 | | 块 | 8 000 | 8 000 | 92 000.00 |
| | | | | | |

仓库主管：陈德明　　验收：李怡华　　收料：朱永材

图2-2-67　收料单

32）11月19日，根据合同向深圳佳缘电器有限公司销售电热壶1 600台，单价62元，开出增值税专用发票，货款已收到。涉及的凭证如图2-2-68～图2-2-71所示。

4601041141　　广东增值税专用发票　　№ 031131104

发票联

开票日期：　年　月　日

| 购货单位 | 名称：<br>纳税人识别号：<br>地址、电话：<br>开户行及账号： | | | | 密码区 | （略） | | |
|---|---|---|---|---|---|---|---|---|
| 货物或应税劳务、服务名称 | 规格型号 | 单位 | 数量 | 单价 | 金额 | 税率 | 税额 | |
| 合计 | | | | | | | | |
| 价税合计（大写） | ⊗ | | | | | | | |
| 销货单位 | 名称：<br>纳税人识别号：<br>地址、电话：<br>开户行及账号： | | | | 备注 | | | |

第三联：发票联　购买方记账凭证

收款人：　　复核：杨晓梅　　开票人：王耀林　　销货单位：（章）

（印章：广东省国家税务总局监制；广东倍家科技有限公司 440703256268024 发票专用章）

图2-2-68　增值税专用发票发票联

4601041141　　　　**广东增值税专用发票**　　　　№ 031131104

此联不作报销、扣税凭证使用

广东省国家税务总局监制

开票日期：　　年　月　日

| 购货单位 | 名　　称：<br>纳税人识别号：<br>地 址、电 话：<br>开户行及账号： | | | | 密码区 | （略） | |
|---|---|---|---|---|---|---|---|
| 货物或应税劳务、服务名称 | 规格型号 | 单位 | 数量 | 单价 | 金额 | 税率 | 税额 |
| 合　计 | | | | | | | |
| 价税合计（大写） | ⊗ | | | | （小写） | | |
| 销货单位 | 名　　称：<br>纳税人识别号：<br>地 址、电 话：<br>开户行及账号： | | | | 备注 | | |

收款人：　　复核：杨晓梅　　开票人：王耀林　　销货单位：（章）

第一联：记账联　销售方记账凭证

图 2-2-69　增值税专用发票记账联

**产品出库单**

2016 年 11 月 19 日　　第 01104 号

| 产品名称 | 规格 | 型号 | 单位 | 数量 | 单位成本 | 金额（元） |
|---|---|---|---|---|---|---|
| 电热壶 | | | 台 | 1600 | | |
| | | | | | | |

仓库主管：陈德明　　复核：杨晓梅　　发货：朱永材　　制单：梁晓芳

图 2-3-70　产品出库单

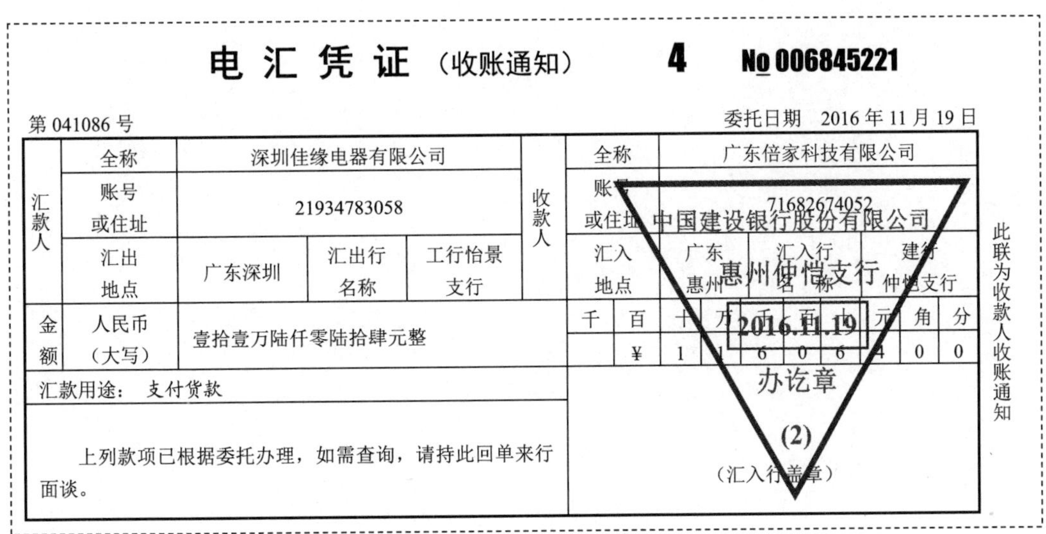

**电 汇 凭 证**（收账通知）　　4　　№ 006845221

第 041086 号　　委托日期　2016 年 11 月 19 日

| 汇款人 | 全称 | 深圳佳缘电器有限公司 | | | 收款人 | 全称 | 广东倍家科技有限公司 | |
|---|---|---|---|---|---|---|---|---|
| | 账号或住址 | 21934783058 | | | | 账号或住址 | 71682674052 | |
| | 汇出地点 | 广东深圳 | 汇出行名称 | 工行怡景支行 | | 汇入地点 | 广东惠州 | 汇入行名称：建行仲恺支行 |
| 金额 | 人民币（大写） | 壹拾壹万陆仟零陆拾肆元整 | | | | | | |

| 千 | 百 | 十 | 万 | 千 | 百 | 十 | 元 | 角 | 分 |
|---|---|---|---|---|---|---|---|---|---|
| | ¥ | 1 | 1 | 6 | 0 | 6 | 4 | 0 | 0 |

汇款用途：支付货款

上列款项已根据委托办理，如需查询，请持此回单来行面谈。

中国建设银行股份有限公司惠州仲恺支行　2016.11.19　办讫章　(2)

（汇入行盖章）

此联为收款人收账通知

图 2-2-71　电汇凭证收账通知

33）11 月 20 日，向美国凯特电器有限公司出口电热壶 1 800 台，每台 11 美元 FOB 价格；电饭锅 600 台，每台 28 美元 FOB 价格。当日美元汇率为 1∶6.60。涉及的凭证如图 2-2-72～图 2-2-75 所示。

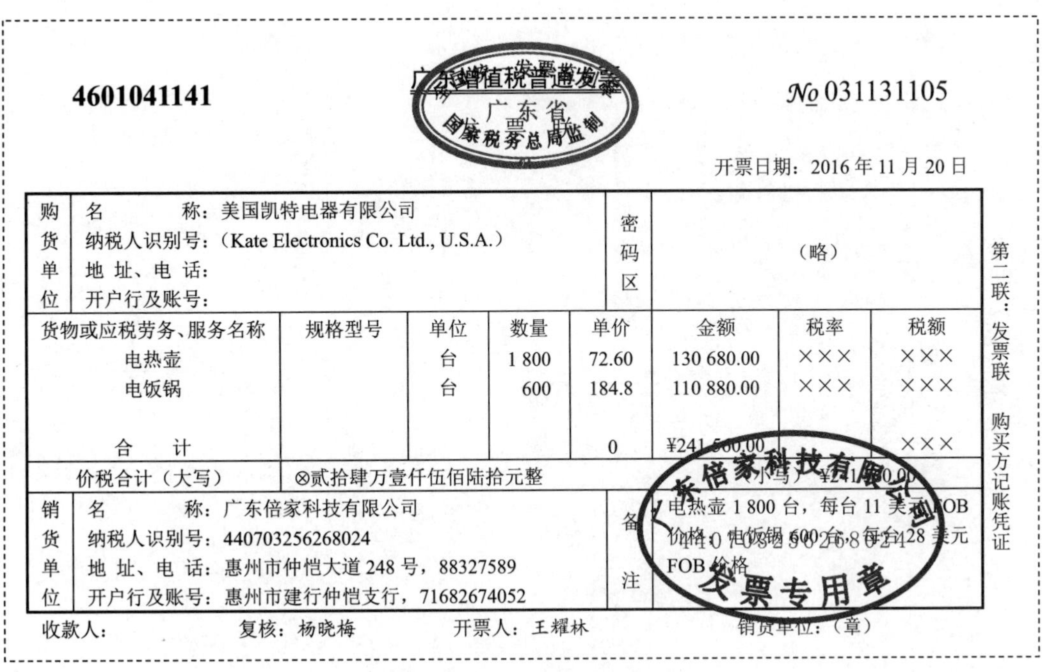

4601041141　　广东增值税普通发票　　№ 031131105

开票日期：2016 年 11 月 20 日

| 购货单位 | 名　　称：美国凯特电器有限公司<br>纳税人识别号：（Kate Electronics Co. Ltd., U.S.A.）<br>地 址、电 话：<br>开户行及账号： | 密码区 | （略） |
|---|---|---|---|

| 货物或应税劳务、服务名称 | 规格型号 | 单位 | 数量 | 单价 | 金额 | 税率 | 税额 |
|---|---|---|---|---|---|---|---|
| 电热壶 | | 台 | 1 800 | 72.60 | 130 680.00 | ××× | ××× |
| 电饭锅 | | 台 | 600 | 184.8 | 110 880.00 | ××× | ××× |
| 合　计 | | | | 0 | ¥241 560.00 | | ××× |
| 价税合计（大写） | ⊗贰拾肆万壹仟伍佰陆拾元整 | | | | （小写）¥241 560.00 | | |

| 销货单位 | 名　　称：广东倍家科技有限公司<br>纳税人识别号：440703256268024<br>地 址、电 话：惠州市仲恺大道 248 号，88327589<br>开户行及账号：惠州市建行仲恺支行，71682674052 | 备注 | 电热壶 1 800 台，每台 11 美元 FOB 价格；电饭锅 600 台，每台 28 美元 FOB 价格 |
|---|---|---|---|

收款人：　　复核：杨晓梅　　开票人：王耀林　　销货单位：（章）

第二联：发票联　购买方记账凭证

图 2-2-72　增值税普通发票发票联

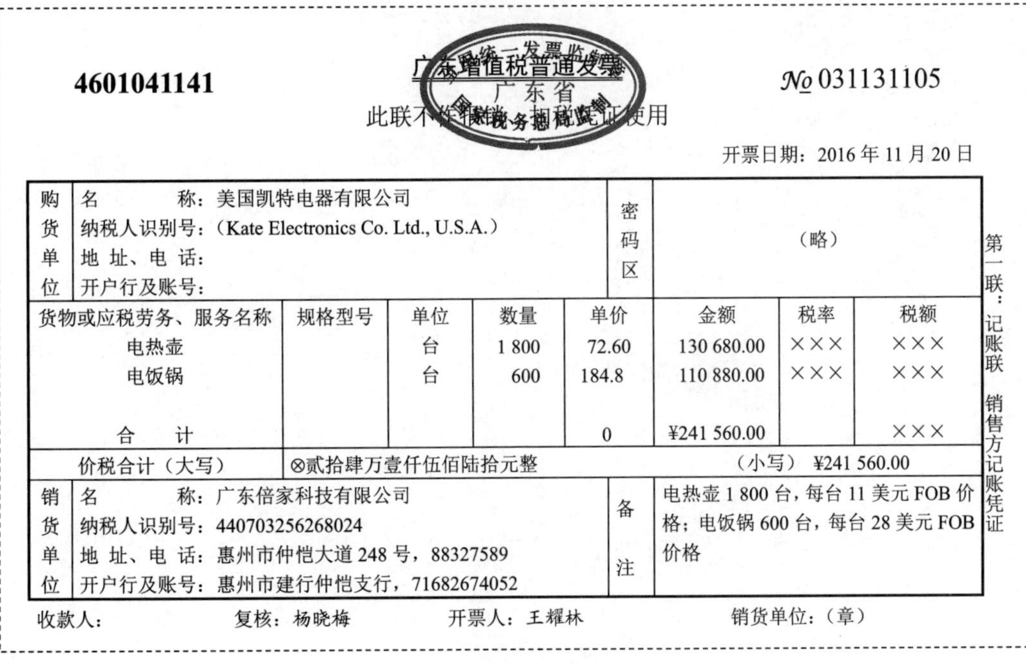

4601041141　　广东增值税普通发票　　№ 031131105

此联不作报销、扣税凭证使用

开票日期：2016 年 11 月 20 日

| 购货单位 | 名　　称：美国凯特电器有限公司<br>纳税人识别号：（Kate Electronics Co. Ltd., U.S.A.）<br>地 址、电 话：<br>开户行及账号： | 密码区 | （略） |
|---|---|---|---|

| 货物或应税劳务、服务名称 | 规格型号 | 单位 | 数量 | 单价 | 金额 | 税率 | 税额 |
|---|---|---|---|---|---|---|---|
| 电热壶 | | 台 | 1 800 | 72.60 | 130 680.00 | ××× | ××× |
| 电饭锅 | | 台 | 600 | 184.8 | 110 880.00 | ××× | ××× |
| 合　计 | | | | 0 | ¥241 560.00 | | ××× |
| 价税合计（大写） | ⊗贰拾肆万壹仟伍佰陆拾元整 | | | | （小写）¥241 560.00 | | |

| 销货单位 | 名　　称：广东倍家科技有限公司<br>纳税人识别号：440703256268024<br>地 址、电 话：惠州市仲恺大道 248 号，88327589<br>开户行及账号：惠州市建行仲恺支行，71682674052 | 备注 | 电热壶 1 800 台，每台 11 美元 FOB 价格；电饭锅 600 台，每台 28 美元 FOB 价格 |
|---|---|---|---|

收款人：　　复核：杨晓梅　　开票人：王耀林　　销货单位：（章）

第一联：记账联　销售方记账凭证

图 2-2-73　增值税普通发票记账联

## 产品出库单

2016 年 11 月 20 日　　第 01105 号

| 产品名称 | 规格 | 型号 | 单位 | 数量 | 单位成本 | 金额（元） |
|---|---|---|---|---|---|---|
| 电热壶 | | | 台 | 1 800 | | |
| 电饭锅 | | | 台 | 600 | | |

仓库主管：陈德明　　复核：杨晓梅　　发货：朱永材　　制单：梁晓芳

图 2-2-74　产品出库单

## 中华人民共和国海关出口货物报关单

企业留存联

预录入编号：702493296　　海关编号：601920100123456384

| | | | |
|---|---|---|---|
| 出口口岸　皇岗海关 | 备案号　5301 | 出口日期　2016/11/20 | 申报日期　2016/11/20 |
| 经营单位<br>广东倍家科技有限公司 | 运输方式<br>公路运输 | 运输工具名称<br>粤 ZHN87 港 | 提运单号<br>5000580479275 |
| 发货单位<br>广东倍家科技有限公司 | 贸易方式<br>一般贸易（0110） | 征免性质<br>一般征税（110） | 结汇方式<br>电汇 |
| 许可证号 | 运抵国（地区）<br>纽约（502） | 指运港<br>纽约（502） | 境内货源地<br>惠州（44130） |
| 批准文号<br>368754321 | 成交方式<br>FOB | 运费 | 保费 | 杂费 |
| 合同协议号<br>101002 | 件数<br>293 | 包装种类<br>纸箱 | 毛重（千克）<br>4 260 | 净重（千克）<br>4 020 |
| 集装箱号<br>0 | 随附单据<br>B | | 生产厂家 |

标记唛码及备注

随附单证号：031131104

| 项号、商品编号 | 商品名称、规格型号 | 数量及单位 | 最终目的国（地区） | 单价 | 总价 | 币制 | 征免 |
|---|---|---|---|---|---|---|---|
| 1.8516.6030<br>(　0　) | 电热壶<br>1.2 千克×1 台 | 2 160.00kg<br>0.000<br>110.00 箱 | 纽约<br>(502) | 11.00 | 19 800.00 | USD<br>美元<br>用途: | 照章征税 |
| 2.8516.7190<br>(　0　) | 电饭锅<br>3.5 千克×1 台 | 2 100.00kg<br>0.00<br>143.00 箱 | 纽约<br>(502) | 28.00 | 16 800.00 | USD<br>美元<br>用途: | 照章征税 |

税费征收情况

（印章：中华人民共和国深圳海关 验讫章）

| | |
|---|---|
| 录入员　录入单位<br>兹声明以上申报无讹并承担法律责任<br>报关员<br>单位地址　申报单位(签章)<br>邮编　电话　填制日期 | 海关审单批注及放行日期(签章)<br>审单　审价<br>征税　统计<br>查验　放行 |

图 2-2-75　出口货物报关单

34）11 月 21 日，银行代发上月工资。涉及的凭证如图 2-2-76 和图 2-2-77 所示。

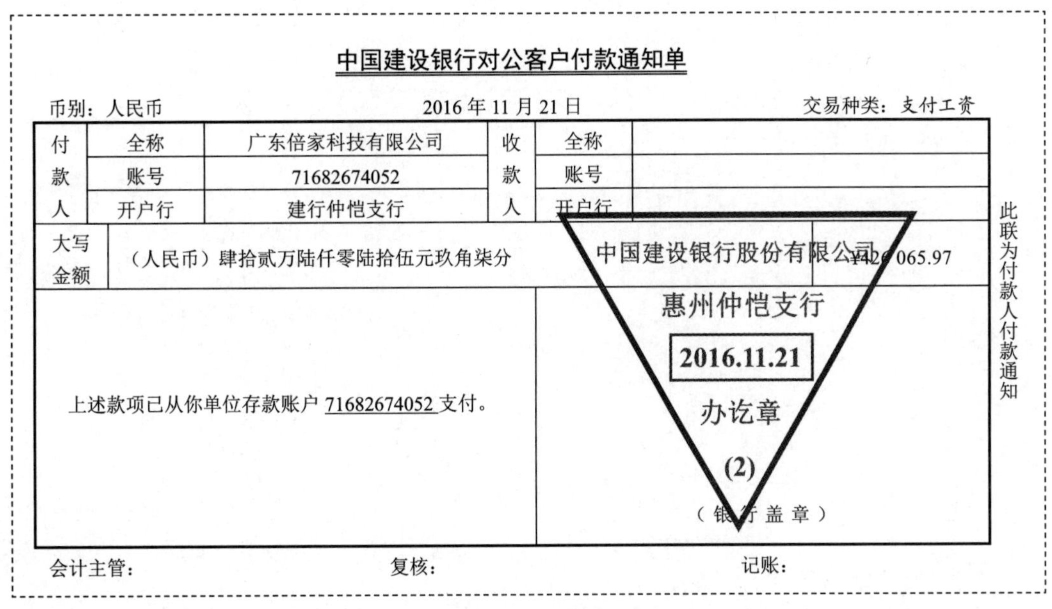

中国建设银行对公客户付款通知单

币别：人民币　　2016 年 11 月 21 日　　交易种类：支付工资

| 付款人 | 全称 | 广东倍家科技有限公司 | 收款人 | 全称 | |
|---|---|---|---|---|---|
| | 账号 | 71682674052 | | 账号 | |
| | 开户行 | 建行仲恺支行 | | 开户行 | |
| 大写金额 | （人民币）肆拾贰万陆仟零陆拾伍元玖角柒分 | | | | ¥426 065.97 |

上述款项已从你单位存款账户 71682674052 支付。



（银行盖章）

此联为付款人付款通知

会计主管：　　复核：　　记账：

图 2-2-76　付款通知单

工资清单

2016 年 10 月 31 日　　单位：元

| 序号 | 姓名 | 账号 | 基本工资 | 奖金 | 津贴补贴 | 应付工资 | 社会保险费 | 住房公积金 | 个人所得税 | 实发工资 |
|---|---|---|---|---|---|---|---|---|---|---|
| 1 | 陈利胜 | 71682162301 | 3 080.00 | 2 500.00 | 1 040.00 | 6 620.00 | 675.24 | 529.60 | 86.52 | 5 328.64 |
| 2 | 何建明 | 71682162302 | 2 970.00 | 2 300.00 | 840.00 | 6 110.00 | 623.22 | 488.80 | 44.94 | 4 953.04 |
| 3 | 杨晓梅 | 71682162303 | 2 950.00 | 2 280.00 | 830.00 | 6 060.00 | 618.12 | 484.80 | 43.71 | 4 913.37 |
| … | … | … | … | … | … | … | … | … | … | … |
| … | … | … | … | … | … | … | … | … | … | … |
| 合计 | — | — | … | … | … | 522 387.00 | 53 283.47 | 41 790.96 | 1 246.60 | 426 065.97 |

单位负责人：陈利胜　　会计主管：何建明　　会计：杨晓梅　　制表：谢惠新

图 2-2-77　工资清单

35）11 月 21 日，缴纳上月的社会保险费和住房公积金。涉及的凭证如图 2-2-78 和图 2-2-79 所示。

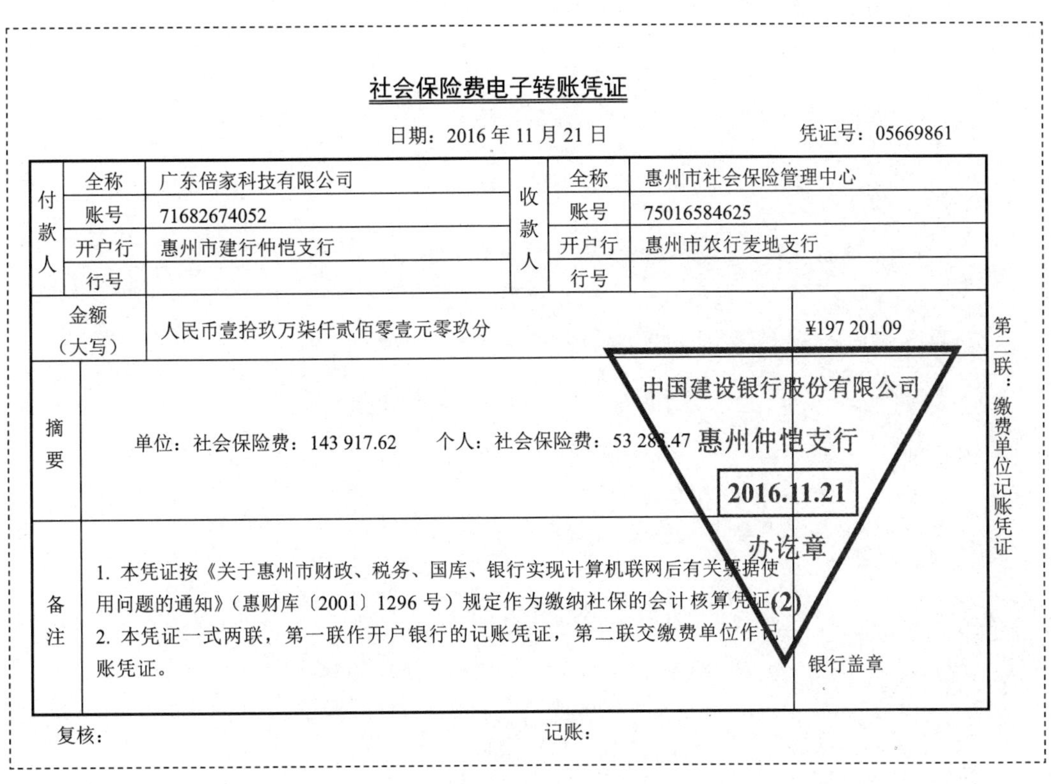

社会保险费电子转账凭证

日期：2016 年 11 月 21 日　　　凭证号：05669861

| 付款人 | 全称 | 广东倍家科技有限公司 | 收款人 | 全称 | 惠州市社会保险管理中心 |
|---|---|---|---|---|---|
| | 账号 | 71682674052 | | 账号 | 75016584625 |
| | 开户行 | 惠州市建行仲恺支行 | | 开户行 | 惠州市农行麦地支行 |
| | 行号 | | | 行号 | |
| 金额（大写） | 人民币壹拾玖万柒仟贰佰零壹元零玖分 | | | | ¥197 201.09 |
| 摘要 | 单位：社会保险费：143 917.62　　个人：社会保险费：53 283.47 | | | | |
| 备注 | 1. 本凭证按《关于惠州市财政、税务、国库、银行实现计算机联网后有关票据使用问题的通知》（惠财库〔2001〕1296 号）规定作为缴纳社保的会计核算凭证。<br>2. 本凭证一式两联，第一联作开户银行的记账凭证，第二联交缴费单位作记账凭证。 | | | | 银行盖章 |

复核：　　　记账：

第二联：缴费单位记账凭证



图 2-2-78　社会保险费电子转账凭证

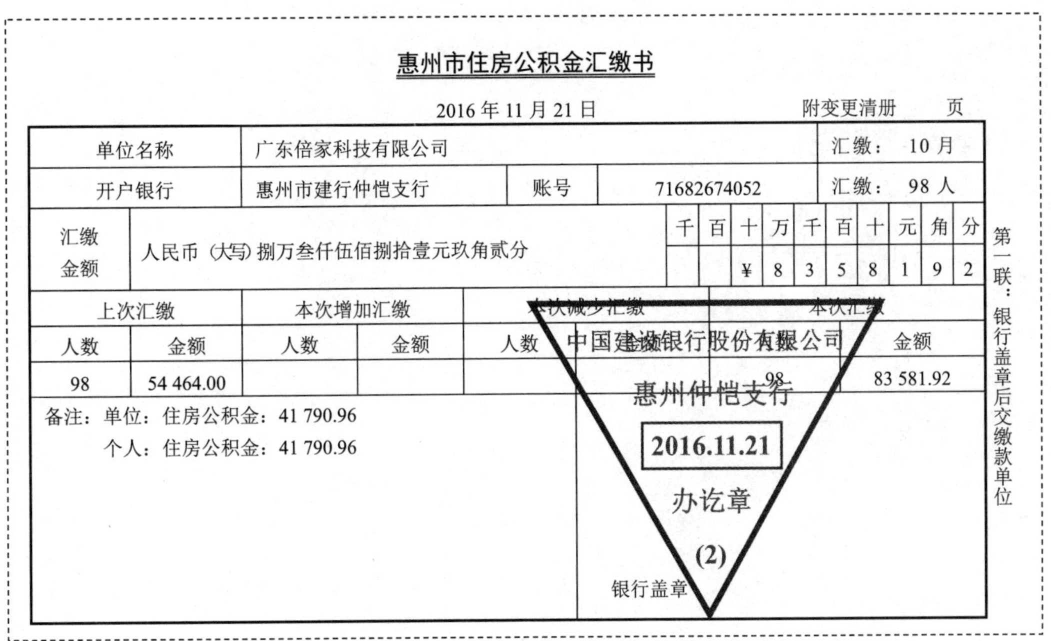

惠州市住房公积金汇缴书

2016 年 11 月 21 日　　　附变更清册　　页

| 单位名称 | 广东倍家科技有限公司 | | | 汇缴：10 月 |
|---|---|---|---|---|
| 开户银行 | 惠州市建行仲恺支行 | 账号 | 71682674052 | 汇缴：98 人 |

| 汇缴金额 | 人民币（大写）捌万叁仟伍佰捌拾壹元玖角贰分 | 千 | 百 | 十 | 万 | 千 | 百 | 十 | 元 | 角 | 分 |
|---|---|---|---|---|---|---|---|---|---|---|---|
| | | | | ¥ | 8 | 3 | 5 | 8 | 1 | 9 | 2 |

| 上次汇缴 | | 本次增加汇缴 | | 本次减少汇缴 | | 本次汇缴 | |
|---|---|---|---|---|---|---|---|
| 人数 | 金额 | 人数 | 金额 | 人数 | 金额 | 人数 | 金额 |
| 98 | 54 464.00 | | | | | 98 | 83 581.92 |

备注：单位：住房公积金：41 790.96
　　　个人：住房公积金：41 790.96

银行盖章

第一联：银行盖章后交缴款单位



图 2-2-79　住房公积金汇缴书

36）11 月 21 日，支付上月水电费。涉及的凭证如图 2-2-80～图 2-2-83 所示。

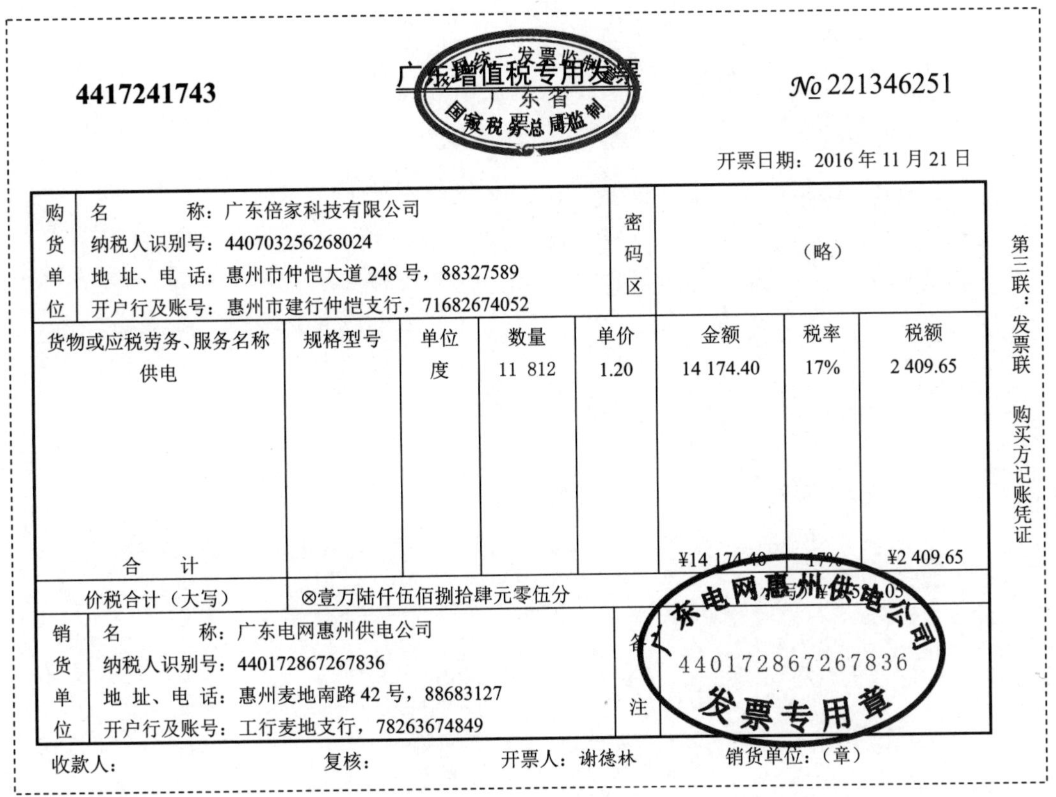

4417241743　　广东增值税专用发票　　№ 221346251

开票日期：2016 年 11 月 21 日

| 购货单位 | 名称：广东倍家科技有限公司<br>纳税人识别号：440703256268024<br>地址、电话：惠州市仲恺大道 248 号，88327589<br>开户行及账号：惠州市建行仲恺支行，71682674052 | 密码区 | （略） | | | |
|---|---|---|---|---|---|---|
| 货物或应税劳务、服务名称 | 规格型号 | 单位 | 数量 | 单价 | 金额 | 税率 | 税额 |
| 供电 | | 度 | 11 812 | 1.20 | 14 174.40 | 17% | 2 409.65 |
| 合计 | | | | | ¥14 174.40 | 17% | ¥2 409.65 |
| 价税合计（大写） | ⊗壹万陆仟伍佰捌拾肆元零伍分 | | | （小写）¥16 584.05 | | | |
| 销货单位 | 名称：广东电网惠州供电公司<br>纳税人识别号：440172867267836<br>地址、电话：惠州麦地南路 42 号，88683127<br>开户行及账号：工行麦地支行，78263674849 | 备注 | | | | | |

收款人：　　复核：　　开票人：谢德林　　销货单位：（章）

第三联：发票联　购买方记账凭证

图 2-2-80　电费发票

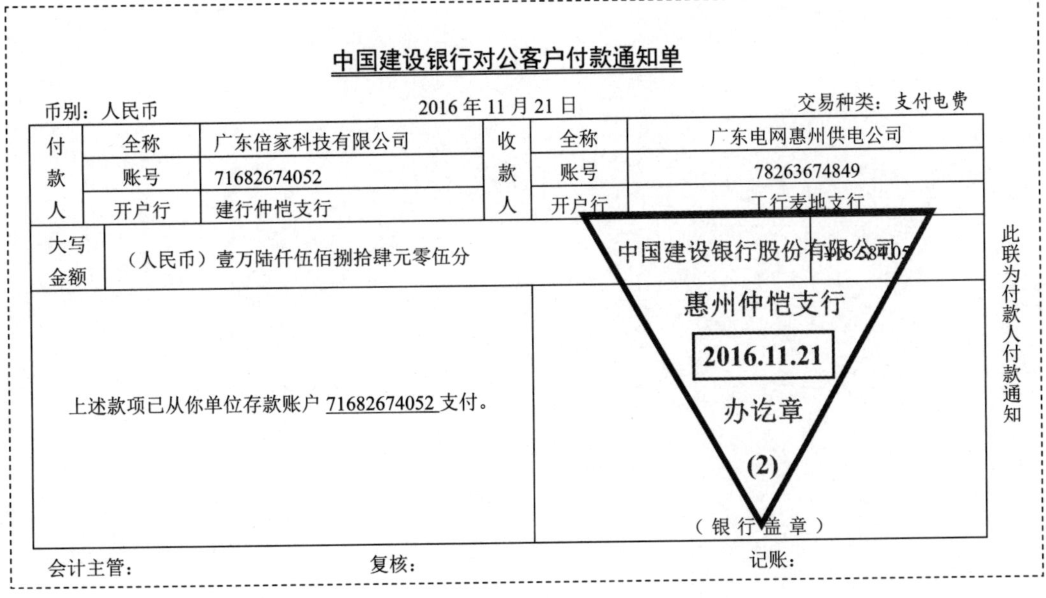

**中国建设银行对公客户付款通知单**

币别：人民币　　2016 年 11 月 21 日　　交易种类：支付电费

| 付款人 | 全称 | 广东倍家科技有限公司 | 收款人 | 全称 | 广东电网惠州供电公司 |
|---|---|---|---|---|---|
| | 账号 | 71682674052 | | 账号 | 78263674849 |
| | 开户行 | 建行仲恺支行 | | 开户行 | 工行麦地支行 |
| 大写金额 | （人民币）壹万陆仟伍佰捌拾肆元零伍分 | | | | ¥16 584.05 |
| 上述款项已从你单位存款账户 71682674052 支付。 | | | （银行盖章） | | |

会计主管：　　复核：　　记账：

此联为付款人付款通知

图 2-2-81　付款通知单

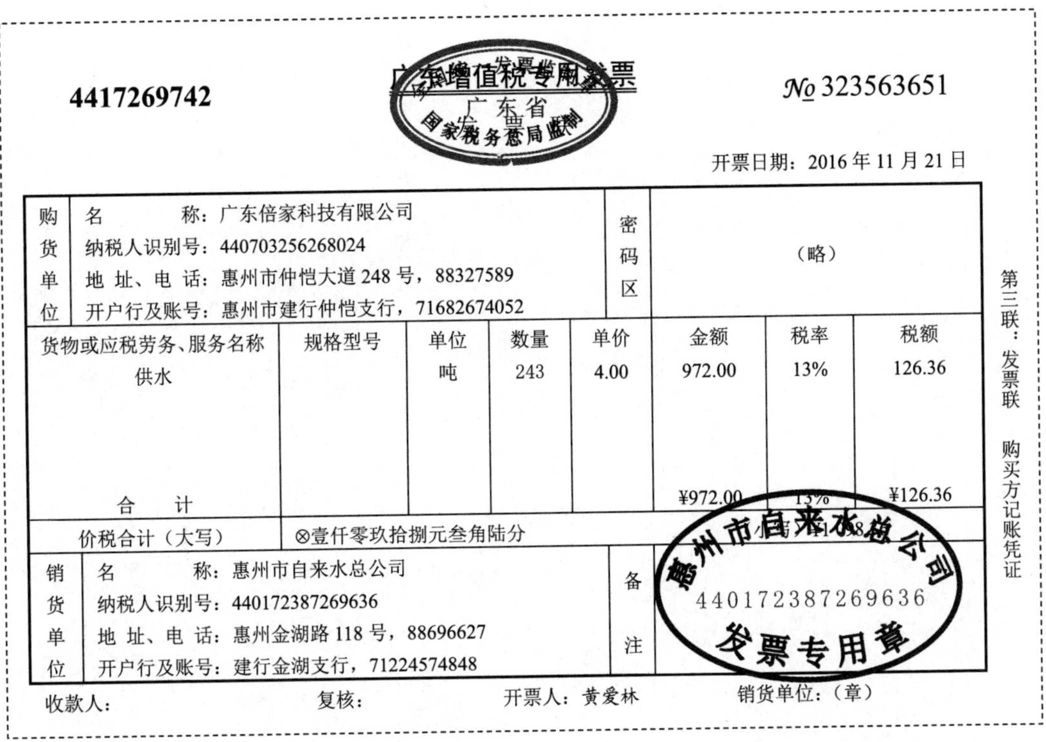

4417269742 **广东增值税专用发票** №323563651

开票日期：2016年11月21日

<table>
<tr><td rowspan="4">购货单位</td><td colspan="4">名　　称：广东倍家科技有限公司</td><td rowspan="4">密码区</td><td colspan="3" rowspan="4">（略）</td></tr>
<tr><td colspan="4">纳税人识别号：440703256268024</td></tr>
<tr><td colspan="4">地址、电话：惠州市仲恺大道248号，88327589</td></tr>
<tr><td colspan="4">开户行及账号：惠州市建行仲恺支行，71682674052</td></tr>
<tr><td colspan="2">货物或应税劳务、服务名称</td><td>规格型号</td><td>单位</td><td>数量</td><td>单价</td><td>金额</td><td>税率</td><td>税额</td></tr>
<tr><td colspan="2">供水</td><td></td><td>吨</td><td>243</td><td>4.00</td><td>972.00</td><td>13%</td><td>126.36</td></tr>
<tr><td colspan="2">合　计</td><td></td><td></td><td></td><td></td><td>¥972.00</td><td>13%</td><td>¥126.36</td></tr>
<tr><td colspan="2">价税合计（大写）</td><td colspan="7">⊗壹仟零玖拾捌元叁角陆分　（小写）¥1 098.36</td></tr>
<tr><td rowspan="4">销货单位</td><td colspan="4">名　　称：惠州市自来水总公司</td><td rowspan="4">备注</td><td colspan="3" rowspan="4"></td></tr>
<tr><td colspan="4">纳税人识别号：440172387269636</td></tr>
<tr><td colspan="4">地址、电话：惠州金湖路118号，88696627</td></tr>
<tr><td colspan="4">开户行及账号：建行金湖支行，71224574848</td></tr>
</table>

收款人：　　复核：　　开票人：黄爱林　　销货单位：（章）

第三联：发票联　购买方记账凭证

图 2-2-82　水费发票

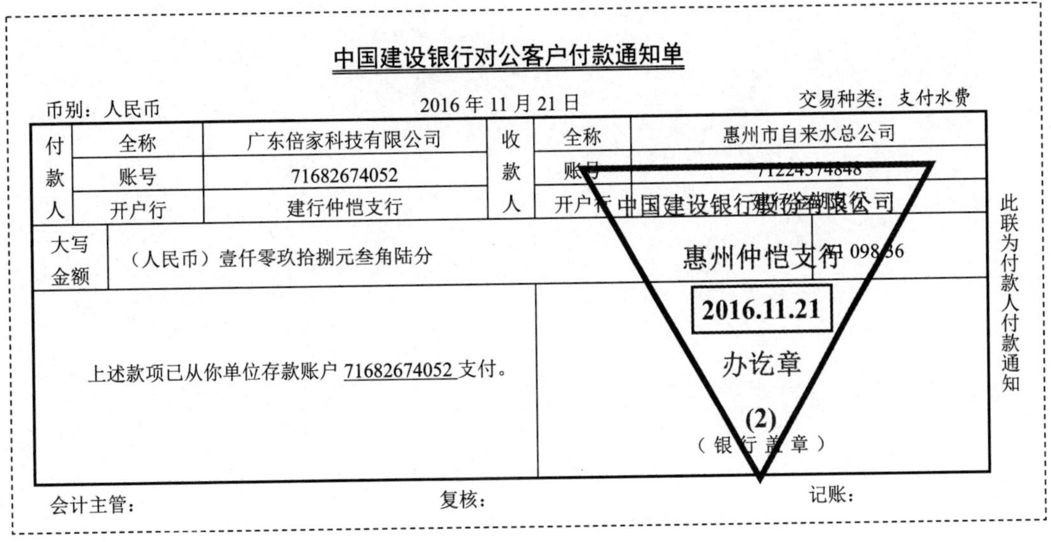

**中国建设银行对公客户付款通知单**

币别：人民币　　2016年11月21日　　交易种类：支付水费

<table>
<tr><td rowspan="3">付款人</td><td>全称</td><td>广东倍家科技有限公司</td><td rowspan="3">收款人</td><td>全称</td><td>惠州市自来水总公司</td></tr>
<tr><td>账号</td><td>71682674052</td><td>账号</td><td>71224574848</td></tr>
<tr><td>开户行</td><td>建行仲恺支行</td><td>开户行</td><td>建行金湖支行</td></tr>
<tr><td>大写金额</td><td colspan="5">（人民币）壹仟零玖拾捌元叁角陆分　　¥1 098.36</td></tr>
<tr><td colspan="3">上述款项已从你单位存款账户 71682674052 支付。</td><td colspan="3">中国建设银行股份有限公司<br>惠州仲恺支行<br>2016.11.21<br>办讫章<br>(2)<br>（银行盖章）</td></tr>
</table>

会计主管：　　复核：　　记账：

此联为付款人付款通知

图 2-2-83　付款通知单

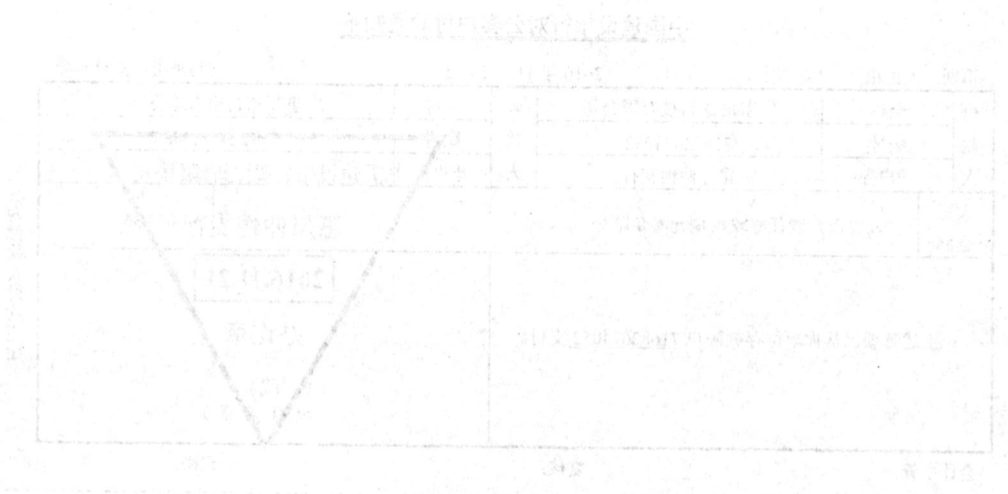

37）11 月 21 日，向广东福林科技有限公司采购 DFG 电路板一批，收到增值税专用发票，DFG 电路板验收合格入库，款项已付。涉及的凭证如图 2-2-84～图 2-2-86 所示。

4401283233　　广东增值税专用发票　　№ 214263262

（全国统一发票监制章 广东省 国家税务总局监制）发票联

开票日期：2016 年 11 月 21 日

| 购货单位 | 名　　称：广东倍家科技有限公司<br>纳税人识别号：440703256268024<br>地 址、电 话：惠州市仲恺大道 248 号，88327589<br>开户行及账号：惠州市建行仲恺支行，71682674052 | 密码区 | （略） | | | | |
|---|---|---|---|---|---|---|---|
| 货物或应税劳务、服务名称 | 规格型号 | 单位 | 数量 | 单价 | 金额 | 税率 | 税额 |
| DFG 电路板 | | 块 | 1 500 | 52.00 | 78 000.00 | 17% | 13 260.00 |
| 合　计 | | | | | ¥78 000.00 | | ¥13 260.00 |
| 价税合计（大写） | ⊗玖万壹仟贰佰陆拾元整 | | | | （小写）¥91 260.00 | | |
| 销货单位 | 名　　称：广东福林科技有限公司<br>纳税人识别号：440105307268034<br>地 址、电 话：广州市芳村大道 52 号，83682585<br>开户行及账号：广州工行芳村支行，12629413054 | 备注 | （广东福林科技有限公司 440105307268034 发票专用章） | | | | |

收款人：　　复核：　　开票人：陈祁林　　销货单位：（章）

第三联：发票联 购买方记账凭证

图 2-2-84　增值税专用发票

**收　料　单**

2016 年 11 月 21 日　　收字第 1107 号

| 材料名称 | 规格型号 | 单位 | 应收数量 | 实收数量 | 金额（元） |
|---|---|---|---|---|---|
| DFG 电路板 | | 块 | 1 500 | 1 500 | 78 000.00 |
| | | | | | |

仓库主管：陈德明　　验收：李怡华　　收料：朱永材

图 2-2-85　收料单

38）11 月 22 日，领用材料，投入 4 000 台电热壶、1 000 台电饭锅生产。涉及的凭证如图 2-2-87 和图 2-2-88 所示。

## 电汇凭证（回单） 1 No 016543212

第 021321 号 委托日期 年 月 日

<table>
<tr><td rowspan="3">汇款人</td><td>全称</td><td colspan="3"></td><td rowspan="3">收款人</td><td>全称</td><td colspan="3"></td><td rowspan="6">此联为汇款人汇款回单</td></tr>
<tr><td>账号或住址</td><td colspan="3"></td><td>账号或住址</td><td colspan="3"></td></tr>
<tr><td>汇出地点</td><td></td><td>汇出行名称</td><td></td><td>汇入地点</td><td></td><td>汇入行名称</td><td></td></tr>
<tr><td rowspan="2">金额</td><td rowspan="2">人民币（大写）</td><td colspan="4" rowspan="2"></td><td colspan="4">千 百 十 万 千 百 十 元 角 分</td></tr>
<tr><td colspan="4"></td></tr>
<tr><td colspan="6">汇款用途：<br>上列款项已根据委托办理，如需查询，请持此回单来行面谈。</td><td colspan="4">（汇出行盖章）</td></tr>
</table>

图 2-3-86 电汇凭证回单

## 领 料 单

用途：生产电热壶 2016 年 11 月 22 日 领字第 01105 号

| 材料名称 | 规格型号 | 单位 | 请领数量 | 实发数量 | 金额（元） |
|---|---|---|---|---|---|
| HDP 钢板 | | 千克 | 800 | 800 | |
| SEP 塑料 | | 千克 | 800 | 800 | |
| DRH 电路板 | | 块 | 4 000 | 4 000 | |

仓库主管：陈德明 复核：杨晓梅 发料：朱永材 制单：梁晓芳

图 2-2-87 领料单

## 领 料 单

用途：生产电饭锅 2016 年 11 月 22 日 领字第 01106 号

| 材料名称 | 规格型号 | 单位 | 请领数量 | 实发数量 | 金额（元） |
|---|---|---|---|---|---|
| HDP 钢板 | | 千克 | 600 | 600 | |
| SEP 塑料 | | 千克 | 600 | 600 | |
| DFG 电路板 | | 块 | 1 000 | 1 000 | |

仓库主管：陈德明 复核：杨晓梅 发料：朱永材 制单：梁晓芳

图 2-2-88 领料单

39）11 月 25 日，计提本月长期借款利息。涉及的凭证如图 2-2-89 所示。

**利息计提单**

2016 年 11 月 25 日　　　　单位：元

| 计息项目 | 起息日 | 结息日 | 本金 | 年利率 | 利息 |
|---|---|---|---|---|---|
| 长期借款 | 2016.10.25 | 2016.11.25 | 320 000.00 | 6% | 1 600.00 |
| | | | | | |
| | | | | | |
| | | | | | |
| 合计（大写） | 人民币壹仟陆佰元整 | | | | ¥1 600.00 |

会计主管：何建明　　　　会计：杨晓梅　　　　制单：谢惠新

图 2-2-89　利息计提单

40）11 月 25 日，支付本月短期借款利息。涉及的凭证如图 2-2-90 和图 2-2-91 所示。

**利息计提单**

2016 年 11 月 25 日　　　　单位：元

| 计息项目 | 起息日 | 结息日 | 本金 | 年利率 | 利息 |
|---|---|---|---|---|---|
| 短期借款 | 2016.10.25 | 2016.11.25 | 40 000.00 | 9% | 300.00 |
| | | | | | |
| | | | | | |
| | | | | | |
| 合计（大写） | 人民币叁佰元整 | | | | ¥300.00 |

会计主管：何建明　　　　会计：杨晓梅　　　　制单：谢惠新

图 2-2-90　利息计提单

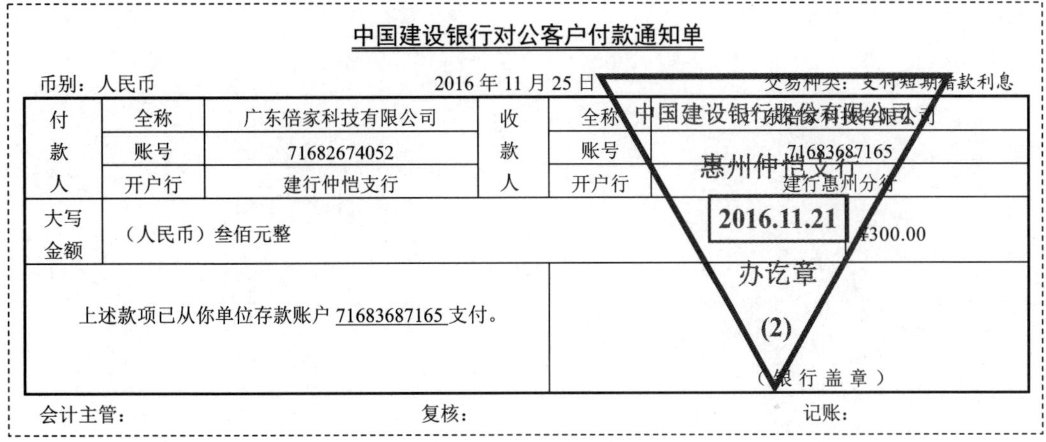

**中国建设银行对公客户付款通知单**

币别：人民币　　　　2016 年 11 月 25 日　　　　交易种类：支付短期借款利息

| | | | | | |
|---|---|---|---|---|---|
| 付款人 | 全称 | 广东倍家科技有限公司 | 收款人 | 全称 | 广东倍家科技有限公司 |
| | 账号 | 71682674052 | | 账号 | 71683687165 |
| | 开户行 | 建行仲恺支行 | | 开户行 | 建行惠州分行 |
| 大写金额 | （人民币）叁佰元整 | | | | ¥300.00 |
| 上述款项已从你单位存款账户 71683687165 支付。 | | | （银行盖章） | | |

中国建设银行股份有限公司 惠州仲恺支行 2016.11.21 办讫章 (2)

会计主管：　　　　复核：　　　　记账：

图 2-2-91　付款通知单

41）11 月 25 日，电热壶 5 000 台、电饭锅 1 500 台完工，验收合格入库。涉及的凭证如图 2-2-92 所示。

**产成品入库单**

2016 年 11 月 25 日　　收字第 1103 号

| 产品名称 | 规格型号 | 单位 | 应收数量 | 实收数量 | 金额（元） |
|---|---|---|---|---|---|
| 电热壶 | | 台 | 5 000 | 5 000 | |
| 电饭锅 | | 台 | 1 500 | 1 500 | |

仓库主管：陈德明　　复核：朱永材　　验收：李怡华　　制单：梁晓芳

图 2-2-92　产成品入库单

42）11 月 25 日，以现金支付职工上下班交通补助 8 000 元。涉及的凭证如图 2-2-93 所示。

**交通补助清单**

2016 年 11 月 25 日

| 序号 | 姓名 | 补助金额（元） | 签名 |
|---|---|---|---|
| 1 | 陈利胜 | 320.00 | 陈利胜 |
| 2 | 何建明 | 280.00 | 何建明 |
| 3 | 杨晓梅 | 240.00 | 杨晓梅 |
| … | … | 现金付讫 | … |
| … | … | | … |
| 合计 | — | ¥8 000.00 | — |

单位负责人：陈利胜　　会计主管：何建明　　会计：杨晓梅　　制表：谢惠新

图 2-2-93　交通补助清单

43）11 月 26 日，根据合同向广东海天电器有限公司销售电热壶 1 600 台，单价 65 元，电饭锅 1000 台，单价 165 元，开出增值税专用发票，并办妥托收手续。涉及的凭证如图 2-2-94～图 2-2-97 所示。

4601041141　　**广东增值税专用发票**　　№ 031131106

发　票　联

开票日期：　　年　月　日

| 购货单位 | 名　　称：<br>纳税人识别号：<br>地 址、电 话：<br>开户行及账号： | 密码区 | （略） | | | | |
|---|---|---|---|---|---|---|---|
| 货物或应税劳务、服务名称 | 规格型号 | 单位 | 数量 | 单价 | 金额 | 税率 | 税额 |
| 合　计 | | | | | | | |
| 价税合计（大写） | ⊗ | | | | （小写） | | |
| 销货单位 | 名　　称：<br>纳税人识别号：<br>地 址、电 话：<br>开户行及账号： | 备注 | 广东倍家科技有限公司<br>440703256268024<br>发票专用章 | | | | |

收款人：　　复核：杨晓梅　　开票人：王耀林　　销货单位：（章）

第三联：发票联　购买方记账凭证

图 2-2-94　增值税专用发票发票联

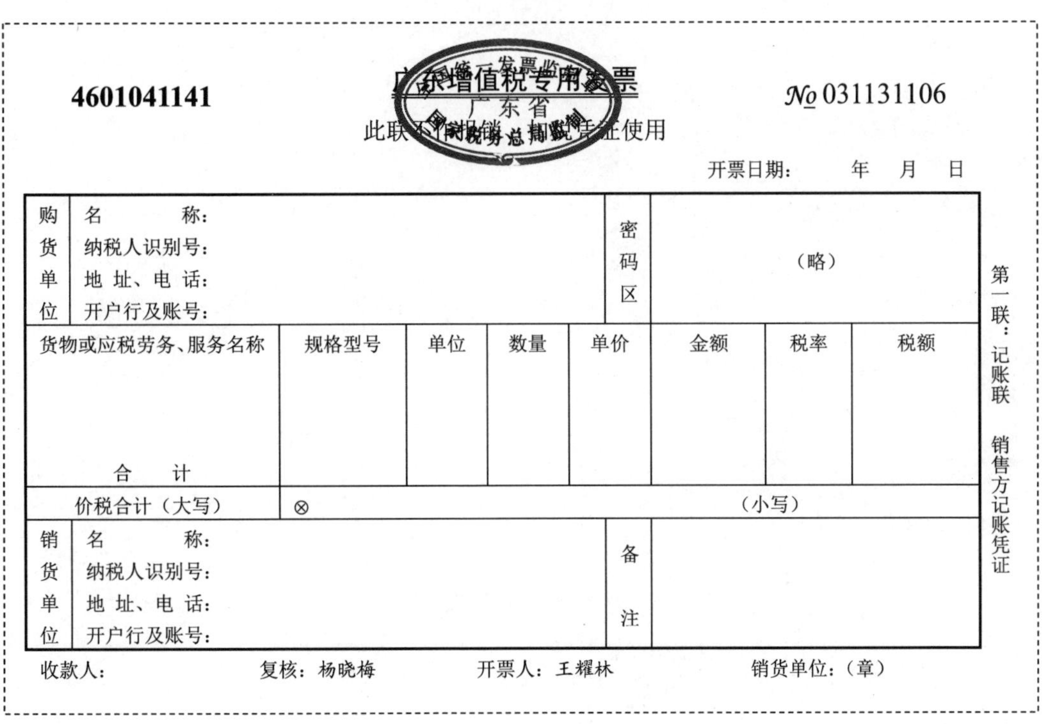

4601041141　　**广东增值税专用发票**　　№ 031131106

此联不作报销、扣税凭证使用



开票日期：　　年　月　日

| 购货单位 | 名　　称：<br>纳税人识别号：<br>地 址、电 话：<br>开户行及账号： | 密码区 | （略） | | | | |
|---|---|---|---|---|---|---|---|
| 货物或应税劳务、服务名称 | 规格型号 | 单位 | 数量 | 单价 | 金额 | 税率 | 税额 |
| 合　计 | | | | | | | |
| 价税合计（大写） | ⊗ | | | | （小写） | | |
| 销货单位 | 名　　称：<br>纳税人识别号：<br>地 址、电 话：<br>开户行及账号： | 备注 | | | | | |

收款人：　　复核：杨晓梅　　开票人：王耀林　　销货单位：（章）

第一联：记账联　销售方记账凭证

图 2-2-95　增值税专用发票记账联

**产品出库单**

2016 年 11 月 26 日　　　　第 01106 号

| 产品名称 | 规格 | 型号 | 单位 | 数量 | 单位成本 | 金额（元） |
|---|---|---|---|---|---|---|
| 电热壶 | | | 台 | 1 600 | | |
| 电饭锅 | | | 台 | 1 000 | | |

仓库主管：陈德明　　复核：杨晓梅　　发货：朱永材　　制单：梁晓芳

图 2-2-96　产品出库单

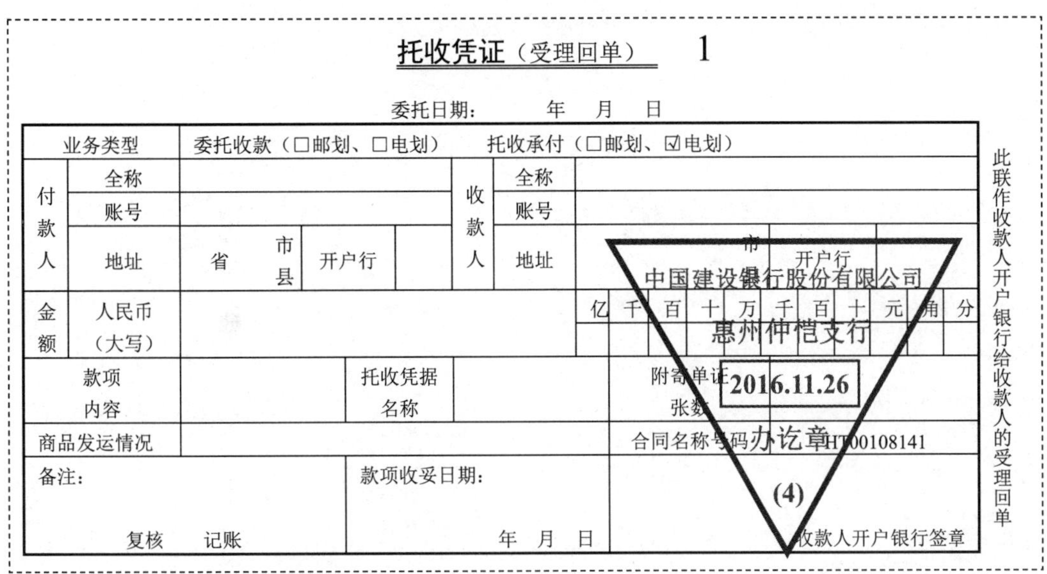

**托收凭证**（受理回单）　1

委托日期：　年　月　日

| 业务类型 | 委托收款（□邮划、□电划）　托收承付（□邮划、☑电划） | | | |
|---|---|---|---|---|
| 付款人 全称 | | 收款人 全称 | | |
| 付款人 账号 | | 收款人 账号 | | |
| 付款人 地址 | 省　市/县　开户行 | 收款人 地址 | 市　开户行 | |
| 金额 人民币（大写） | | 亿 千 百 十 万 千 百 十 元 角 分 | | |
| 款项内容 | | 托收凭据名称 | | 附寄单证张数 |
| 商品发运情况 | | 合同名称号码 HT00108141 | | |
| 备注：复核　记账 | 款项收妥日期：年　月　日 | 收款人开户银行签章 | | |

此联作收款人开户银行给收款人的受理回单



图 2-2-97　托收承付受理回单

44）11 月 28 日，签发现金支票，提取现金 10 000 元备用。涉及的凭证如图 2-2-98 所示。

**中国建设银行支票存根（粤）**

GS 01034107

附加信息

出票日期　年　月　日

收款人：
金　额：
用　途：

单位主管　　会计

**中国建设银行支票（粤）**　GS 01034107

付款期限自出票之日起十天

出票日期（大写）　年　月　日　付款行名称：

收款人：　出票人账号：

| 人民币（大写） | 千 | 百 | 十 | 万 | 千 | 百 | 十 | 元 | 角 | 分 |
|---|---|---|---|---|---|---|---|---|---|---|
| | | | | | | | | | | |

用途　　密码

上列款项请从　行号

我账户内支付

出票人签章　广东倍家科技有限公司财务专用章　陈利胜

复核　　记账

（a）支票正面

图 2-2-98　支票

| 附加信息： | 被背书人： | 被背书人： | （粘贴单处） | 根据《中华人民共和国票据法》等法律法规的规定，签发空头支票由中国人民银行处以票面金额5%但不低于1 000元的罚款。 |
|---|---|---|---|---|
| | 背书人签章<br>年 月 日 | 背书人签章<br>年 月 日 | | |

（b）支票背面

图 2-2-98　支票（续）

45）11 月 29 日，收到广东海天电器有限公司支付的本月 26 日的货款。涉及的凭证如图 2-2-99 所示。

**托收凭证**（收账通知）　4

付款期限　　年　月　日

委托日期：　　年　月　日

| 业务类型 | | 委托收款（□邮划、□电划） | | 托收承付（□邮划、☑电划） | | | | | | | | | | | | |
|---|---|---|---|---|---|---|---|---|---|---|---|---|---|---|---|---|
| 付款人 | 全称 | | | 收款人 | 全称 | | | | | | | | | | | |
| | 账号 | | | | 账号 | | | | | | | | | | | |
| | 地址 | 省　市县 | 开户行 | | 地址 | 省　市县 | | | 开户行 | | | | | | | |
| 金额 | 人民币（大写） | | | | | 亿 | 千 | 百 | 十 | 万 | 千 | 百 | 十 | 元 | 角 | 分 |
| | | | | | | | | | | | | | | | | |
| 款项内容 | | 托收凭据名称 | | | | 附寄单证张数 | | | | | | | | | | |
| 商品发运情况 | | | | | | 合同名称号码 1700108141 | | | | | | | | | | |
| 备注：<br>复核　记账 | | 款项收妥日期：<br>年　月　日 | | | | 中国建设银行股份有限公司 惠州仲恺支行 2016.11.29 办讫章 (4)<br>收款人开户银行签章 | | | | | | | | | | |

此联作收款人开户银行给收款人的收账通知

图 2-2-99　托收承付收账通知

46）11 月 29 日，以现金报销汽油费。涉及的凭证如图 2-2-100 和图 2-2-101 所示。

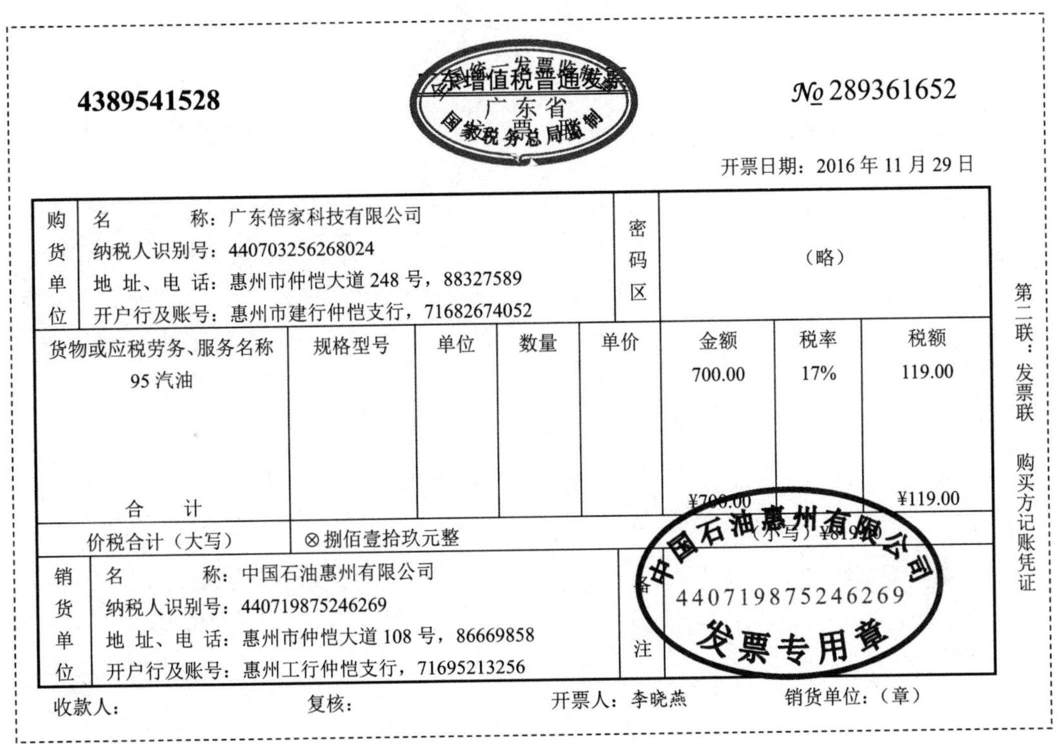

4389541528　　广东增值税普通发票　　№ 289361652

开票日期：2016 年 11 月 29 日

| 购货单位 | 名称：广东倍家科技有限公司<br>纳税人识别号：440703256268024<br>地址、电话：惠州市仲恺大道 248 号，88327589<br>开户行及账号：惠州市建行仲恺支行，71682674052 | 密码区 | （略） | | | | |
|---|---|---|---|---|---|---|---|
| 货物或应税劳务、服务名称 | 规格型号 | 单位 | 数量 | 单价 | 金额 | 税率 | 税额 |
| 95 汽油 | | | | | 700.00 | 17% | 119.00 |
| 合计 | | | | | ¥700.00 | | ¥119.00 |
| 价税合计（大写） | ⊗捌佰壹拾玖元整 | | | | （小写）¥819.00 | | |
| 销货单位 | 名称：中国石油惠州有限公司<br>纳税人识别号：440719875246269<br>地址、电话：惠州市仲恺大道 108 号，86669858<br>开户行及账号：惠州工行仲恺支行，71695213256 | 备注 | | | | | |

收款人：　　复核：　　开票人：李晓燕　　销货单位：（章）

第二联：发票联　购买方记账凭证

图 2-2-100　增值税普通发票

**费用报销单**

2016 年 11 月 29 日

| 报销部门 | 管理部门 | 报销人 | 李晓彬 |
|---|---|---|---|
| 费用项目 | 单据张数 | 金额（元） | 备注 |
| 95 汽油 | 1 | 819.00 | |
| | | | |
| | | | 现金付讫 |
| 合计 | | ¥819.00 | |
| 金额（大写）人民币捌佰壹拾玖元整 | | | |
| 单位领导审批：同意　陈利胜 | | 部门主管审批：同意　聂源珍 | |

会计主管：何建明　　复核：杨晓梅　　出纳：谢惠新

图 2-2-101　费用报销单

47）11 月 30 日，计算发出材料成本，采用月末一次加权平均法。涉及的凭证如图 2-2-102～图 2-2-106 所示。

**发出材料单位成本计算表**

材料：HDP 不锈钢板　　2016 年 11 月 30 日　　单位：元

| 日期 | 期初余额 | | | 本期购进 | | | 加权单位成本 |
|---|---|---|---|---|---|---|---|
| | 数量 | 单价 | 金额 | 数量 | 单价 | 金额 | |
| | | | | | | | |
| | | | | | | | |
| | | | | | | | |
| | | | | | | | |
| | | | | | | | |
| | | | | | | | |
| | | | | | | | |
| | | | | | | | |
| | | | | | | | |

会计主管：何建明　　复核：杨晓梅　　制表：梁晓芳

图 2-2-102　发出材料单位成本计算表 1

**发出材料单位成本计算表**

材料：SEP 塑料　　2016 年 11 月 30 日　　单位：元

| 日期 | 期初余额 | | | 本期购进 | | | 加权单位成本 |
|---|---|---|---|---|---|---|---|
| | 数量 | 单价 | 金额 | 数量 | 单价 | 金额 | |
| | | | | | | | |
| | | | | | | | |
| | | | | | | | |
| | | | | | | | |
| | | | | | | | |
| | | | | | | | |
| | | | | | | | |
| | | | | | | | |
| | | | | | | | |

会计主管：何建明　　复核：杨晓梅　　制表：梁晓芳

图 2-2-103　发出材料单位成本计算表 2

发出材料单位成本计算表

材料：DRH 电路板　　2016 年 11 月 30 日　　单位：元

| 日期 | 期初余额 | | | 本期购进 | | | 加权单位成本 |
|---|---|---|---|---|---|---|---|
| | 数量 | 单价 | 金额 | 数量 | 单价 | 金额 | |
| | | | | | | | |
| | | | | | | | |
| | | | | | | | |
| | | | | | | | |
| | | | | | | | |
| | | | | | | | |
| | | | | | | | |
| | | | | | | | |
| | | | | | | | |

会计主管：何建明　　复核：杨晓梅　　制表：梁晓芳

图 2-2-104　发出材料单位成本计算表 3

发出材料单位成本计算表

材料：DFG 电路板　　2016 年 11 月 30 日　　单位：元

| 日期 | 期初余额 | | | 本期购进 | | | 加权单位成本 |
|---|---|---|---|---|---|---|---|
| | 数量 | 单价 | 金额 | 数量 | 单价 | 金额 | |
| | | | | | | | |
| | | | | | | | |
| | | | | | | | |
| | | | | | | | |
| | | | | | | | |
| | | | | | | | |
| | | | | | | | |
| | | | | | | | |
| | | | | | | | |

会计主管：何建明　　复核：杨晓梅　　制表：梁晓芳

图 2-2-105　发出材料单位成本计算表 4

48）11 月 30 日，计算分配本月工资费用。涉及的凭证如图 2-2-107 所示。

## 发出材料成本汇总表

2016 年 11 月 30 日　　单位：元

| 部门或用途 | HDP 不锈钢板 | | | SEP 塑料 | | | DRH 电路板 | | | DFG 电路板 | | | 合计 |
|---|---|---|---|---|---|---|---|---|---|---|---|---|---|
| | 数量 | 单价 | 金额 | 数量 | 单价 | 金额 | 数量 | 单价 | 金额 | 数量 | 单价 | 金额 | |
| 电热壶 | | | | | | | | | | | | | |
| 电饭锅 | | | | | | | | | | | | | |
| 合计 | | | | | | | | | | | | | |

会计主管：何建明　　复核：杨晓梅　　制表：梁晓芳

图 2-2-106 发出材料成本汇总表

## 工资结算汇总表

2016 年 11 月　　单位：元

| 部门或用途 | 基本工资 | 奖金 | 津贴补贴 | 应付工资 | 代扣款 | 实发工资 |
|---|---|---|---|---|---|---|
| 生产电热壶 | 84 768.00 | 51 228.00 | 48 657.00 | 184 653.00 | | |
| 生产电饭锅 | 57 941.00 | 29 509.00 | 25 864.00 | 113 314.00 | | |
| 车间管理人员 | 16 854.00 | 7 436.00 | 9 224.00 | 33 514.00 | | |
| 行政管理人员 | 16 878.00 | 7 530.00 | 6 904.00 | 31 312.00 | | |
| 销售人员 | 73 696.00 | 29 696.00 | 18 048.00 | 121 440.00 | | |
| 合计 | 250 137.00 | 125 399.00 | 108 697.00 | 484 233.00 | | |

会计主管：何建明　　复核：杨晓梅　　制表：梁晓芳

图 2-2-107 工资结算汇总表

49）11 月 30 日，计提本月社会保险费和住房公积金（单位负担部分）。涉及的凭证如图 2-2-108 所示。

## 社会保险费与住房公积金计提表

2016 年 11 月　　单位：元

| 部门或用途 | 计提基数 | 基本养老保险费 | | 基本医疗保险费 | | 失业保险费 | | 生育保险费单位 0.5% | 工伤保险费单位 0.25% | 社会保险费合计 | | 住房公积金 | |
|---|---|---|---|---|---|---|---|---|---|---|---|---|---|
| | | 单位 18% | 个人 8% | 单位 8% | 个人 2% | 单位 0.8% | 个人 0.2% | | | 单位 | 个人 | 单位 8% | 个人 8% |
| 生产电热壶 | 184 653.00 | 33 237.54 | 14 772.24 | 14 772.24 | 3 693.06 | 1 477.22 | 369.31 | 923.265 | 461.63 | 50 871.90 | 18 834.61 | 14 772.24 | 14 772.24 |
| 生产电饭锅 | 113 314.00 | 20 396.52 | 9 065.12 | 9 065.12 | 2 266.28 | 906.51 | 226.63 | 566.57 | 283.29 | 31 218.01 | 11 558.03 | 9 065.12 | 9 065.12 |
| 车间管理 | 33 514.00 | 6 032.52 | 2 681.12 | 2 681.12 | 670.28 | 268.11 | 67.03 | 167.57 | 83.79 | 9 233.11 | 3 418.43 | 2 681.12 | 2 681.12 |
| 行政管理 | 31 312.00 | 5 636.16 | 2 504.96 | 2 504.96 | 626.24 | 250.50 | 62.62 | 156.56 | 78.28 | 8 626.46 | 3 193.83 | 2 504.96 | 2 504.96 |
| 销售人员 | 121 440.00 | 21 859.20 | 9 715.20 | 9 715.20 | 2 428.80 | 971.52 | 242.88 | 607.20 | 303.60 | 33 456.72 | 12 386.88 | 9 715.20 | 9 715.20 |
| 合计 | 484 233.00 | 87 161.94 | 38 738.64 | 38 738.64 | 9 684.66 | 3 873.85 | 968.47 | 2 421.17 | 1 210.58 | 133 406.19 | 49 391.77 | 38 738.64 | 38 738.64 |

会计主管：何建明　　复核：杨晓梅　　制表：梁晓芳

图 2-2-108 社会保险费与住房公积金计提表

50）11 月 30 日，结转本月应从职工工资中扣除的各种代扣代垫款。涉及的凭证如图 2-2-109 所示。

**代扣代垫款汇总表**

2016 年 11 月　　单位：元

| 部门或用途 | 计提基数 | 基本养老保险费个人 8% | 基本医疗保险费个人 2% | 失业保险费个人 0.2% | 社会保险费合计个人 10.2% | 住房公积金个人 8% | 个人所得税 |
|---|---|---|---|---|---|---|---|
| 生产电热壶 | 184 653.00 | 14 772.24 | 3 693.06 | 369.31 | 18 834.61 | 14 772.24 | 332.54 |
| 生产电饭锅 | 113 314.00 | 9 065.12 | 2 266.28 | 226.63 | 11 558.03 | 9 065.12 | 216.08 |
| 车间管理 | 33 514.00 | 2 681.12 | 670.28 | 67.03 | 3 418.43 | 2 681.12 | 159.53 |
| 行政管理 | 31 312.00 | 2 504.96 | 626.24 | 62.62 | 3 193.82 | 2 504.96 | 152.01 |
| 销售人员 | 121 440.00 | 9 715.20 | 2 428.80 | 242.88 | 12 386.88 | 9 715.20 | 312.66 |
| 合计 | 484 233.00 | 38 738.64 | 9 684.66 | 968.47 | 49 391.77 | 38 738.64 | 1 172.82 |

会计主管：何建明　　复核：杨晓梅　　制表：梁晓芳

图 2-2-109　代扣代垫款汇总表

51）11 月 30 日，计提本月工会经费。涉及的凭证如图 2-2-110 所示。

**工会经费计提表**

2016 年 11 月　　单位：元

| 部门或用途 | 计提基数 | 计提比例 | 计提金额 | 备注 |
|---|---|---|---|---|
| 生产电热壶 | 184 653.00 | 2% | | |
| 生产电饭锅 | 113 314.00 | 2% | | |
| 车间管理 | 33 514.00 | 2% | | |
| 行政管理 | 31 312.00 | 2% | | |
| 销售人员 | 121 440.00 | 2% | | |
| 合计 | 484 233.00 | 2% | | |

会计主管：何建明　　复核：杨晓梅　　制表：梁晓芳

图 2-2-110　工会经费计提表

52）11 月 30 日，计提本月职工教育经费。涉及的凭证如图 2-2-111 所示。

53）11 月 30 日，计算并分配本月电费。涉及的凭证如图 2-2-112 所示。

54）11 月 30 日，计算并分配本月水费。涉及的凭证如图 2-2-113 所示。

55）11 月 30 日，计提本月固定资产折旧。涉及的凭证如图 2-2-114 所示。

## 职工教育经费计提表

2016年11月　　单位：元

| 部门或用途 | 计提基数 | 计提比例 | 计提金额 | 备注 |
| --- | --- | --- | --- | --- |
| 生产电热壶 | 184 653.00 | 1.5% | | |
| 生产电饭锅 | 113 314.00 | 1.5% | | |
| 车间管理 | 33 514.00 | 1.5% | | |
| 行政管理 | 31 312.00 | 1.5% | | |
| 销售人员 | 121 440.00 | 1.5% | | |
| 合计 | 484 233.00 | 1.5% | | |

会计主管：何建明　　复核：杨晓梅　　制表：梁晓芳

图 2-2-111　职工教育经费计提表

## 电费分配表

2016年11月

| 部门或用途 | 用电量（度） | 单价（元/度） | 应分配电费（元） |
| --- | --- | --- | --- |
| 生产电热壶 | 5 078 | 1.20 | |
| 生产电饭锅 | 4 554 | 1.20 | |
| 车间管理 | 616 | 1.20 | |
| 行政管理 | 368 | 1.20 | |
| 销售机构 | 263 | 1.20 | |
| 合计 | 10 879 | 1.20 | |

会计主管：何建明　　复核：杨晓梅　　制表：梁晓芳

图 2-2-112　电费分配表

## 水费分配表

2016年11月

| 部门或用途 | 用水量（吨） | 单价（元/吨） | 应分配水费（元） |
| --- | --- | --- | --- |
| 生产电热壶 | 110 | 4.00 | |
| 生产电饭锅 | 88 | 4.00 | |
| 车间管理 | 8 | 4.00 | |
| 行政管理 | 14 | 4.00 | |
| 销售机构 | 10 | 4.00 | |
| 合计 | 230 | 4.00 | |

会计主管：何建明　　复核：杨晓梅　　制表：梁晓芳

图 2-2-113　水费分配表

**折旧计算表**

2016年11月　　　　单位：元

| 固定资产类型 | | 固定资产价值 | 月折旧率 | 月折旧额 |
|---|---|---|---|---|
| 生产用固定资产 | 房屋 | 1 340 160.00 | 0.42% | |
| | 设备 | 893 440.00 | 1.05% | |
| 非生产用固定资产 | 房屋 | 390 880.00 | 0.42% | |
| | 设备 | 167 520.00 | 1.05% | |
| 合计 | | 2 792 000.00 | — | |

会计主管：何建明　　　　复核：杨晓梅　　　　制表：梁晓芳

图 2-2-114　折旧计算表

56）11月30日，计提本月无形资产累计摊销额。涉及的凭证如图2-2-115所示。

**无形资产摊销计算表**

2016年11月　　　　单位：元

| 无形资产类型 | 无形资产价值 | 月摊销率 | 月摊销额 |
|---|---|---|---|
| 电热壶专利 | 160 000.00 | 1.05% | |
| 电饭锅专利 | 260 000.00 | 1.05% | |
| 合计 | 420 000.00 | — | |

会计主管：何建明　　　　复核：杨晓梅　　　　制表：梁晓芳

图 2-2-115　无形资产摊销计算表

57）11月30日，分配结转本月制造费用。涉及的凭证如图2-2-116所示。

**制造费用分配表**

2016年11月

| 产品项目 | 分配标准（工时） | 分配率（元/工时） | 分配金额（元） |
|---|---|---|---|
| 生产电热壶 | 2 835.00 | | |
| 生产电饭锅 | 2 165.00 | | |
| 合计 | 5 000.00 | | |

会计主管：何建明　　　　复核：杨晓梅　　　　制表：梁晓芳

图 2-2-116　制造费用分配表

58）11月30日，计算本月完工产品成本。涉及的凭证如图2-2-117和图2-2-118所示。

完工产品成本计算单

2016年11月30日　　　　单位：元

产品名称：电热壶（台）　　　　完工产品数量：

| 项目 | | 产量 | 直接材料 | 直接人工 | 水费 | 电费 | 制造费用 | 其他费用 | 合计 |
|---|---|---|---|---|---|---|---|---|---|
| 期初在产品成本 | 在产品数量 | | | | | | | | |
| | 约当产量 | | | | | | | | |
| 本月生产费用 | 投入量 | | | | | | | | |
| | 生产费用 | | | | | | | | |
| 生产费用合计 | | — | | | | | | | |
| 完工产品成本 | 总成本 | | | | | | | | |
| | 单位成本 | | | | | | | | |
| 期末在产品成本 | 在产品数量 | | | | | | | | |
| | 约当产量 | | | | | | | | |

会计主管：何建明　　　　复核：杨晓梅　　　　制表：梁晓芳

图 2-2-117　完工产品成本计算单 1

完工产品成本计算单

2016年11月30日　　　　单位：元

产品名称：电饭锅（台）　　　　完工产品数量：

| 项目 | | 产量 | 直接材料 | 直接人工 | 水费 | 电费 | 制造费用 | 其他费用 | 合计 |
|---|---|---|---|---|---|---|---|---|---|
| 期初在产品成本 | 在产品数量 | | | | | | | | |
| | 约当产量 | | | | | | | | |
| 本月生产费用 | 投入量 | | | | | | | | |
| | 生产费用 | | | | | | | | |
| 生产费用合计 | | — | | | | | | | |
| 完工产品成本 | 总成本 | | | | | | | | |
| | 单位成本 | | | | | | | | |
| 期末在产品成本 | 在产品数量 | | | | | | | | |
| | 约当产量 | | | | | | | | |

会计主管：何建明　　　　复核：杨晓梅　　　　制表：梁晓芳

图 2-2-18　完工产品成本计算单 2

59）11月30日，计算并结转本月产品销售成本。涉及的凭证如图 2-2-119～图 2-2-121 所示。

**发出产品单位成本计算表**

产品名称：电热壶　　2016 年 11 月 30 日　　单位：元

| 日期 | 期初余额 | | | 本期完工 | | | 加权单位成本 |
|---|---|---|---|---|---|---|---|
| | 数量 | 单位成本 | 金额 | 数量 | 单位成本 | 金额 | |
| | | | | | | | |
| | | | | | | | |
| | | | | | | | |
| | | | | | | | |
| | | | | | | | |
| | | | | | | | |

会计主管：何建明　　复核：杨晓梅　　制表：梁晓芳

图 2-2-119　发出产品单位成本计算表 1

**发出产品单位成本计算表**

产品名称：电饭锅　　2016 年 11 月 30 日　　单位：元

| 日期 | 期初余额 | | | 本期完工 | | | 加权单位成本 |
|---|---|---|---|---|---|---|---|
| | 数量 | 单位成本 | 金额 | 数量 | 单位成本 | 金额 | |
| | | | | | | | |
| | | | | | | | |
| | | | | | | | |
| | | | | | | | |
| | | | | | | | |
| | | | | | | | |

会计主管：何建明　　复核：杨晓梅　　制表：梁晓芳

图 2-2-120　发出产品单位成本计算表 2

**产品销售成本汇总表**

2016 年 11 月　　单位：元

| 项目 | 产品名称 | 计量单位 | 销售量 | 单位成本 | 总成本 |
|---|---|---|---|---|---|
| 内销 | 电热壶 | | | | |
| | 电饭锅 | | | | |
| | 小计 | | | | |
| 自营出口 | 电热壶 | | | | |
| | 电饭锅 | | | | |
| | 小计 | | | | |
| 合计 | | | | | |

会计主管：何建明　　复核：杨晓梅　　制表：梁晓芳

图 2-2-121　产品销售成本汇总表

60）11 月 30 日，采用逐笔折算法计算本月汇兑损益，当日美元汇率为 1∶6.55。涉及的凭证如图 2-2-122 所示。

**汇兑损益计算表**

2016 年 11 月 30 日　　单位：元

| 外汇收入日期 | 外汇收入金额 | 收入当日汇率 | 期末汇率 | 汇兑损益 |
|---|---|---|---|---|
| | | | | |
| | | | | |
| | | | | |
| | | | | |
| 合计 | | | | |

会计主管：何建明　　复核：杨晓梅　　制表：梁晓芳

图 2-2-122　汇兑损益计算表

61）11 月 30 日，按应收账款余额百分比法计提本月坏账准备金（5‰）。涉及的凭证如图 2-2-123 所示。

**坏账准备计提表**

2016 年 11 月 30 日　　单位：元

| 时间 | 应收账款余额 | 计提比例 | 当期应计提 | 计提前余额 | 当期实际计提 |
|---|---|---|---|---|---|
| | | | | | |
| | | | | | |
| | | | | | |

会计主管：何建明　　复核：杨晓梅　　制表：梁晓芳

图 2-2-123　坏账准备计提表

62）11 月 30 日，计算本月应交城市维护建设税（7%）、教育费附加（3%）、地方教育费附加（2%）、堤围防护费（营业收入×0.072%）。涉及的凭证如图 2-2-124 所示。

**税费计算表**

2016 年 11 月 30 日　　单位：元

| 税（费）种 | 计税基数 | 税（费）率 | 税（费）额 | 备注 |
|---|---|---|---|---|
| 城市维护建设税 | | | | |
| 教育费附加 | | | | |
| 地方教育费附加 | | | | |
| 堤围防护费 | | | | |
| 合计 | | | | |

会计主管：何建明　　复核：杨晓梅　　制表：梁晓芳

图 2-2-124　税费计算表

63）11 月 30 日，结转当月应交而未交（或多交）的增值税。涉及的凭证如图 2-2-125 所示。

**内部转账单**

2016 年 11 月 30 日　　　　转字第 201 号

| 摘要 | 结转科目 | | | 转入科目 | | |
|---|---|---|---|---|---|---|
| | 总账科目 | 明细科目 | 金额（元） | 总账科目 | 明细科目 | 金额（元） |
| 转出当月未交增值税 | 应交税费 | 应交增值税（转出未交增值税） | | 应交税费 | 未交增值税 | |
| | | | | | | |
| | | | | | | |
| 合计 | | | | | | |

会计主管：何建明　　　　复核：杨晓梅　　　　制表：梁晓芳

图 2-2-125　内部转账单

64）11 月 30 日，结转本月损益类账户。涉及的凭证如图 2-2-126～图 2-2-128 所示。

**损益类账户发生额表（结转到本年利润前）**

2016 年 11 月　　　　单位：元

| 收入类账户 | 借方发生额 | 贷方发生额 | 费用类账户 | 借方发生额 | 贷方发生额 |
|---|---|---|---|---|---|
| | | | | | |
| | | | | | |
| | | | | | |
| | | | | | |
| | | | | | |
| | | | | | |
| | | | | | |
| | | | | | |
| | | | | | |
| | | | | | |
| | | | | | |
| | | | | | |
| | | | | | |
| | | | | | |
| | | | | | |
| | | | | | |
| | | | | | |
| | | | | | |
| 合计 | | | 合计 | | |

会计主管：何建明　　　　复核：杨晓梅　　　　制表：梁晓芳

图 2-2-126　损益类账户发生额表

**内部转账单**

2016 年 11 月 30 日　　　　转字第 202 号

| 摘要 | 结转科目 | | | 转入科目 | | |
|---|---|---|---|---|---|---|
| | 总账科目 | 明细科目 | 金额（元） | 总账科目 | 明细科目 | 金额（元） |
| 结转收入类账户 | | | | | | |
| | | | | | | |
| | | | | | | |
| | | | | | | |
| | | | | | | |
| | | | | | | |
| | | | | | | |
| | | | | | | |
| | | | | | | |
| 合计 | | | | | | |

会计主管：何建明　　复核：杨晓梅　　制表：梁晓芳

图 2-2-127　内部转账单 1

**内部转账单**

2016 年 11 月 30 日　　　　转字第 203 号

| 摘要 | 结转科目 | | | 转入科目 | | |
|---|---|---|---|---|---|---|
| | 总账科目 | 明细科目 | 金额（元） | 总账科目 | 明细科目 | 金额（元） |
| 结转费用类账户 | | | | | | |
| | | | | | | |
| | | | | | | |
| | | | | | | |
| | | | | | | |
| | | | | | | |
| | | | | | | |
| | | | | | | |
| | | | | | | |
| | | | | | | |
| | | | | | | |
| | | | | | | |
| | | | | | | |
| 合计 | | | | | | |

会计主管：何建明　　复核：杨晓梅　　制表：梁晓芳

图 2-2-128　内部转账单 2

65）11 月 30 日，计算并结转本月应交所得税，企业所得税税率为 25%。涉及的凭证如图 2-2-129 和图 2-2-130 所示。

**税费计算表**

2016 年 11 月 30 日　　单位：元

| 税（费）种 | 计税基数 | 税（费）率 | 税（费）额 | 备注 |
| --- | --- | --- | --- | --- |
| 所得税 | | | | |
| | | | | |
| | | | | |
| 合计 | | | | |

会计主管：何建明　　复核：杨晓梅　　制表：梁晓芳

图 2-2-129　税费计算表

**内部转账单**

2016 年 11 月 30 日　　转字第 204 号

| 摘要 | 结转科目 | | | 转入科目 | | |
| --- | --- | --- | --- | --- | --- | --- |
| | 总账科目 | 明细科目 | 金额（元） | 总账科目 | 明细科目 | 金额（元） |
| 结转所得税费用 | | | | | | |
| | | | | | | |
| | | | | | | |
| 合计 | | | | | | |

会计主管：何建明　　复核：杨晓梅　　制表：梁晓芳

图 2-2-130　内部转账单 1

66）11 月 30 日，结转“本年利润”账户余额到“利润分配——未分配利润”账户。涉及的凭证如图 2-2-131 所示。

**内部转账单**

2016 年 11 月 30 日　　转字第 205 号

| 摘要 | 结转科目 | | | 转入科目 | | |
| --- | --- | --- | --- | --- | --- | --- |
| | 总账科目 | 明细科目 | 金额（元） | 总账科目 | 明细科目 | 金额（元） |
| 结转“本年利润”账户余额 | | | | | | |
| | | | | | | |
| | | | | | | |
| | | | | | | |
| 合计 | | | | | | |

会计主管：何建明　　复核：杨晓梅　　制表：梁晓芳

图 2-2-131　内部转账单 2

# 第三节　12 月份经济业务

1）12 月 1 日，购买运输用卡车一辆，预计使用 8 年，按平均年限法计提折旧，预计净残值率为 5%。涉及的凭证如图 2-3-1～图 2-3-8 所示。

**机动车销售统一发票**

广东省

发票联

开票日期：2016 年 12 月 01 日　　发票号码 401341601

| 机打代码<br>机打号码<br>机器编号 | （略） | | 税控码 | （略） | | | |
|---|---|---|---|---|---|---|---|
| 购买方名称及身份证号码/组织机构代码 | 广东倍家科技有限公司 | | | 纳税人识别号 | 440703256268024 | | |
| 车辆类型 | 重型卡车 | 厂牌型号 | 陕汽牌 SQ56982143 | | 产地 | 陕西西安 | |
| 合格证号 | SXSQ0012578543 | 进口证明书号 | | 商检单号 | | | |
| 发动机号码 | 6982658 | | | 车辆识别代号/车架号码 | LHCCD968572011656 | | |
| 价税合计 | ⊗贰拾叁万肆仟元整 | | | | 小写　¥234 000.00 | | |
| 销货单位名称 | 广东重汽销售有限公司 | | | 电话 | 0752-88694589 | | |
| 纳税人识别号 | 440702568878145 | | | 账号 | 71362674548 | | |
| 地址 | 惠州市仲恺大道 100 号汽车城 | | | 开户银行 | 交行仲恺支行 | | |
| 增值税税率或征收率 | 17% | 增值税税额 | ¥34 000.00 | 主管税务机关及代码 | 惠州市惠城区国家税务局<br>14413028206 | | |
| 不含税价 | ¥200 000.00 | 完税凭证号码 | | 吨位 | 10 | 限乘人数 | 4 |

第一联：发票联（购货单位付款凭证）

销货单位盖章　　开票人：郑利发　　备注：一车一票

图 2-3-1　机动车销售统一发票

**车辆购置税完税证明**

No.17440091165

| 纳税人 | 广东倍家科技有限公司 |
|---|---|
| 车辆购置税 | 人民币贰万元整（¥20 000.00） |
| 厂牌型号 | 陕汽牌 SQ56982143 |
| 发动机号 | 6982658 |
| 车架号（车辆识别号） | LHCCD968572011656 |
| 牌照号码 | 粤 J.BJKJ9 |
| 征收机关名称 | 惠州市国家税务局车辆购置税征收管理分局 |
| 经办人签章 | 陈伟村 |

图 2-3-2　车辆购置税完税证明

4417247548

广东增值税专用发票

No 364375482

开票日期：2016 年 12 月 01 日

| 购货单位 | 名 称：广东倍家科技有限公司<br>纳税人识别号：440703256268024<br>地 址、电 话：惠州市仲恺大道 248 号，88327589<br>开户行及账号：惠州市建行仲恺支行，71682674052 | 密码区 | （略） | | | | |
|---|---|---|---|---|---|---|---|
| 货物或应税劳务、服务名称 | 规格型号 | 单位 | 数量 | 单价 | 金额 | 税率 | 税额 |
| 交强险 | | 辆 | 1 | 960.00 | 960.00 | 6% | 57.60 |
| 代收车船使用税 | | 辆 | 1 | 175.00 | 175.00 | ××× | ××× |
| 合 计 | | | | | ¥1[illegible] | | ¥57.60 |
| 价税合计（大写） | ⊗壹仟壹佰玖拾贰元陆角整 | | | | （小写）¥1 192[illegible] | | |
| 销货单位 | 名 称：太平洋保险公司惠州分公司<br>纳税人识别号：440173652267984<br>地 址、电 话：惠州市云山东路 18 号，88389966<br>开户行及账号：建行云山支行，71682983275 | 备注 | | | | | |

收款人： 复核： 开票人：陈红英 销货单位：（章）

第三联：发票联 购买方记账凭证

图 2-3-3 交强险发票

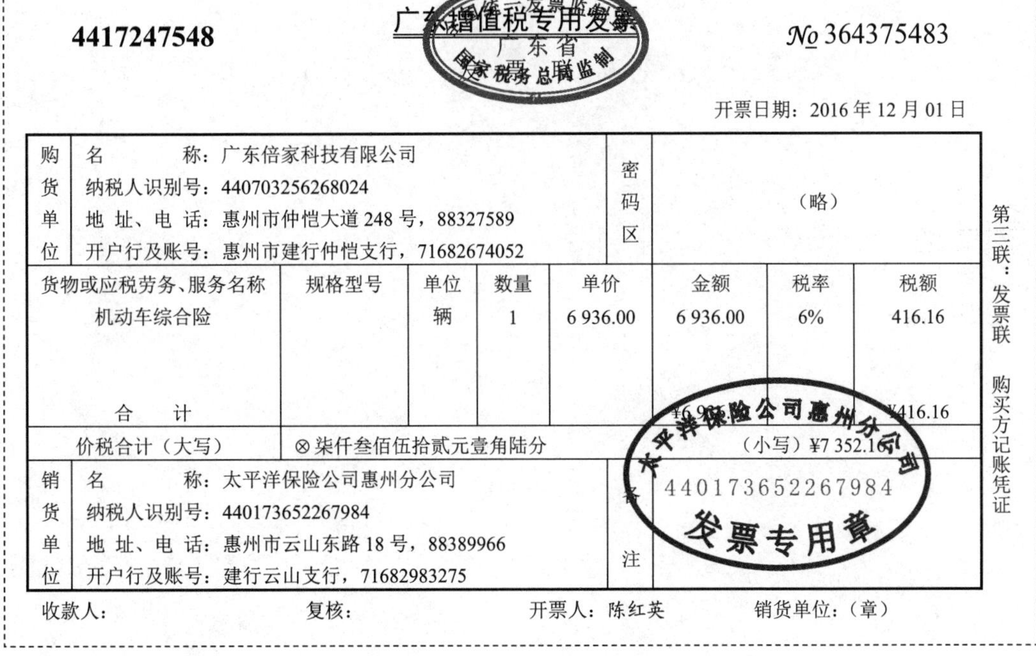

4417247548

广东增值税专用发票

No 364375483

开票日期：2016 年 12 月 01 日

| 购货单位 | 名 称：广东倍家科技有限公司<br>纳税人识别号：440703256268024<br>地 址、电 话：惠州市仲恺大道 248 号，88327589<br>开户行及账号：惠州市建行仲恺支行，71682674052 | 密码区 | （略） | | | | |
|---|---|---|---|---|---|---|---|
| 货物或应税劳务、服务名称 | 规格型号 | 单位 | 数量 | 单价 | 金额 | 税率 | 税额 |
| 机动车综合险 | | 辆 | 1 | 6 936.00 | 6 936.00 | 6% | 416.16 |
| 合 计 | | | | | ¥6 936.00 | | ¥416.16 |
| 价税合计（大写） | ⊗柒仟叁佰伍拾贰元壹角陆分 | | | | （小写）¥7 352.16 | | |
| 销货单位 | 名 称：太平洋保险公司惠州分公司<br>纳税人识别号：440173652267984<br>地 址、电 话：惠州市云山东路 18 号，88389966<br>开户行及账号：建行云山支行，71682983275 | 备注 | | | | | |

收款人： 复核： 开票人：陈红英 销货单位：（章）

第三联：发票联 购买方记账凭证

图 2-3-4 增值税专用发票

## 固定资产验收单

验收日期 2016 年 12 月 01 日　　　　编号：006001

| 固定资产管理部门 | 项目名称 | 运输卡车 | 电动机 | | | |
|---|---|---|---|---|---|---|
| | 型号 | | 总功率 | | | |
| | 规格 | | 出厂编号 | | 生产日期 | |
| | 制造厂 | 广东重汽销售有限公司 | 自重量 | | 始用日期 | 2016.12.01 |
| | 尺寸 | | 使用部门 | | 施工工号 | |
| | 随机附件 | | | | | |
| | 名称 | 型号规格 | 数量 | 名称 | 型号规格 | 数量 |
| | | | | | | |
| | | | | | | |
| | 说明书 | | 装箱单 | | 图纸 | |
| | 合格证 | | 精度单 | | 资料验收人 | |
| | 设备类别 | | 使用年限 | | | |
| | 精度等级 | | 分类划级 | | | |
| 财务部门 | 设备费用 | 220 000 元 | 安装及其他费 | | | |
| | 原值合计 | 220 000 元 | 资产来源 | 购买 | | |
| 验收意见 | 验收合格 | | 验收人：黎自立、李晓清 | | | |
| 部门签名 | 使用部门 | 黎自立 | 固定资产管理部门 | 李晓清 | 财务部门 | 何建明 |

图 2-3-5　固定资产验收单

**中国建设银行支票存根（粤）**

GS 01034121

附加信息

出票日期　年　月　日

收款人：

金　额：

用　途：

单位主管　　会计

付款期限自出票之日起十天

**中国建设银行支票（粤）**　　GS 01034121

出票日期（大写）　年　月　日　付款行名称：

收款人：　出票人账号：

| 人民币（大写） | 千 | 百 | 十 | 万 | 千 | 百 | 十 | 元 | 角 | 分 |
|---|---|---|---|---|---|---|---|---|---|---|
| | | | | | | | | | | |

用途＿＿＿＿　密码＿＿＿＿

上列款项请从我账户内支付　行号＿＿＿＿

出票人签章　广东倍家科技有限公司财务专用章　陈利胜

复核　记账

（a）支票正面

图 2-3-6　支票 1

| 附加信息： | 被背书人： | 被背书人： | （粘贴单处） |
| --- | --- | --- | --- |
| | 背书人签章<br>年 月 日 | 背书人签章<br>年 月 日 | 根据《中华人民共和国票据法》等法律法规的规定，签发空头支票由中国人民银行处以票面金额5%但不低于1 000元的罚款。 |

（b）支票背面

图2-3-6 支票1（续）

中国建设银行支票存根（粤）

GS 01034122

附加信息

出票日期 年 月 日

| 收款人： |
| --- |
| 金 额： |
| 用 途： |

单位主管 会计

付款期限自出票之日起十天

中国建设银行**支票**（粤） **GS 01034122**

出票日期（大写） 年 月 日 付款行名称：

收款人： 出票人账号：

| 人民币（大写） | 千 | 百 | 十 | 万 | 千 | 百 | 十 | 元 | 角 | 分 |
| --- | --- | --- | --- | --- | --- | --- | --- | --- | --- | --- |
| | | | | | | | | | | |

用途 密码

上列款项请从 行号

我账户内支付

出票人签章 广东倍家科技有限公司财务专用章 陈利胜

复核 记账

（a）支票正面

| 附加信息： | 被背书人： | 被背书人： | （粘贴单处） |
| --- | --- | --- | --- |
| | 背书人签章<br>年 月 日 | 背书人签章<br>年 月 日 | 根据《中华人民共和国票据法》等法律法规的规定，签发空头支票由中国人民银行处以票面金额5%但不低于1 000元的罚款。 |

（b）支票背面

图2-3-7 支票2

| 中国建设银行支票存根（粤）<br>GS 01034123<br>附加信息<br><br>出票日期 年 月 日<br>收款人：<br>金 额：<br>用 途：<br>单位主管 会计 | 付款期限自出票之日起十天 | 中国建设银行**支票**（粤） GS 01034123<br>出票日期（大写） 年 月 日 付款行名称：<br>收款人： 出票人账号：<br>人民币（大写） 千 百 十 万 千 百 十 元 角 分<br>用途 密码<br>上列款项请从我账户内支付 行号<br>出票人签章 广东倍家科技有限公司财务专用章 陈利胜<br>复核 记账 |
|---|---|---|

（a）支票正面

| 附加信息： | 被背书人： | 被背书人： | （粘贴单处） | 根据《中华人民共和国票据法》等法律法规的规定，签发空头支票由中国人民银行处以票面金额5%但不低于1 000元的罚款。 |
|---|---|---|---|---|
| | 背书人签章<br>年 月 日 | 背书人签章<br>年 月 日 | | |

（b）支票背面

图 2-3-8 支票 3

2）12 月 2 日，向广东惠欣电器有限公司销售电热壶 3 000 台，单价 65 元，考虑到采购量比较大，给予 9.5 折优惠，开出增值税专用发票，货款已收。涉及的凭证如图 2-3-9～图 2-3-13 所示。

4601041141　　广东增值税专用发票　　№ 031131201

（印章：全国统一发票监制章 广东省 国家税务总局监制）

发票联

开票日期：　　年　　月　　日

| 购货单位 | 名　　称：<br>纳税人识别号：<br>地 址、电 话：<br>开户行及账号： | | | | 密码区 | （略） | |
|---|---|---|---|---|---|---|---|
| 货物或应税劳务、服务名称 | 规格型号 | 单位 | 数量 | 单价 | 金额 | 税率 | 税额 |
| 合　　计 | | | | | | | |
| 价税合计（大写） | ⊗ | | | | （小写） | | |
| 销货单位 | 名　　称：<br>纳税人识别号：<br>地 址、电 话：<br>开户行及账号： | | | | 备注 | （印章：广东倍家科技有限公司 440703256268024 发票专用章） | |

收款人：谢惠新　　复核：杨晓梅　　开票人：王耀林　　销货单位：（章）

第三联：发票联　购买方记账凭证

图 2-3-9　增值税专用发票发票联

4601041141　　广东增值税专用发票　　№ 031131201

（印章：全国统一发票监制章 广东省 国家税务总局监制）

此联不作报销、扣税凭证使用

开票日期：　　年　　月　　日

| 购货单位 | 名　　称：<br>纳税人识别号：<br>地 址、电 话：<br>开户行及账号： | | | | 密码区 | （略） | |
|---|---|---|---|---|---|---|---|
| 货物或应税劳务、服务名称 | 规格型号 | 单位 | 数量 | 单价 | 金额 | 税率 | 税额 |
| 合　　计 | | | | | | | |
| 价税合计（大写） | ⊗ | | | | （小写） | | |
| 销货单位 | 名　　称：<br>纳税人识别号：<br>地 址、电 话：<br>开户行及账号： | | | | 备注 | | |

收款人：谢惠新　　复核：杨晓梅　　开票人：王耀林　　销货单位：（章）

第一联：记账联　销售方记账凭证

图 2-3-10　增值税专用发票记账联

**产品出库单**

2016 年 12 月 02 日　　　　　　第 01201 号

| 产品名称 | 规格 | 型号 | 单位 | 数量 | 单位成本 | 金额（元） |
|---|---|---|---|---|---|---|
| 电热壶 | | | 台 | 3 000 | | |
| | | | | | | |

仓库主管：陈德明　　复核：杨晓梅　　发货：朱永材　　制单：梁晓芳

图 2-3-11　产品出库单

**中国建设银行支票**（粤）　　　　GS 32461201

付款期限自出票之日起十天

出票日期（大写）贰零壹陆年壹拾贰月零贰日　　付款行名称：惠州建行金山支行

收款人：广东倍家科技有限公司　　出票人账号：71606969058

| 人民币（大写） | 千 | 百 | 十 | 万 | 千 | 百 | 十 | 元 | 角 | 分 |
|---|---|---|---|---|---|---|---|---|---|---|
| 贰拾壹万陆仟柒佰肆拾贰元伍角整 | | ¥ | 2 | 1 | 6 | 7 | 4 | 2 | 5 | 0 |

用途 支付货款　　　　密码

上列款项请从　　　　行号

我账户内支付

出票人签章　　广东惠欣电器有限公司财务专用章　　陈金明　　复核　　记账

（a）转账支票正面

| 附加信息： | 被背书人： | 被背书人： |
|---|---|---|
| | 背书人签章<br>年　月　日 | 背书人签章<br>年　月　日 |

（b）转账支票背面

图 2-3-12　转账支票

**中国建设银行进账单** （回 单） 1

年 月 日

| 出票人 | 全称 | | 收款人 | 全称 | |
|---|---|---|---|---|---|
| | 账号 | | | 账号 | |
| | 开户银行 | | | 开户银行 | |

| 金额 | 人民币（大写） | 亿 | 千 | 百 | 十 | 万 | 千 | 百 | 十 | 元 | 角 | 分 |
|---|---|---|---|---|---|---|---|---|---|---|---|---|
| | | | | | | | | | | | | |

| 票据种类 | | 票据张数 | |
|---|---|---|---|
| 票据号码 | | | |

复核 记账

开户银行盖章

此联是开户银行交给持（出）票人的回单

图 2-3-13 银行进账单

3）12 月 4 日，向惠州新文电器有限公司购买除湿器 6 台，交生产车间使用，采用五五摊销法摊销其成本。涉及的凭证如图 2-3-14～图 2-3-18 所示。

4407841746 **广东增值税专用发票** №265371247

开票日期：2016 年 12 月 04 日

| 购货单位 | 名 称：广东倍家科技有限公司<br>纳税人识别号：440703256268024<br>地 址、电 话：惠州市仲恺大道 248 号，88327589<br>开户行及账号：惠州市建行仲恺支行，71682674052 | 密码区 | （略） |
|---|---|---|---|

| 货物或应税劳务、服务名称 | 规格型号 | 单位 | 数量 | 单价 | 金额 | 税率 | 税额 |
|---|---|---|---|---|---|---|---|
| 除湿器 | | 台 | 6 | 480.00 | 2 880.00 | 17% | 489.60 |
| 合 计 | | | | | ¥2 880.00 | | ¥489.60 |
| 价税合计（大写） | ⊗叁仟叁佰陆拾玖元陆角整 | | | | | | |

| 销货单位 | 名 称：惠州新文电器有限公司<br>纳税人识别号：440173307267134<br>地 址、电 话：惠州市云山东路 135 号，88383127<br>开户行及账号：农行云山支行，71682674865 | 备注 | |
|---|---|---|---|

收款人： 复核： 开票人：李晓林 销货单位：（章）

第三联：发票联 购买方记账凭证



图 2-3-14 增值税专用发票

中国建设银行支票存根（粤）

GS 01034124

附加信息

出票日期　　年　月　日

| 收款人： |
|---|
| 金　额： |
| 用　途： |

单位主管　　会计

付款期限自出票之日起十天

中国建设银行支票（粤）　　GS 01034124

出票日期（大写）　　年　月　日　付款行名称：

收款人：　　出票人账号：

| 人民币（大 写） | 千 | 百 | 十 | 万 | 千 | 百 | 十 | 元 | 角 | 分 |
|---|---|---|---|---|---|---|---|---|---|---|
| | | | | | | | | | | |

用途　　密码

上列款项请从　　行号

我账户内支付

出票人签章　广东倍家科技有限公司财务专用章　陈利胜

复核　　记账

（a）支票正面

| 附加信息： | 被背书人： | 被背书人： | （粘贴单处） |
|---|---|---|---|
| | 背书人签章<br>年　月　日 | 背书人签章<br>年　月　日 | 根据《中华人民共和国票据法》等法律法规的规定，签发空头支票由中国人民银行处以票面金额5%但不低于1 000元的罚款。 |

（b）支票背面

图 2-3-15　支票

**低值易耗品入库单**

2016 年 12 月 04 日　　NO：12101

| 名称及规格 | 单位 | 入库数量 | 单价 | 金额（元） |
|---|---|---|---|---|
| 除湿器 | 台 | 6 | 480.00 | 2 880.00 |

仓库主管：陈德明　　验收：李怡华　　收料：朱永材

图 2-3-16　低值易耗品入库单

低值易耗品出库单

用途：生产车间用　　2016 年 12 月 04 日　　NO：10301

| 名称及规格 | 单位 | 请领数量 | 实发数量 | 单价 | 金额（元） |
|---|---|---|---|---|---|
| 除湿器 | 台 | 6 | 6 | 480.00 | 2 880.00 |

仓库主管：陈德明　　复核：杨晓梅　　发货：朱永材　　制单：梁晓芳

图 2-3-17　低值易耗品出库单

低值易耗品摊销计算表

用途：生产车间用　　2016 年 12 月 04 日　　单位：元

| 名称及规格 | 单位 | 数量 | 待摊金额 | 本期摊销比例 | 摊销金额 |
|---|---|---|---|---|---|
| 除湿器 | 台 | 6 | 2 880.00 | 50% | 1 440.00 |

会计主管：何建明　　会计：杨晓梅　　制表：谢惠新

图 2-3-18　低值易耗品摊销计算表

4）12 月 5 日，向广东金程电器有限公司销售电饭锅 810 台，单价 165 元，开出增值税专用发票，货款未收。涉及的凭证如图 2-3-19～图 2-3-21 所示。

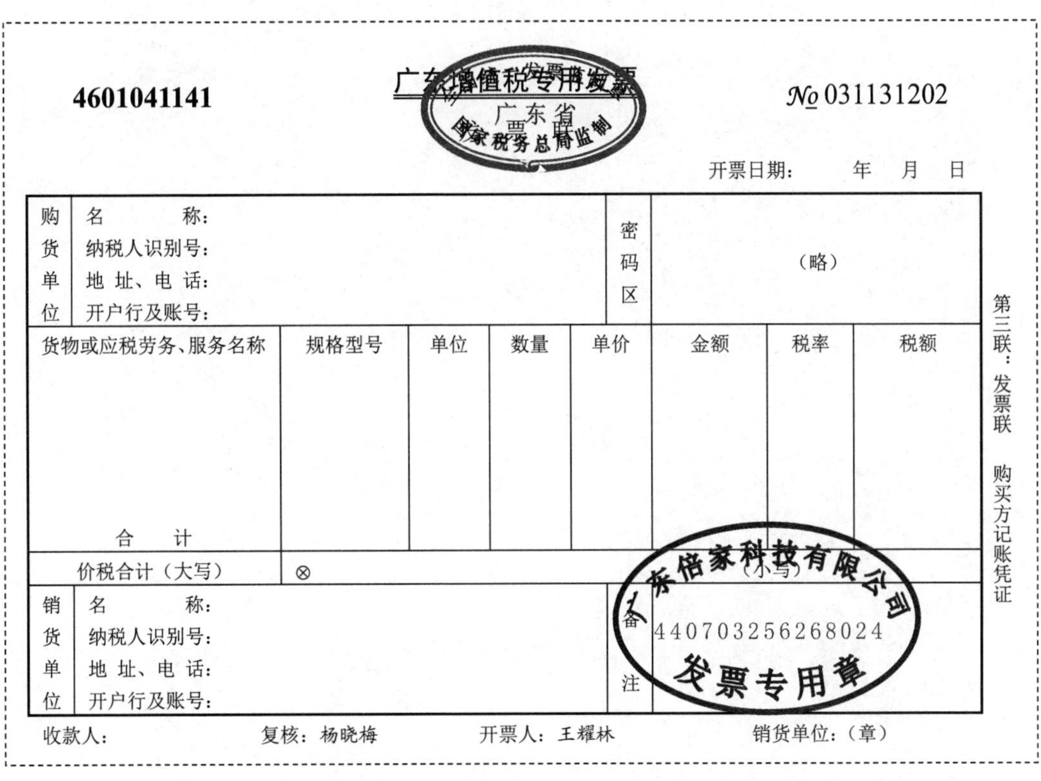

广东增值税专用发票

4601041141　　№ 031131202

发票联

开票日期：　年　月　日

| 购货单位 | 名称：<br>纳税人识别号：<br>地址、电话：<br>开户行及账号： | | | | 密码区 | （略） | |
|---|---|---|---|---|---|---|---|
| 货物或应税劳务、服务名称 | 规格型号 | 单位 | 数量 | 单价 | 金额 | 税率 | 税额 |
| 合　计 | | | | | | | |
| 价税合计（大写） | ⊗ | | | | （小写） | | |
| 销货单位 | 名称：<br>纳税人识别号：<br>地址、电话：<br>开户行及账号： | | | | 备注 | | |

收款人：　　复核：杨晓梅　　开票人：王耀林　　销货单位：（章）

第三联：发票联　购买方记账凭证



图 2-3-19　增值税专用发票发票联

4601041141 **广东增值税专用发票** №031131202

广东省

此联不作报销、扣税凭证使用

开票日期： 年 月 日

| 购货单位 | 名 称：<br>纳税人识别号：<br>地 址、电 话：<br>开户行及账号： | | | | 密码区 | （略） | | |
|---|---|---|---|---|---|---|---|---|
| 货物或应税劳务、服务名称 | 规格型号 | 单位 | 数量 | 单价 | | 金额 | 税率 | 税额 |
| 合 计 | | | | | | | | |
| 价税合计（大写） | ⊗ | | | | | （小写） | | |
| 销货单位 | 名 称：<br>纳税人识别号：<br>地 址、电 话：<br>开户行及账号： | | | | 备注 | | | |

收款人： 复核：杨晓梅 开票人：王耀林 销货单位：（章）

第一联：记账联 销售方记账凭证

图 2-3-20 增值税专用发票记账联

**产品出库单**

2016 年 12 月 05 日 第 01202 号

| 产品名称 | 规格 | 型号 | 单位 | 数量 | 单位成本 | 金额（元） |
|---|---|---|---|---|---|---|
| 电饭锅 | | | 台 | 810 | | |
| | | | | | | |

仓库主管：陈德明 复核：杨晓梅 发货：朱永材 制单：梁晓芳

图 2-3-21 产品出库单

5）12 月 6 日，领用材料，投入 4 000 台电热壶、1 000 台电饭锅生产。涉及的凭证如图 2-3-22 和图 2-3-23 所示。

**领 料 单**

用途：生产电热壶 2016 年 12 月 06 日 领字第 01201 号

| 材料名称 | 规格型号 | 单位 | 请领数量 | 实发数量 | 金额（元） |
|---|---|---|---|---|---|
| HDP 钢板 | | 千克 | 800 | 800 | |
| SEP 塑料 | | 千克 | 800 | 800 | |
| DRH 电路板 | | 块 | 4 000 | 4 000 | |

仓库主管：陈德明 复核：杨晓梅 发货：朱永材 制单：梁晓芳

图 2-3-22 领料单 1

领 料 单

用途：生产电饭锅　　2016 年 12 月 06 日　　领字第 01202 号

| 材料名称 | 规格型号 | 单位 | 请领数量 | 实发数量 | 金额（元） |
|---|---|---|---|---|---|
| HDP 钢板 | | 千克 | 600 | 600 | |
| SEP 塑料 | | 千克 | 600 | 600 | |
| DFG 电路板 | | 块 | 1 000 | 1 000 | |

仓库主管：陈德明　　复核：杨晓梅　　发货：朱永材　　制单：梁晓芳

图 2-3-23　领料单 2

6）12 月 7 日，电热壶 3 000 台、电饭锅 1 000 台完工，验收合格入库。涉及的凭证如图 2-3-24 所示。

产成品入库单

2016 年 12 月 07 日　　收字第 1201 号

| 产品名称 | 规格型号 | 单位 | 应收数量 | 实收数量 | 金额（元） |
|---|---|---|---|---|---|
| 电热壶 | | 台 | 3 000 | 3 000 | |
| 电饭锅 | | 台 | 1 000 | 1 000 | |

仓库主管：陈德明　　复核：朱永材　　验收：李怡华　　制单：梁晓芳

图 2-3-24　产成品入库单

7）12 月 8 日，本月 5 日销售给广东金程电器有限公司的电饭锅，其中有 10 台验收不合格，金程公司要求退货。经核查，公司同意退货，并办妥了相关手续，电饭锅已退回入库。涉及的凭证如图 2-3-25～图 2-3-29 所示。

销售退回审批单

2016 年 12 月 08 日　　单位：元

| 购买单位 | 广东金程电器有限公司 | | 销售退回原因 | 其中 10 台不符合质量要求 | |
|---|---|---|---|---|---|
| 商品名称 | 销售时间 | 销售数量 | 价税金额 | 退回价款 | 增值税额 |
| 电饭锅 | 2016.12.05 | 810 台 | 156 370.50 | 1 650.00 | 280.50 |
| | | | | | |
| | | | | | |
| 合计 | — | — | ¥156 370.50 | ¥1 650.00 | ¥280.50 |

会计主管：何建明　　销售主管：王裕峰　　制表：梁晓芳

图 2-3-25　销售退回审批单

## 开具红字增值税专用发票信息表

填开日期：2016 年 12 月 08 日

| 销售方 | 名称 | 广东倍家科技有限公司 | 购买方 | 名称 | 广东金程电器有限公司 | |
|---|---|---|---|---|---|---|
| | 纳税人识别号 | 440703256268024 | | 纳税人识别号 | 440718925468024 | |
| 开具红字专用发票内容 | 货物（劳务服务）名称 | 数量 | 单价 | 金额 | 税率 | 税额 |
| | 电饭锅 | 10 | 165.00 | 1 650.00 | 17% | 280.50 |
| | | | | | | |
| | | | | | | |
| | | | | | | |
| | | | | | | |
| | | | | | | |
| | | | | | | |
| | | | | | | |
| | 合计 | — | — | 1 650.00 | — | 280.50 |
| 说明 | 一、购买方☐<br>对应蓝字专用发票抵扣增值税销项税额情况：<br>1. 已抵扣☐<br>2. 未抵扣☐<br>对应蓝字专用发票的代码：＿＿＿＿ 号码：＿＿＿＿<br>二、销售方☑<br>对应蓝字专用发票的代码：4601041141 号码：031131202 | | | | | |
| 红字专用发票信息表编号 | | | | | | |

图 2-3-26 开具红字增值税专用发票信息表

**4601041141** 广东增值税专用发票 №031131203

（全国统一发票监制章 广东省 国家税务总局监制）

开票日期： 年 月 日

| 购货单位 | 名称：<br>纳税人识别号：<br>地址、电话：<br>开户行及账号： | | | | | 密码区 | （略） | | |
|---|---|---|---|---|---|---|---|---|---|
| 货物或应税劳务、服务名称 | 规格型号 | 单位 | 数量 | 单价 | | 金额 | 税率 | 税额 | |
| 合计 | | | | | | | | | |
| 价税合计（大写） | ⊗ | | | | | （小写） | | | |
| 销货单位 | 名称：<br>纳税人识别号：<br>地址、电话：<br>开户行及账号： | | | | | 备注 | 广东倍家科技有限公司 440703256268024 发票专用章 | | |

第三联：发票联 购买方记账凭证

收款人：谢惠新 复核：杨晓梅 开票人：王耀林 销货单位：（章）

图 2-3-27 增值税专用发票发票联

4601041141　　**广东增值税专用发票**　　№ 031131203

此联不作报销、扣税凭证使用

开票日期：　　年　月　日

| 购货单位 | 名　　称：<br>纳税人识别号：<br>地 址、电 话：<br>开户行及账号： | | | | 密码区 | （略） | |
|---|---|---|---|---|---|---|---|
| 货物或应税劳务、服务名称 | 规格型号 | 单位 | 数量 | 单价 | 金额 | 税率 | 税额 |
| 合　计 | | | | | | | |
| 价税合计（大写） | ⊗ | | | | （小写） | | |
| 销货单位 | 名　　称：<br>纳税人识别号：<br>地 址、电 话：<br>开户行及账号： | | | | 备注 | | |

收款人：谢惠新　　复核：杨晓梅　　开票人：王耀林　　销货单位：（章）

第一联：记账联 销售方记账凭证

图 2-3-28　增值税专用发票记账联

**退回产品入库单**

2016 年 12 月 08 日　　第 01041 号

| 产品名称 | 规格 | 型号 | 单位 | 数量 | 单位成本 | 金额（元） |
|---|---|---|---|---|---|---|
| 电饭锅 | | | 台 | 10 | | |
| | | | | | | |

仓库主管：陈德明　　复核：朱永村　　验收：李怡华　　制单：梁晓芳

图 2-3-29　退回产品入库单

8）12 月 8 日，收到广东金程电器有限公司本月 5 日合格电饭锅的销售款。涉及的凭证如图 2-3-30 和图 2-3-31 所示。

**中国农业银行支票**（粤）　　GS 13353236

出票日期（大写）贰零壹陆年壹拾贰月零捌日　　付款行名称：惠州农行惠南支行

收款人：广东倍家科技有限公司　　出票人账号：71235469056

| 人民币（大写） | 千 | 百 | 十 | 万 | 千 | 百 | 十 | 元 | 角 | 分 |
|---|---|---|---|---|---|---|---|---|---|---|
| 壹拾伍万肆仟肆佰肆拾元整 | | ¥ | 1 | 5 | 4 | 4 | 4 | 0 | 0 | 0 |

用途 支付货款

上列款项请从我账户内支付

出票人签章　　广东金程电器有限公司财务专用章　　程建源

密码 ________

行号 ________

复核　　记账

付款期限自出票之日起十天

（a）转账支票正面

图 2-3-30　转账支票

| 附加信息： | 被背书人： | 被背书人： |
|---|---|---|
| | 背书人签章<br>年　月　日 | 背书人签章<br>年　月　日 |

（b）转账支票背面

图 2-3-30　转账支票（续）

**中国建设银行进账单**　（回　单）　1

年　月　日

| 出票人 | 全称 | | | | | 收款人 | 全称 | | | | | | | |
|---|---|---|---|---|---|---|---|---|---|---|---|---|---|---|
| | 账号 | | | | | | 账号 | | | | | | | |
| | 开户银行 | | | | | | 开户银行 | | | | | | | |
| 金额 | 人民币（大写） | | | | | 亿 | 千 | 百 | 十 | 万 | 千 | 百 | 十 | 元 | 角 | 分 |
| 票据种类 | | 票据张数 | | | | | | | | | | | | |
| 票据号码 | | | | | | | | | | | | | | |
| 复核　　记账 | | | | | | 开户银行盖章 | | | | | | | | |

此联是开户银行交给持（出）票人的回单

图 2-3-31　银行进账单

9）12 月 8 日，购买办公用品，交生产车间使用，以现金给付。涉及的凭证如图 2-3-32 和图 2-2-33 所示。

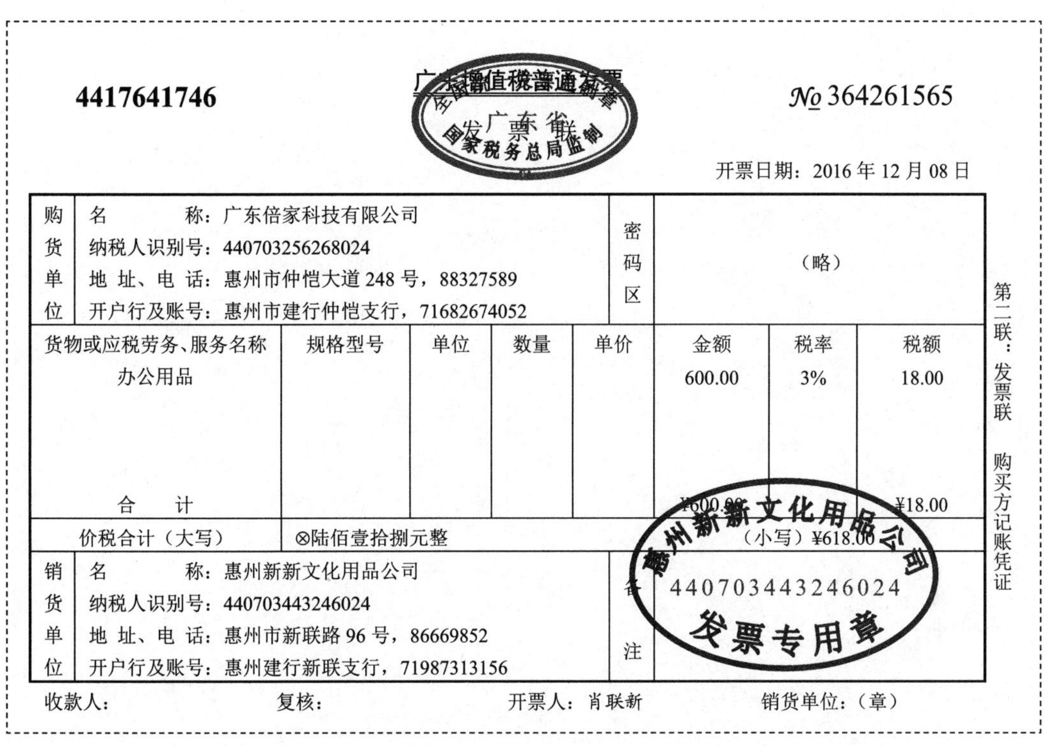

4417641746　　　　广东增值税普通发票　　　　№ 364261565

发票联

开票日期：2016 年 12 月 08 日

| 购货单位 | 名　　称：广东倍家科技有限公司<br>纳税人识别号：440703256268024<br>地 址、电 话：惠州市仲恺大道 248 号，88327589<br>开户行及账号：惠州市建行仲恺支行，71682674052 | | | | 密码区 | （略） | |
|---|---|---|---|---|---|---|---|
| 货物或应税劳务、服务名称 | 规格型号 | 单位 | 数量 | 单价 | 金额 | 税率 | 税额 |
| 办公用品 | | | | | 600.00 | 3% | 18.00 |
| 合　计 | | | | | ¥600.00 | | ¥18.00 |
| 价税合计（大写） | ⊗陆佰壹拾捌元整 | | | | （小写）¥618.00 | | |
| 销货单位 | 名　　称：惠州新新文化用品公司<br>纳税人识别号：440703443246024<br>地 址、电 话：惠州市新联路 96 号，86669852<br>开户行及账号：惠州建行新联支行，71987313156 | | | | 备注 | | |

收款人：　　　复核：　　　开票人：肖联新　　　销货单位：（章）

第二联：发票联　购买方记账凭证



图 2-3-32　增值税普通发票

**费用报销单**

2016 年 12 月 08 日

| 报销部门 | 生产车间 | 报销人 | 陈惠 |
|---|---|---|---|
| 费用项目 | 单据张数 | 金额（元） | 备注 |
| 办公用品 | 1 | 618.00 | |
| | | | 现金付讫 |
| | | | |
| 合计 | | ¥618.00 | |
| 金额（大写） | 人民币陆佰壹拾捌元整 | | |
| 单位领导审批：同意　陈利胜 | | 部门主管审批：同意　聂源珍 | |

会计主管：何建明　　　复核：杨晓梅　　　出纳：谢惠新

图 2-3-33　费用报销单

10）12 月 9 日，向广东省惠州市慈善总会捐款 20 000 元。涉及的凭证如图 2-3-34 和图 2-3-35 所示。

**广东省接受社会捐赠专用收据**

2016年12月09日

| 捐赠者 | 广东倍家科技有限公司 | | | 货币种类 | 人民币 |
|---|---|---|---|---|---|
| 捐赠项目 | 货币捐款 | | | | |
| 项目（现款或实物） | 单位 | 规格 | 数量 | 单价 | 金额 |
| 现款 | | | | | 20 000.00 |
| | | | | | |
| | | | | | |
| | | | | | |
| 合计（大写） | 零佰零拾贰万零仟零佰零拾零元零角零分（¥20 000.00） | | | | |

第二联：收据

收款人：陈燕纯　　开票人：张丽丽　　收费单位（盖章）：

图 2-3-34　广东省接受社会捐赠专用收据

中国建设银行支票存根（粤）

GS 01034125

附加信息

出票日期　年　月　日

| 收款人： |
|---|
| 金　额： |
| 用　途： |

单位主管　会计

付款期限自出票之日起十天

**中国建设银行支票**（粤）　**GS 01034125**

出票日期（大写）　年　月　日　付款行名称：

收款人：　出票人账号：

| 人民币（大写） | 千 | 百 | 十 | 万 | 千 | 百 | 十 | 元 | 角 | 分 |
|---|---|---|---|---|---|---|---|---|---|---|
| | | | | | | | | | | |

用途　密码

上列款项请从　行号

我账户内支付

出票人签章　广东倍家科技有限公司财务专用章　陈利胜

复核　记账

（a）支票正面

| 附加信息： | 被背书人： | 被背书人： | （粘贴单处） 根据《中华人民共和国票据法》等法律法规的规定，签发空头支票由中国人民银行处以票面金额5%但不低于1 000元的罚款。 |
|---|---|---|---|
| | 背书人签章 年 月 日 | 背书人签章 年 月 日 | |

（b）支票背面

图 2-3-35　支票

11）12 月 9 日，根据合同向广东海天电器有限公司销售电热壶 2 000 台，单价 65 元，电饭锅 1 000 台，单价 160 元，开出增值税专用发票。合同约定，按不含税价款提供现金折扣，现金折扣条件为（2/10，1/20，n/30）。涉及的凭证如图 2-3-36～图 2-3-38 所示。

4601041141　　广东增值税专用发票　　№ 031131204

（印章：全国统一发票监制章 广东省 国家税务总局监制）

开票日期：　　年　月　日

| 购货单位 | 名称：<br>纳税人识别号：<br>地址、电话：<br>开户行及账号： | | | | 密码区 | （略） | | |
|---|---|---|---|---|---|---|---|---|
| 货物或应税劳务、服务名称 | 规格型号 | 单位 | 数量 | 单价 | 金额 | 税率 | 税额 | |
| 合计 | | | | | | | | |
| 价税合计（大写） | ⊗ | | | | （小写） | | | |
| 销货单位 | 名称：<br>纳税人识别号：<br>地址、电话：<br>开户行及账号： | | | | 备注 | | | |

收款人：　　复核：杨晓梅　　开票人：王耀林　　销货单位：（章）

第三联：发票联　购买方记账凭证

（印章：广东倍家科技有限公司 440703256268024 发票专用章）

图 2-3-36　增值税专用发票发票联

4601041141　　广东增值税专用发票　　№ 031131204

此联不作报销、扣税凭证使用

（印章：全国统一发票监制章 广东省 国家税务总局监制）

开票日期：　　年　月　日

| 购货单位 | 名称：<br>纳税人识别号：<br>地址、电话：<br>开户行及账号： | | | | 密码区 | （略） | | |
|---|---|---|---|---|---|---|---|---|
| 货物或应税劳务、服务名称 | 规格型号 | 单位 | 数量 | 单价 | 金额 | 税率 | 税额 | |
| 合计 | | | | | | | | |
| 价税合计（大写） | ⊗ | | | | （小写） | | | |
| 销货单位 | 名称：<br>纳税人识别号：<br>地址、电话：<br>开户行及账号： | | | | 备注 | | | |

收款人：　　复核：杨晓梅　　开票人：王耀林　　销货单位：（章）

第一联：记账联　销售方记账凭证

图 2-3-37　增值税专用发票记账联

**产品出库单**

2016 年 12 月 09 日　　第 01203 号

| 产品名称 | 规格 | 型号 | 单位 | 数量 | 单位成本 | 金额（元） |
|---|---|---|---|---|---|---|
| 电热壶 | | | 台 | 2 000 | | |
| 电饭锅 | | | 台 | 1 000 | | |

仓库主管：陈德明　　复核：杨晓梅　　发货：朱永材　　制单：梁晓芳

图 2-3-38　产品出库单

12）12 月 10 日，向广东福林科技有限公司采购 DFG 电路板一批，收到增值税专用发票，DFG 电路板验收合格入库，款项已付。涉及的凭证如图 2-3-39～图 2-3-41 所示。

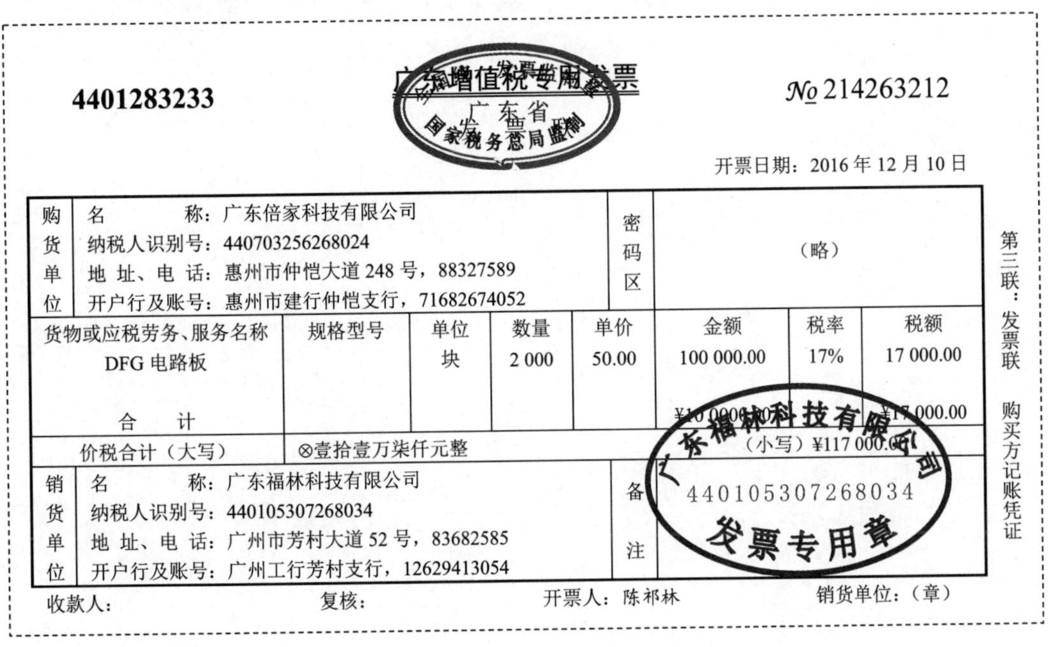

4401283233　　广东增值税专用发票　　№ 214263212

（印章：广东省 国家税务总局监制）

开票日期：2016 年 12 月 10 日

| 购货单位 | 名称：广东倍家科技有限公司<br>纳税人识别号：440703256268024<br>地址、电话：惠州市仲恺大道 248 号，88327589<br>开户行及账号：惠州市建行仲恺支行，71682674052 | | | | 密码区 | （略） | |
|---|---|---|---|---|---|---|---|
| 货物或应税劳务、服务名称 | 规格型号 | 单位 | 数量 | 单价 | 金额 | 税率 | 税额 |
| DFG 电路板 | | 块 | 2 000 | 50.00 | 100 000.00 | 17% | 17 000.00 |
| 合　计 | | | | | ¥100 000.00 | | ¥17 000.00 |
| 价税合计（大写） | ⊗壹拾壹万柒仟元整 | | | | （小写）¥117 000.00 | | |
| 销货单位 | 名称：广东福林科技有限公司<br>纳税人识别号：440105307268034<br>地址、电话：广州市芳村大道 52 号，83682585<br>开户行及账号：广州工行芳村支行，12629413054 | | | | 备注 | | |

第三联：发票联　购买方记账凭证

收款人：　　复核：　　开票人：陈祁林　　销货单位：（章）

（印章：广东福林科技有限公司 440105307268034 发票专用章）

图 2-3-39　增值税专用发票

**电 汇 凭 证（回单）　1　No 016543501**

第 021401 号　　委托日期　　年　　月　　日

| 汇款人 | 全称 | | | 收款人 | 全称 | 中国建设银行股份有限公司 |
|---|---|---|---|---|---|---|
| | 账号或住址 | | | | 账号或住址 | 惠州仲恺支行 |
| | 汇出地点 | 汇出行名称 | | | 汇入地点 | 汇入行名称 |
| 金额 | 人民币（大写） | | | | 千 百 十 万 千 百 十 元 角 分 | |
| 汇款用途： | | | | | | |
| 上列款项已根据委托办理，如需查询，请持此回单来行面谈。 | | | | | | （汇出行盖章） |

（印章：2016.12.10 办讫章 (2)）

此联为汇款人汇款回单

图 2-3-40　电汇凭证回单

**收 料 单**

2016 年 12 月 10 日　　　　收字第 1201 号

| 材料名称 | 规格型号 | 单位 | 应收数量 | 实收数量 | 金额（元） |
|---|---|---|---|---|---|
| DFG 电路板 | | 块 | 2 000 | 2 000 | 100 000.00 |
| | | | | | |

仓库主管：陈德明　　　　验收：李怡华　　　　收料：朱永材

图 2-3-41　收料单

13）12 月 10 日，收到银行转来收汇通知，收妥凯特公司的销售货款，当日美元汇率中间价为 1∶6.53。涉及的凭证如图 2-3-42～图 2-3-44 所示。

**国际结算贷记通知**
**INTERNATION SETTLEMENT CREDIT ADVICE**

客户号：0010220340055　　　　日期（Transaction Date）2016/12/10

收款人名称（Beneficiary）：广东倍家科技有限公司

收款人账号（Beneficiary A/C NO.）：71682678196

汇款人名称（Remitter's Name）：Kate Electronics Co. Ltd., U.S.A

汇款行名称（Remitter's Bank）：CITI BANK N.A.,NEW YORK

币种（CCY）：USD　　小写金额：36 600.00

大写金额：美元叁万陆仟陆佰元整

业务种类（Business Type）：国际汇入汇款 TI　　业务编号（Business Ref. No.）：T1151101200036532

汇款编号（Remittance Ret. No.）：151102MP007198

货币/金额（CCY/AMT）：USD/36 600.00　　起息日（Value Date）：2016/12/10

实际买入价（Trans Buying Rate）：0.00　　实际卖出价（Trans Selling Rate）：0.00

基准买入价（Base Buying Rate）：652.00　　基准卖出价（Base Selling Rate）：654.00

申报号码（SAFE Declaration No.）：440513000101151103N028

内扣货币/费用金额（Included Fee CCY/AMT）：0.00

汇款信息（Remittance Information）：INVOICE NO. 1210/16

费用明细（Details of Charges）：SHA

发报行费用（Sender's Charges）：0.00

收报行费用 Receiver's Charges：0.00

备注：根据国家外汇管理局规定，请于五个工作日内到我行办理根据收支涉外收入申报手续，此凭证可代兑换水单。

（Note：Please come to BOC branch/outlet to complete the international payments declaration procedure within live working days according to the regulation of SAFE .This document could be used as Exchange Memo.）

中国建设银行股份有限公司 惠州仲恺支行 2016.12.10 办讫章 (4)

补打，请避免重复

交易机构：33716　　交易渠道：　　交易流水号：01344416796　　经办：134879

回单编号：1511031344145648　　验证码：OIFVOVAO4GEOGFTTNRDA　　打印时间：14:59:43

（备注说明：SHA 表示费用由汇款人和收款人各自承担，汇款人负担汇出时费用。）

图 2-3-42　国际结算贷记通知

## 涉外收入申报单
## REPORTING FORM FOR RECEIPTS FROM ABORD

根据《国际收支统计申报办法》(1995年8月30日经国务院批准)，特制发本申报单。
This Reporting Form is Distributed According to The Regulations of Balance of Payments Statistics (Approved by The State Council on Aug. 30, 1995)
国家外汇管理局和有关银行将为您的具体申报内容保密。
The State Administration of Foreign Exchange(The SAFE) and The Banks Concerned Would Keep What You Reported Condifidential.
请按填报说明（见第二联背面）填写。 制表机关：国家外汇管理局
Please Report According to The Instructions Overleaf. Authority: The SAFE

| | | | |
|---|---|---|---|
| 申报号码 Bop Reporting No. | 440703 25626 8 024□□□ □□□□ | | |
| 收款人名称 Payee | | | |
| ☑ 对公 Unit | 组织机构代码 Unit Code 78578123-4 | | |
| □ 对私 Individual | 个人身份证件号码 ID Number<br>□ 中国居民 Resident Individual □ 非中国居民 Non-resident Individual | | |
| 结算方式 Payment Method | □ 信用证 L/C □ 托收 Collection □ 保函 L/G ☑ 电汇 T/T □ 票汇 D/D □ 信汇 M/T □ 其他 Others | | |
| 收入款币种及金额 Currency & Amount of Receipts | USD 36 600.00 | 结汇汇率 Exchange Rate | |
| 其中 of which：结汇金额 Amount of Sale | | 账号/银行卡号 Account No./Credit Card No. | 71682678129 |
| 其中 of which：现汇金额 Amount in FX | USD 36 600.00 | | |
| 其中 of which：其他金额 Amount of Others | | 账号/银行卡号 Account No./Credit Card No. | |
| 国内银行扣费币种及金额 Bank's Charges inside China | | 国外银行扣费币种及金额 Bank's Charges outside China | |
| 付款人名称 Payer | | | |
| 付款人常驻国家（地区）名称及代码 Country/Region of Payer & Code | 美国 USA | 申报日期 Reporting Date | 2016年12月10日 |
| 如果本笔款项为预收货款或退款，请选择 If Advance Receipts/Refund, Please Choose | □ 预收货款 Advance Receipts | □ 退款 Refund | |
| 本笔款项是否为出口核销项下收汇 | ☑ 是 | □ 否 | |
| 如果本笔款项为外债提款，请填写外债编号 | | | |
| 交易编码 BOP Transac. Code：101010 | 相应币种及金额 Currency & Amount：USD 36 600.00 | 交易附言 Transac Remark | 一般贸易（出口家电货款） |
| 填报人签章 Signature of Stamp of Reporter | | 填报人电话 Phone No. of Reporter | 电话：<br>出口核销单： |

收款人章 Stamp of Payee　　银行经办人签章 Signature of Bank Teller　　银行业务编号 Bank Transaction Ref. No.

第三联：申报主体留存联

（印章：广东倍嘉科技有限公司）
（印章：中国建设银行股份有限公司惠州仲恺支行 2016.12.10 办讫章 (4)）

图 2-3-43 涉外收入申报单

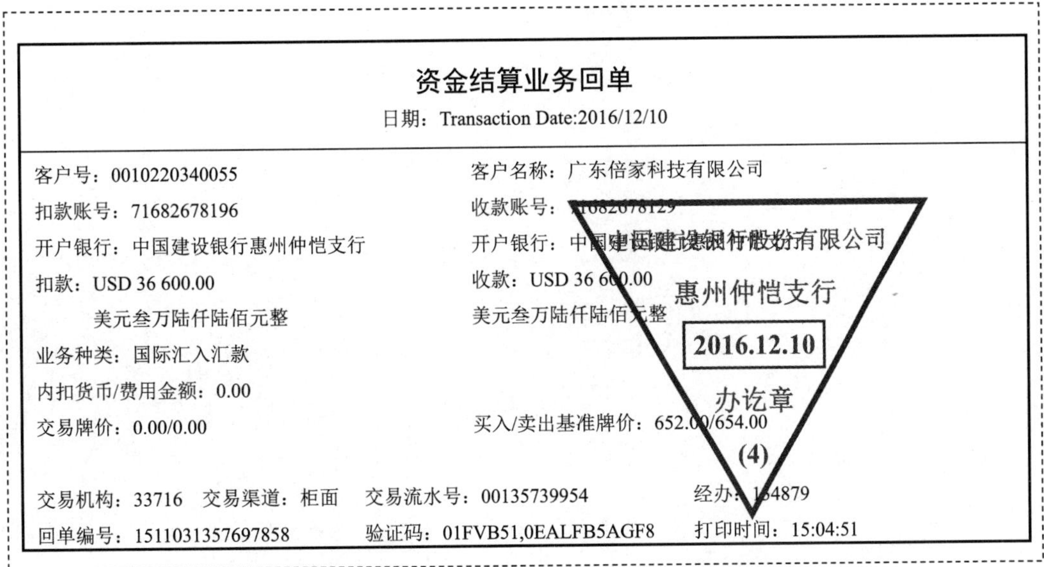

**资金结算业务回单**

日期：Transaction Date:2016/12/10

客户号：0010220340055　　客户名称：广东倍家科技有限公司

扣款账号：71682678196　　收款账号：71682678129

开户银行：中国建设银行惠州仲恺支行　　开户银行：中国建设银行惠州仲恺支行

扣款：USD 36 600.00　　收款：USD 36 600.00

美元叁万陆仟陆佰元整　　美元叁万陆仟陆佰元整

业务种类：国际汇入汇款

内扣货币/费用金额：0.00

交易牌价：0.00/0.00　　买入/卖出基准牌价：652.00/654.00

交易机构：33716　交易渠道：柜面　交易流水号：00135739954　经办：154879

回单编号：1511031357697858　验证码：01FVB51,0EALFB5AGF8　打印时间：15:04:51

中国建设银行股份有限公司 惠州仲恺支行 2016.12.10 办讫章 (4)

图 2-3-44　资金结算业务回单

14）12 月 10 日，收到银行转来结汇通知，办妥本次结汇业务，当日美元买入价为 1∶6.52。涉及的凭证如图 2-3-45～图 2-3-48 所示。

**中国建设银行境内机构外汇活期转账/结汇凭条**

2016 年 12 月 10 日　　NO.00036587695

| 付款人 | 全称 | 广东倍家科技有限公司 | 收款人 | 全称 | 广东倍家科技有限公司 |
|---|---|---|---|---|---|
| | 账号 | 71682678129 | | 账号 | 71682674052 |
| | 开户行 | 建行仲恺支行 | | 开户行 | 建行仲恺支行 |
| 币别金额 | （大写金额）美元叁万陆仟陆佰元整 | | | | USD36 600.00 |
| 牌价 | | | 人民币金额 | | |
| 用途 | | | | | |
| 备注 | 支付密码： | | （银行盖章） | | |

经办：　　复核：　　核印：

代银行收入凭证或收款单位留存联

中国建设银行股份有限公司 惠州仲恺支行 2016.12.10 办讫章 (2)

图 2-3-45　外汇活期转账/结汇凭条

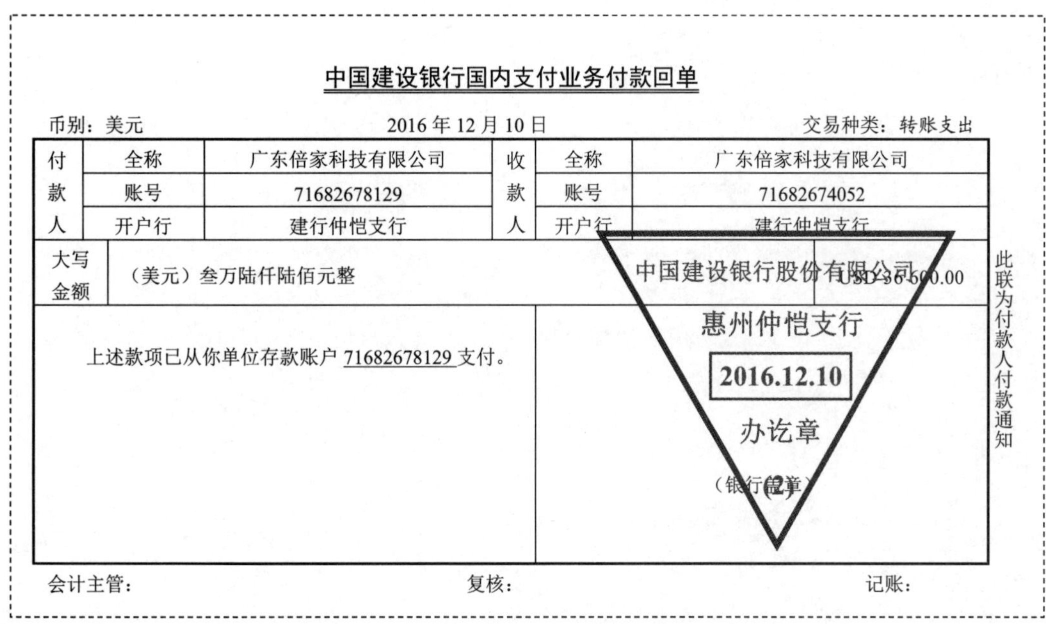

**中国建设银行国内支付业务付款回单**

币别：美元　　　　2016 年 12 月 10 日　　　　交易种类：转账支出

| 付款人 | 全称 | 广东倍家科技有限公司 | 收款人 | 全称 | 广东倍家科技有限公司 |
|---|---|---|---|---|---|
| | 账号 | 71682678129 | | 账号 | 71682674052 |
| | 开户行 | 建行仲恺支行 | | 开户行 | 建行仲恺支行 |
| 大写金额 | （美元）叁万陆仟陆佰元整 | | | | USD 36 600.00 |
| 上述款项已从你单位存款账户 71682678129 支付。 | | | （银行盖章） | | |

此联为付款人付款通知

会计主管：　　　　复核：　　　　记账：



图 2-3-46　国内支付业务付款回单

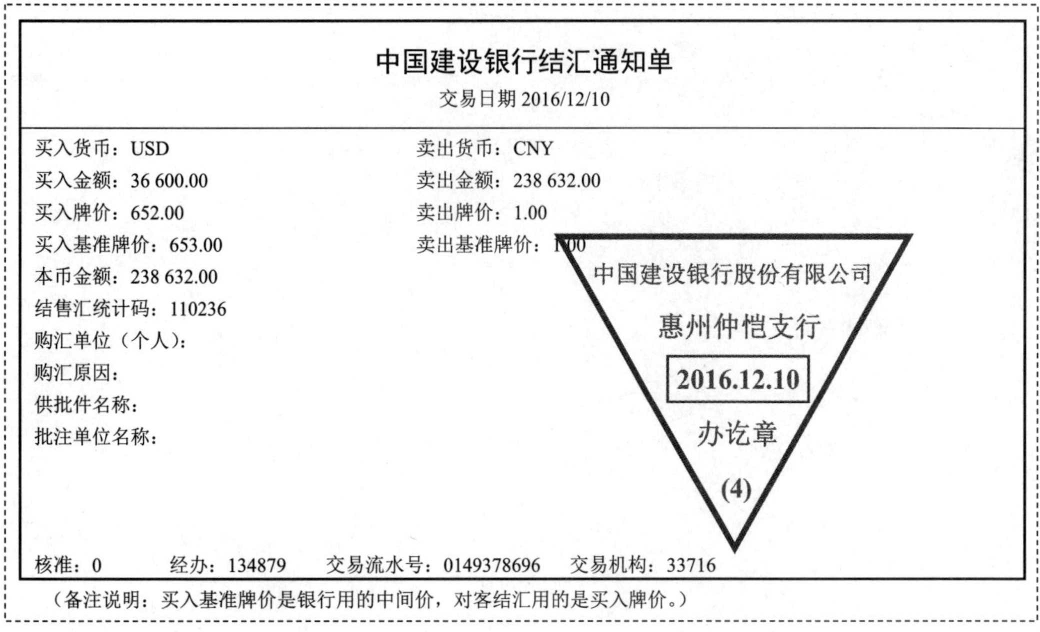

**中国建设银行结汇通知单**

交易日期 2016/12/10

| | |
|---|---|
| 买入货币：USD | 卖出货币：CNY |
| 买入金额：36 600.00 | 卖出金额：238 632.00 |
| 买入牌价：652.00 | 卖出牌价：1.00 |
| 买入基准牌价：653.00 | 卖出基准牌价：1.00 |
| 本币金额：238 632.00 | |
| 结售汇统计码：110236 | |
| 购汇单位（个人）： | |
| 购汇原因： | |
| 供批件名称： | |
| 批注单位名称： | |

核准：0　　经办：134879　　交易流水号：0149378696　　交易机构：33716

（备注说明：买入基准牌价是银行用的中间价，对客结汇用的是买入牌价。）



图 2-3-47　结汇通知单

15）12 月 12 日，向广东利源电子有限公司采购 DRH 电路板一批，收到增值税专用发票，款项已付，DRH 电路板验收合格入库。涉及的凭证如图 2-3-49～图 2-3-51 所示。

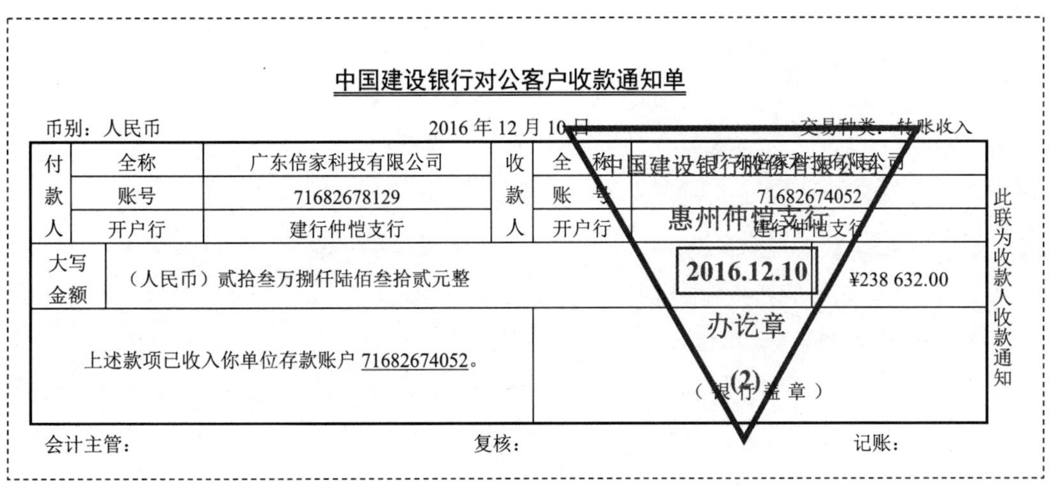

中国建设银行对公客户收款通知单

币别：人民币　　2016年12月10日　　交易种类：转账收入

| 付款人 | | 收款人 | |
|---|---|---|---|
| 全称 | 广东倍家科技有限公司 | 全称 | 广东倍家科技有限公司 |
| 账号 | 71682678129 | 账号 | 71682674052 |
| 开户行 | 建行仲恺支行 | 开户行 | 建行仲恺支行 |
| 大写金额 | （人民币）贰拾叁万捌仟陆佰叁拾贰元整 | | ¥238 632.00 |

上述款项已收入你单位存款账户71682674052。

中国建设银行股份有限公司 惠州仲恺支行 2016.12.10 办讫章 (2)

（银行盖章）

会计主管：　　复核：　　记账：

此联为收款人收款通知

图 2-3-48　收款通知单

4407541253　　广东增值税专用发票　　№ 346073372

开票日期：2016年12月12日

| 购货单位 | 名称：广东倍家科技有限公司<br>纳税人识别号：440703256268024<br>地址、电话：惠州市仲恺大道248号，88327589<br>开户行及账号：惠州市建行仲恺支行，71682674052 | 密码区 | （略） | | | | |
|---|---|---|---|---|---|---|---|
| 货物或应税劳务、服务名称 | 规格型号 | 单位 | 数量 | 单价 | 金额 | 税率 | 税额 |
| DRH电路板 | | 块 | 6 000 | 12.00 | 72 000.00 | 17% | 12 240.00 |
| 合　计 | | | | | ¥72 000.00 | | ¥12 240.00 |
| 价税合计（大写） | ⊗捌万肆仟贰佰肆拾元整 | | | | （小写）¥84 240.00 | | |
| 销货单位 | 名称：广东利源电子有限公司<br>纳税人识别号：440702498268020<br>地址、电话：惠州市金山大道120号，86682584<br>开户行及账号：惠州农行金山支行，71682543357 | 备注 | | | | | |

收款人：　　复核：　　开票人：郑志源　　销货单位：（章）

第三联：发票联　购买方记账凭证

广东利源电子有限公司 440702498268020 发票专用章

图 2-3-49　增值税专用发票

收　料　单

2016年12月12日　　收字第1202号

| 材料名称 | 规格型号 | 单位 | 应收数量 | 实收数量 | 金额（元） |
|---|---|---|---|---|---|
| DRH电路板 | | 块 | 6 000 | 6 000 | 72 000.00 |
| | | | | | |

仓库主管：陈德明　　验收：李怡华　　收料：朱永材

图 2-3-50　收料单

| 中国建设银行支票存根（粤） | 中国建设银行支票（粤） GS 01034126 |
|---|---|
| GS 01034126 | 付款期限自出票之日起十天 |
| 附加信息 | 出票日期（大写） 年 月 日 付款行名称： |
| | 收款人： 出票人账号： |
| | 人民币（大写） 千 百 十 万 千 百 十 元 角 分 |
| 出票日期 年 月 日 | 用途 密码 |
| 收款人： | 上列款项请从 行号 |
| 金 额： | 我账户内支付 广东倍家科技有限公司财务专用章 |
| 用 途： | 出票人签章 陈利胜 |
| 单位主管 会计 | 复核 记账 |

（a）支票正面

| 附加信息： | 被背书人： | 被背书人： | （粘贴单处） |
|---|---|---|---|
| | 背书人签章 年 月 日 | 背书人签章 年 月 日 | 根据《中华人民共和国票据法》等法律法规的规定，签发空头支票由中国人民银行处以票面金额5%但不低于1 000元的罚款。 |

（b）支票背面

图 2-3-51 支票

16）12 月 13 日，根据合同向深圳佳缘电器有限公司销售电热壶 3 000 台，单价 62 元，开出增值税专用发票，货款已收到。涉及的凭证如图 2-3-52～图 2-3-55 所示。

4601041141

**广东增值税专用发票**

发 票 联

No 031131205

开票日期： 年 月 日

| 购货单位 | 名 称：<br>纳税人识别号：<br>地 址、电 话：<br>开户行及账号： | | | | | 密码区 | （略） | |
|---|---|---|---|---|---|---|---|---|
| 货物或应税劳务、服务名称 | 规格型号 | 单位 | 数量 | 单价 | 金额 | 税率 | 税额 | |
| 合 计 | | | | | | | | |
| 价税合计（大写） | ⊗ | | | | （小写） | | | |
| 销货单位 | 名 称：<br>纳税人识别号：<br>地 址、电 话：<br>开户行及账号： | | | | | 备注 | 广东倍家科技有限公司<br>440703256268024<br>发票专用章 | |

收款人： 复核：杨晓梅 开票人：王耀林 销货单位：（章）

第三联：发票联 购买方记账凭证

图 2-3-52 增值税专用发票发票联

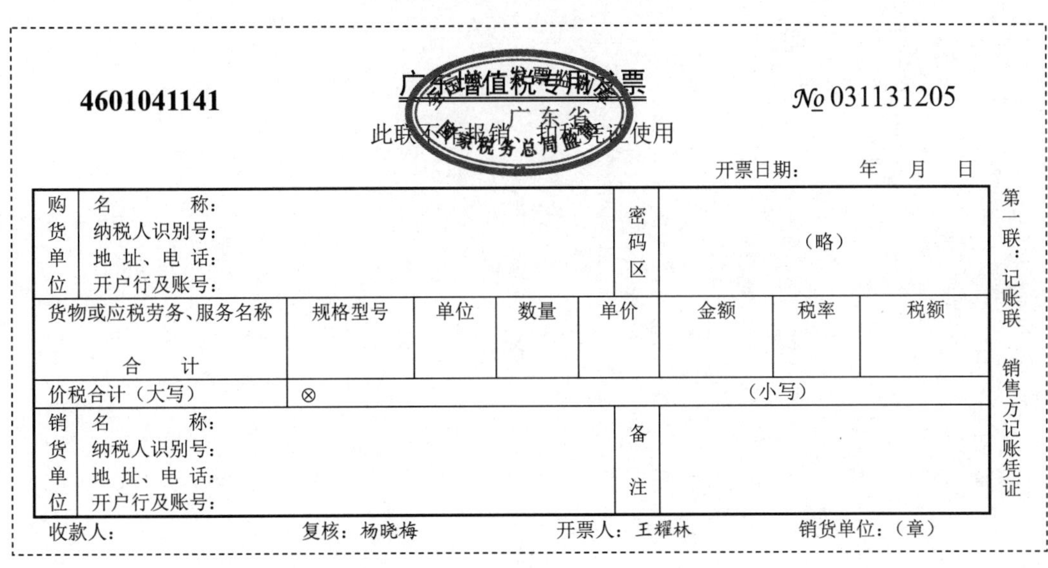

4601041141

**广东增值税专用发票**

此联不作报销、扣税凭证使用

No 031131205

开票日期： 年 月 日

| 购货单位 | 名 称：<br>纳税人识别号：<br>地 址、电 话：<br>开户行及账号： | | | | | 密码区 | （略） | |
|---|---|---|---|---|---|---|---|---|
| 货物或应税劳务、服务名称 | 规格型号 | 单位 | 数量 | 单价 | 金额 | 税率 | 税额 | |
| 合 计 | | | | | | | | |
| 价税合计（大写） | ⊗ | | | | （小写） | | | |
| 销货单位 | 名 称：<br>纳税人识别号：<br>地 址、电 话：<br>开户行及账号： | | | | | 备注 | | |

收款人： 复核：杨晓梅 开票人：王耀林 销货单位：（章）

第一联：记账联 销售方记账凭证

图 2-3-53 增值税专用发票记账联

**产品出库单**

2016 年 12 月 13 日 第 01204 号

| 产品名称 | 规格 | 型号 | 单位 | 数量 | 单位成本 | 金额（元） |
|---|---|---|---|---|---|---|
| 电热壶 | | | 台 | 3 000 | | |
| | | | | | | |

仓库主管：陈德明 复核：杨晓梅 发货：朱永材 制单：梁晓芳

图 2-3-54 产品出库单

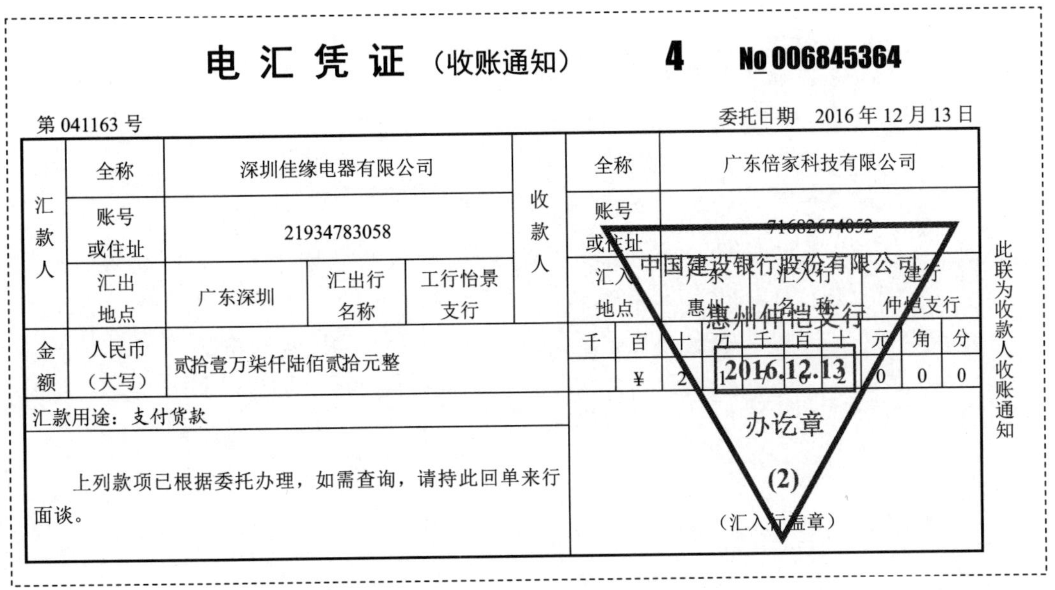

**电 汇 凭 证**（收账通知） **4** No 006845364

第 041163 号　　　　委托日期 2016 年 12 月 13 日

| | | | | | |
|---|---|---|---|---|---|
| 汇款人 | 全称 | 深圳佳缘电器有限公司 | 收款人 | 全称 | 广东倍家科技有限公司 |
| | 账号或住址 | 21934783058 | | 账号或住址 | 71682674052 |
| | 汇出地点 | 广东深圳　汇出行名称　工行怡景支行 | | 汇入地点 | 广东惠州　汇入行名称　建行仲恺支行 |

| 金额 | 人民币（大写） | 千 | 百 | 十 | 万 | 千 | 百 | 十 | 元 | 角 | 分 |
|---|---|---|---|---|---|---|---|---|---|---|---|
| | 贰拾壹万柒仟陆佰贰拾元整 | | ¥ | 2 | 1 | 7 | 6 | 2 | 0 | 0 | 0 |

汇款用途：支付货款

上列款项已根据委托办理，如需查询，请持此回单来行面谈。

（汇入行盖章）

此联为收款人收账通知



图 2-3-55　电汇凭证收账通知

17）12 月 14 日，向广东华新钢材有限公司采购 HDP 钢板一批，收到增值税专用发票，款项已付，钢板已验收入库。涉及的凭证如图 2-3-56～图 2-3-58 所示。

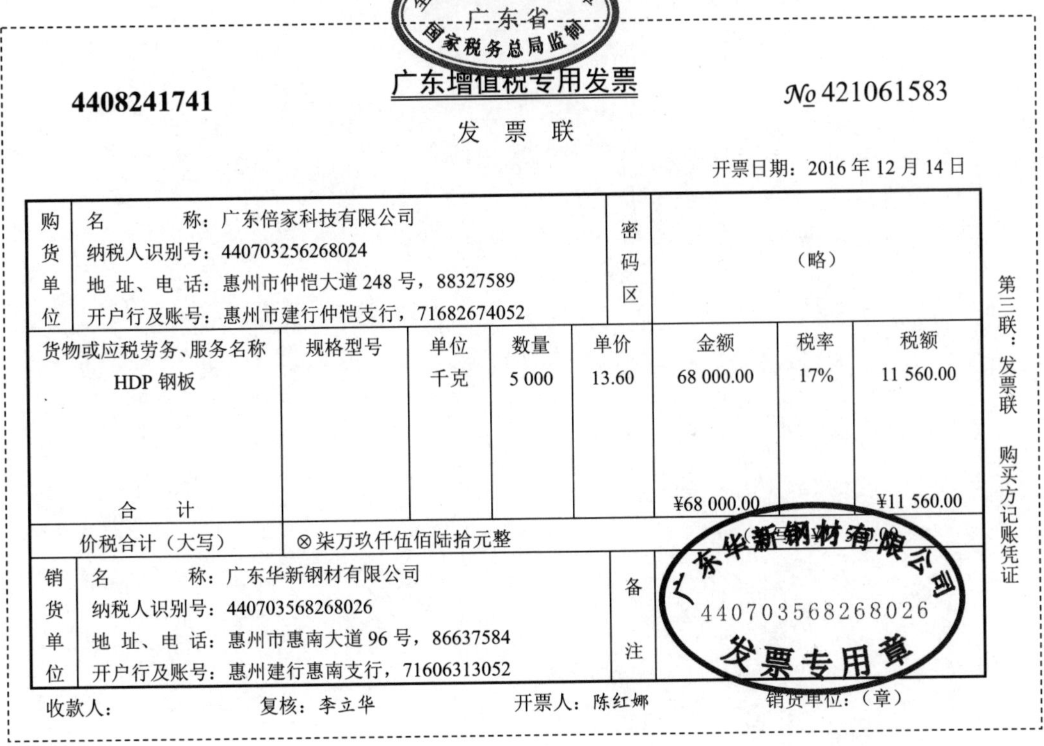

4408241741　　**广东增值税专用发票**　　No 421061583

发 票 联

开票日期：2016 年 12 月 14 日

购货单位：
- 名　　称：广东倍家科技有限公司
- 纳税人识别号：440703256268024
- 地 址、电 话：惠州市仲恺大道 248 号，88327589
- 开户行及账号：惠州市建行仲恺支行，71682674052

密码区：（略）

| 货物或应税劳务、服务名称 | 规格型号 | 单位 | 数量 | 单价 | 金额 | 税率 | 税额 |
|---|---|---|---|---|---|---|---|
| HDP 钢板 | | 千克 | 5 000 | 13.60 | 68 000.00 | 17% | 11 560.00 |
| 合　计 | | | | | ¥68 000.00 | | ¥11 560.00 |

价税合计（大写）　⊗柒万玖仟伍佰陆拾元整

销货单位：
- 名　　称：广东华新钢材有限公司
- 纳税人识别号：440703568268026
- 地 址、电 话：惠州市惠南大道 96 号，86637584
- 开户行及账号：惠州建行惠南支行，71606313052

备注

收款人：　　复核：李立华　　开票人：陈红娜　　销货单位：（章）

第三联：发票联　购买方记账凭证



图 2-3-56　增值税专用发票

**收 料 单**

2016年12月14日　　　　收字第1203号

| 材料名称 | 规格型号 | 单位 | 应收数量 | 实收数量 | 金额（元） |
| --- | --- | --- | --- | --- | --- |
| HDP钢板 | | 千克 | 5 000 | 5 000 | 68 000.00 |
| | | | | | |

仓库主管：陈德明　　验收：李怡华　　收料：朱永材

图2-3-57　收料单

中国建设银行支票存根（粤）

GS 01034127

附加信息

出票日期　年　月　日

| 收款人： |
| --- |
| 金　额： |
| 用　途： |

单位主管　　会计

付款期限自出票之日起十天

中国建设银行**支票**（粤）　　**GS 01034127**

出票日期（大写）　年　月　日　付款行名称：

收款人：　出票人账号：

| 人民币（大 写） | 千 | 百 | 十 | 万 | 千 | 百 | 十 | 元 | 角 | 分 |
| --- | --- | --- | --- | --- | --- | --- | --- | --- | --- | --- |
| | | | | | | | | | | |

用途＿＿＿＿＿＿　　密码＿＿＿＿＿＿

上列款项请从　　行号＿＿＿＿＿＿

我账户内支付

出票人签章　广东倍家科技有限公司财务专用章　陈利胜

复核　　记账

（a）支票正面

| 附加信息： | 被背书人： | 被背书人： | （粘贴单处） | 根据《中华人民共和国票据法》等法律法规的规定，签发空头支票由中国人民银行处以票面金额5%但不低于1 000元的罚款。 |
| --- | --- | --- | --- | --- |
| | 背书人签章<br>年　月　日 | 背书人签章<br>年　月　日 | | |

（b）支票背面

图2-3-58　支票

18）12 月 15 日，上缴 11 月未交增值税及附加税费以及预缴企业所得税。涉及的凭证如图 2-3-59～图 2-3-61 所示。

**惠州市电子缴税系统回单**

纳税人名称：广东倍家科技有限公司　　　　纳税人编号：440703256268024

| 付款人名称 | 广东倍家科技有限公司 | 收款人名称 | 惠州市国家税务局 |
|---|---|---|---|
| 付款人账号 | 71682674052 | 收款人账号 | 71693665075 |
| 付款人开户行 | 惠州市建行仲恺支行 | 收款人开户行 | 国家金库惠州支库 |
| 款项内容 | 代扣（国税）税款 | 电子税票号 | 013266556 |
| 税种 | 所属期 | 纳税金额 | 备注 |
| 增值税 | 2016.11.01-2016.11.30 | 66 207.99 | |
| | | | |
| | | | |
| 合计 | — | ¥66 207.99 | |
| 人民币（大写） | 陆万陆仟贰佰零柒元玖角玖分 | | |

经办：　　　　复核：　　　　打印日期：2016.12.15

中国建设银行股份有限公司 惠州仲恺支行 2016.12.15 办讫章 (2)

图 2-3-59　电子缴税凭证 1

**惠州市电子缴税系统回单**

纳税人名称：广东倍家科技有限公司　　　　纳税人编号：440703256268024

| 付款人名称 | 广东倍家科技有限公司 | 收款人名称 | 惠州市地方税务局 |
|---|---|---|---|
| 付款人账号 | 71682674052 | 收款人账号 | 71682165072 |
| 付款人开户行 | 惠州市建行仲恺支行 | 收款人开户行 | 国家金库惠州支库 |
| 款项内容 | 代扣（地税）税款 | 电子税票号 | 013266573 |
| 税种 | 所属期 | 纳税金额 | 备注 |
| 城市维护建设税 | 2016.11.01-2016.11.30 | 4 634.56 | |
| 教育费附加 | 2016.11.01-2016.11.30 | 1 986.24 | |
| 地方教育费附加 | 2016.11.01-2016.11.30 | 1 324.16 | |
| 堤围防护费 | 2016.11.01-2016.11.30 | 837.91 | |
| 印花税 | 2016.11.01-2016.11.30 | 349.13 | |
| 个人所得税 | 2016.11.01-2016.11.30 | 1 172.82 | |
| 合计 | — | ¥10 304.82 | |
| 人民币（大写） | 壹万零叁佰零肆元捌角贰分 | | |

经办：　　　　复核：　　　　打印日期：2016.12.15

中国建设银行股份有限公司 惠州仲恺支行 2016.12.15 办讫章 (2)

图 2-3-60　电子缴税凭证 2

## 惠州市电子缴税系统回单

纳税人名称：广东倍家科技有限公司　　　　纳税人编号：440703256268024

| 付款人名称 | 广东倍家科技有限公司 | 收款人名称 | 惠州市国家税务局 |
|---|---|---|---|
| 付款人账号 | 71682674052 | 收款人账号 | 71693665075 |
| 付款人开户行 | 惠州市建行仲恺支行 | 收款人开户行 | 国家金库惠州支库 |
| 款项内容 | 代扣（国税）税款 | 电子税票号 | [illegible] |
| 税种 | 所属期 | 纳税金额 | 备注 |
| 所得税 | 2016.11.01-2016.11.30 | 40 534.37 | |
| | | | |
| | | | |
| 合计 | — | ¥40 534.37 | |
| 人民币（大写） | 肆万零伍佰叁拾肆元叁角柒分 | | |

中国建设银行股份有限公司 惠州仲恺支行 2016.12.15 办讫章 (2)

经办：　　　　复核：　　　　打印日期：2016.12.15

图 2-3-61　电子缴税凭证 3

19）12 月 16 日，向广东新怡塑料有限公司采购 SEP 塑料一批，收到增值税专用发票，款项已付，SEP 塑料验收合格入库。涉及的凭证如图 2-3-62～图 2-3-64 所示。

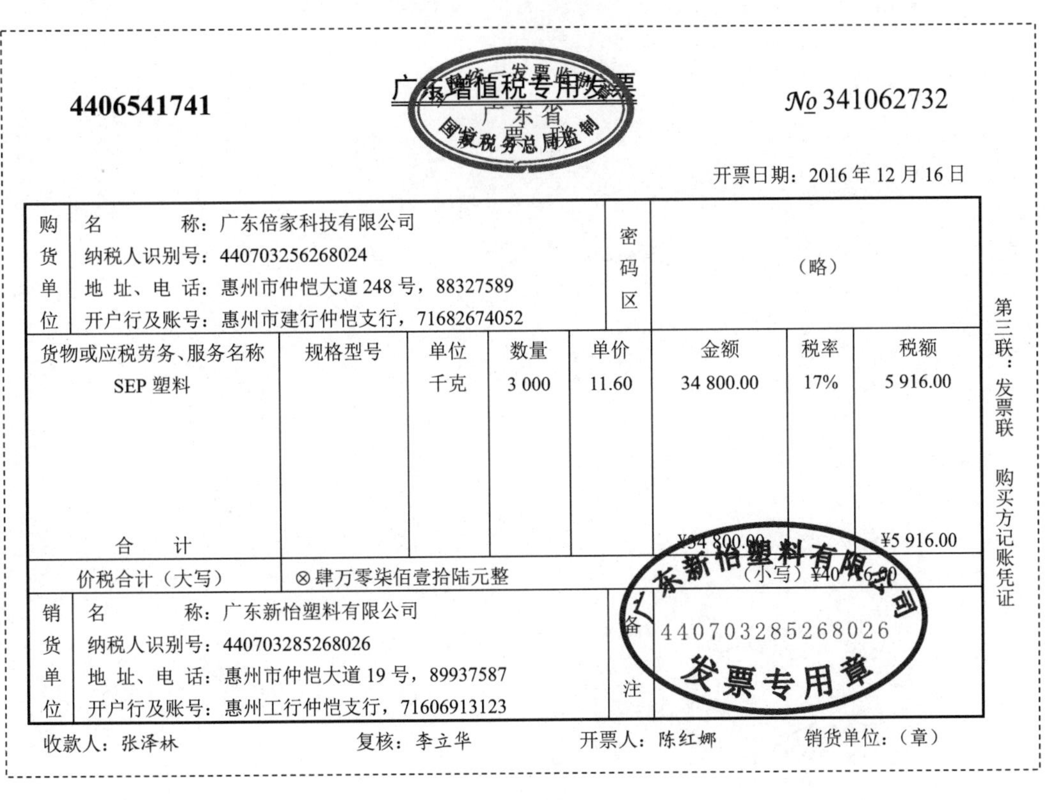

4406541741　　**广东增值税专用发票**　　№ 341062732

全国统一发票监制章 广东省 国家税务总局监制

开票日期：2016 年 12 月 16 日

| 购货单位 | 名　　称：广东倍家科技有限公司<br>纳税人识别号：440703256268024<br>地 址、电 话：惠州市仲恺大道 248 号，88327589<br>开户行及账号：惠州市建行仲恺支行，71682674052 | 密码区 | （略） | | | | |
|---|---|---|---|---|---|---|---|
| 货物或应税劳务、服务名称 | 规格型号 | 单位 | 数量 | 单价 | 金额 | 税率 | 税额 |
| SEP 塑料 | | 千克 | 3 000 | 11.60 | 34 800.00 | 17% | 5 916.00 |
| 合　计 | | | | | ¥34 800.00 | | ¥5 916.00 |
| 价税合计（大写） | ⊗肆万零柒佰壹拾陆元整 | | | | （小写）¥40 [illegible]6.00 | | |
| 销货单位 | 名　　称：广东新怡塑料有限公司<br>纳税人识别号：440703285268026<br>地 址、电 话：惠州市仲恺大道 19 号，89937587<br>开户行及账号：惠州工行仲恺支行，71606913123 | 备注 | 广东新怡塑料有限公司 440703285268026 发票专用章 | | | | |

第三联：发票联　购买方记账凭证

收款人：张泽林　　复核：李立华　　开票人：陈红娜　　销货单位：（章）

图 2-3-62　增值税专用发票

收 料 单

2016年12月16日 收字第1204号

| 材料名称 | 规格型号 | 单位 | 应收数量 | 实收数量 | 金额（元） |
|---|---|---|---|---|---|
| SEP 塑料 | | 千克 | 3 000 | 3 000 | 34 800.00 |
| | | | | | |

仓库主管：陈德明 验收：李怡华 收料：朱永材

图 2-3-63 收料单

中国建设银行支票存根（粤）

GS 01034128

附加信息

出票日期 年 月 日

收款人：
金 额：
用 途：

单位主管 会计

付款期限自出票之日起十天

中国建设银行支票（粤） GS 01034128

出票日期（大写） 年 月 日 付款行名称：

收款人： 出票人账号：

| 人民币（大写） | 千 | 百 | 十 | 万 | 千 | 百 | 十 | 元 | 角 | 分 |
|---|---|---|---|---|---|---|---|---|---|---|
| | | | | | | | | | | |

用途 密码

上列款项请从 行号

我账户内支付

出票人签章 广东倍家科技有限公司财务专用章 陈利胜

复核 记账

（a）支票正面

| 附加信息： | 被背书人： | 被背书人： | （粘贴单处） 根据《中华人民共和国票据法》等法律法规的规定，签发空头支票由中国人民银行处以票面金额5%但不低于1 000元的罚款。 |
|---|---|---|---|
| | 背书人签章 年 月 日 | 背书人签章 年 月 日 | |

（b）支票背面

图 2-3-64 支票

20）12 月 16 日，领用材料，投入 6 000 台电热壶、2 000 台电饭锅生产。涉及的凭证如图 2-3-65 和图 2-3-66 所示。

**领　　料　　单**

用途：生产电热壶　　2016 年 12 月 16 日　　领字第 01203 号

| 材料名称 | 规格型号 | 单位 | 请领数量 | 实发数量 | 金额（元） |
|---|---|---|---|---|---|
| HDP 钢板 | | 千克 | 1 200 | 1 200 | |
| SEP 塑料 | | 千克 | 1 200 | 1 200 | |
| DRH 电路板 | | 块 | 6 000 | 6 000 | |

仓库主管：陈德明　　复核：杨晓梅　　发料：朱永材　　制单：梁晓芳

图 2-3-65　领料单 1

**领　　料　　单**

用途：生产电饭锅　　2016 年 12 月 16 日　　领字第 01204 号

| 材料名称 | 规格型号 | 单位 | 请领数量 | 实发数量 | 金额（元） |
|---|---|---|---|---|---|
| HDP 钢板 | | 千克 | 1 200 | 1 200 | |
| SEP 塑料 | | 千克 | 1 200 | 1 200 | |
| DFG 电路板 | | 块 | 2 000 | 2 000 | |

仓库主管：陈德明　　复核：杨晓梅　　发料：朱永材　　制单：梁晓芳

图 2-3-66　领料单 2

21）12 月 18 日，电热壶 5 000 台、电饭锅 1 000 台完工，验收合格入库。涉及的凭证如图 2-3-67 所示。

**产成品入库单**

2016 年 12 月 18 日　　收字第 1202 号

| 产品名称 | 规格型号 | 单位 | 应收数量 | 实收数量 | 金额（元） |
|---|---|---|---|---|---|
| 电热壶 | | 台 | 5 000 | 5 000 | |
| 电饭锅 | | 台 | 1 000 | 1 000 | |

仓库主管：陈德明　　复核：朱永材　　验收：李怡华　　制单：梁晓芳

图 2-3-67　产成品入库单

22）12 月 19 日，收到广东海天电器有限公司支付的本月 9 日的货款。涉及的凭证如图 2-3-68～图 2-3-70 所示。

| 中国工商银行支票（粤） | | | | | | | | | | | GS 13853216 |
|---|---|---|---|---|---|---|---|---|---|---|---|
| 出票日期（大写）贰零壹陆年壹拾贰月壹拾玖日 | | | | 付款行名称：广州工行新华支行 | | | | | | | |
| 收款人：广东倍家科技有限公司 | | | | 出票人账号：11634813054 | | | | | | | |
| 人民币（大写）叁拾叁万叁仟伍佰元整 | 千 | 百 | 十 | 万 | 千 | 百 | 十 | 元 | 角 | 分 | |
| | | ¥ | 3 | 3 | 3 | 5 | 0 | 0 | 0 | 0 | |
| 用途 支付货款 | 密码 | | | | | | | | | | |
| 上列款项请从我账户内支付 | 行号 | | | | | | | | | | |
| 出票人签章 广东海天电器有限公司财务专用章 刘天福 | 复核 | | | 记账 | | | | | | | |

付款期限自出票之日起十天

（a）转账支票正面

| 附加信息： | 被背书人： | 被背书人： |
|---|---|---|
| | 背书人签章<br>年 月 日 | 背书人签章<br>年 月 日 |

（b）转账支票背面

图 2-3-68 转账支票

中国建设银行进账单 （回 单） 1

年 月 日

| 出票人 | 全称 | | | 收款人 | 全称 | | | | | | | | | | |
|---|---|---|---|---|---|---|---|---|---|---|---|---|---|---|---|
| | 账号 | | | | 账号 | | | | | | | | | | |
| | 开户银行 | | | | 开户银行 | | | | | | | | | | |
| 金额 | 人民币（大写） | | | 亿 | 千 | 百 | 十 | 万 | 千 | 百 | 十 | 元 | 角 | 分 | |
| | | | | | | | | | | | | | | | |
| 票据种类 | | 票据张数 | | | | | | | | | | | | | |
| 票据号码 | | | | | | | | | | | | | | | |
| 复核 | 记账 | | | 开户银行盖章 | | | | | | | | | | | |

此联是开户银行交给持（出）票人的回单

图 2-3-69 银行进账单

**现金折扣审批单**

2016 年 12 月 19 日　　单位：元

| 购买单位 | 广东海天电器有限公司 | | 现金折扣条件 | (2/10，1/20，n/30) | |
|---|---|---|---|---|---|
| 商品名称 | 销售时间 | 收款时间 | 不含税金额 | 折扣率 | 现金折扣 |
| 电热壶 | 2016.12.09 | 2016.12.19 | 130 000.00 | 2% | 2 600.00 |
| 电饭锅 | 2016.12.09 | 2016.12.19 | 160 000.00 | 2% | 3 200.00 |
| | | | | | |
| 合计 | — | — | ¥290 000.00 | 2% | ¥5 800.00 |

会计主管：何建明　　销售主管：王裕峰　　制表：梁晓芳

图 2-3-70　现金折扣审批单

23）12 月 20 日，银行代发上月工资。涉及的凭证如图 2-3-71 和图 2-3-72 所示。

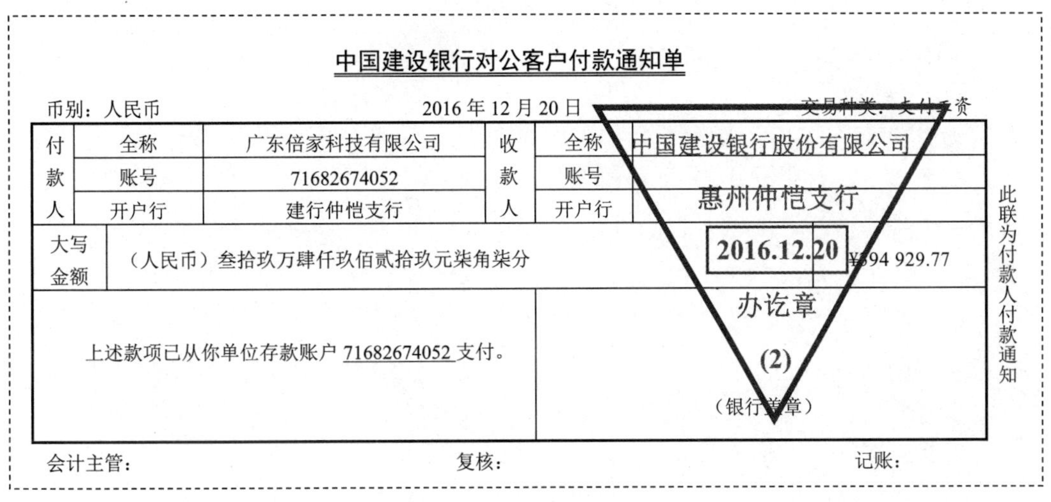

**中国建设银行对公客户付款通知单**

币别：人民币　　2016 年 12 月 20 日　　交易种类：支付工资

| 付款人 | 全称 | 广东倍家科技有限公司 | 收款人 | 全称 | 中国建设银行股份有限公司 |
|---|---|---|---|---|---|
| | 账号 | 71682674052 | | 账号 | |
| | 开户行 | 建行仲恺支行 | | 开户行 | |
| 大写金额 | （人民币）叁拾玖万肆仟玖佰贰拾玖元柒角柒分 | | | | ¥394 929.77 |
| 上述款项已从你单位存款账户 71682674052 支付。 | | | （银行盖章） | | |

会计主管：　　复核：　　记账：

此联为付款人付款通知



图 2-3-71　付款通知单

**工资清单**

2016 年 11 月 30 日　　单位：元

| 序号 | 姓名 | 账号 | 基本工资 | 奖金 | 津贴补贴 | 应付工资 | 社会保险费 | 住房公积金 | 个人所得税 | 实发工资 |
|---|---|---|---|---|---|---|---|---|---|---|
| 1 | 陈利胜 | 71682162301 | 3 080.00 | 2 250.00 | 940.00 | 6 270.00 | 639.54 | 501.60 | 57.89 | 5 070.97 |
| 2 | 何建明 | 71682162302 | 2 970.00 | 2 100.00 | 760.00 | 5 830.00 | 594.66 | 466.40 | 38.07 | 4 730.87 |
| 3 | 杨晓梅 | 71682162303 | 2 950.00 | 2 080.00 | 750.00 | 5 780.00 | 589.56 | 462.40 | 36.84 | 4 691.20 |
| … | … | … | … | … | … | … | … | … | … | … |
| … | … | … | … | … | … | … | … | … | … | … |
| 合计 | — | — | … | … | … | 484 233.00 | 49 391.77 | 38 738.64 | 1 172.82 | 394 929.77 |

单位负责人：陈利胜　　会计主管：何建明　　会计：杨晓梅　　制表：谢惠新

图 2-3-72　工资清单

24）12 月 21 日，缴纳上月的社会保险费和住房公积金。涉及的凭证如图 2-3-73 和图 2-3-74 所示。

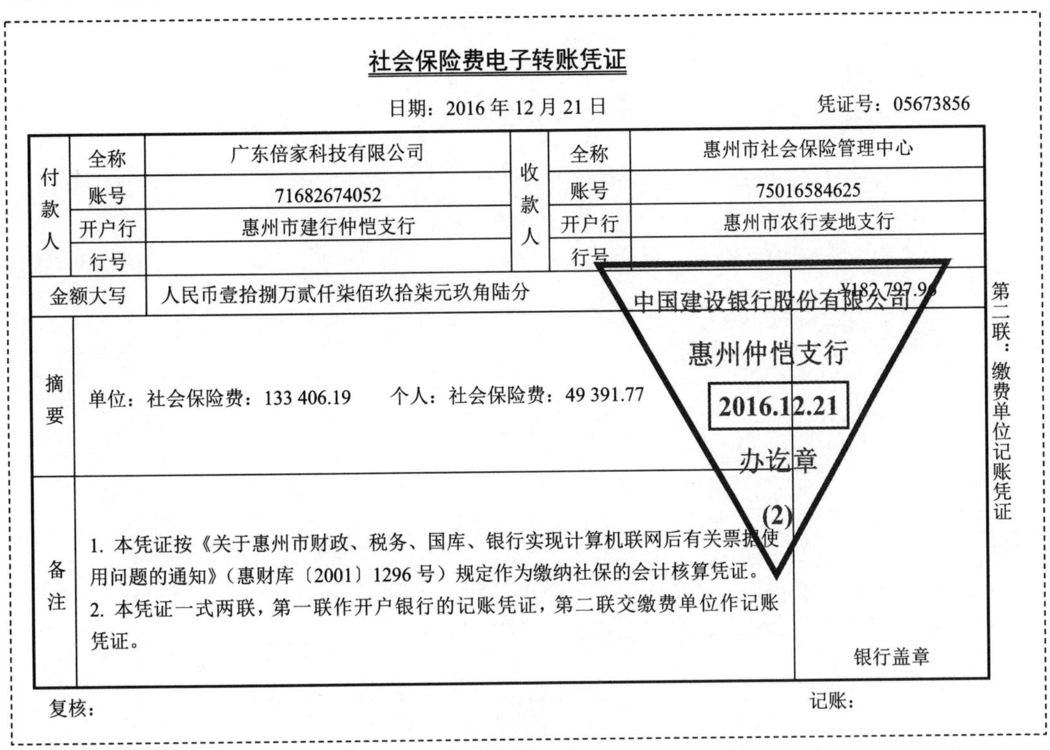

**社会保险费电子转账凭证**

日期：2016 年 12 月 21 日　　凭证号：05673856

| 付款人 | 全称 | 广东倍家科技有限公司 | 收款人 | 全称 | 惠州市社会保险管理中心 |
|---|---|---|---|---|---|
| | 账号 | 71682674052 | | 账号 | 75016584625 |
| | 开户行 | 惠州市建行仲恺支行 | | 开户行 | 惠州市农行麦地支行 |
| | 行号 | | | 行号 | |
| 金额大写 | 人民币壹拾捌万贰仟柒佰玖拾柒元玖角陆分 | | | | ¥182 797.96 |
| 摘要 | 单位：社会保险费：133 406.19　　个人：社会保险费：49 391.77 | | | | |
| 备注 | 1. 本凭证按《关于惠州市财政、税务、国库、银行实现计算机联网后有关票据使用问题的通知》（惠财库〔2001〕1296 号）规定作为缴纳社保的会计核算凭证。<br>2. 本凭证一式两联，第一联作开户银行的记账凭证，第二联交缴费单位作记账凭证。 | | | | 银行盖章 |

复核：　　记账：



图 2-3-73　社会保险费电子转账凭证

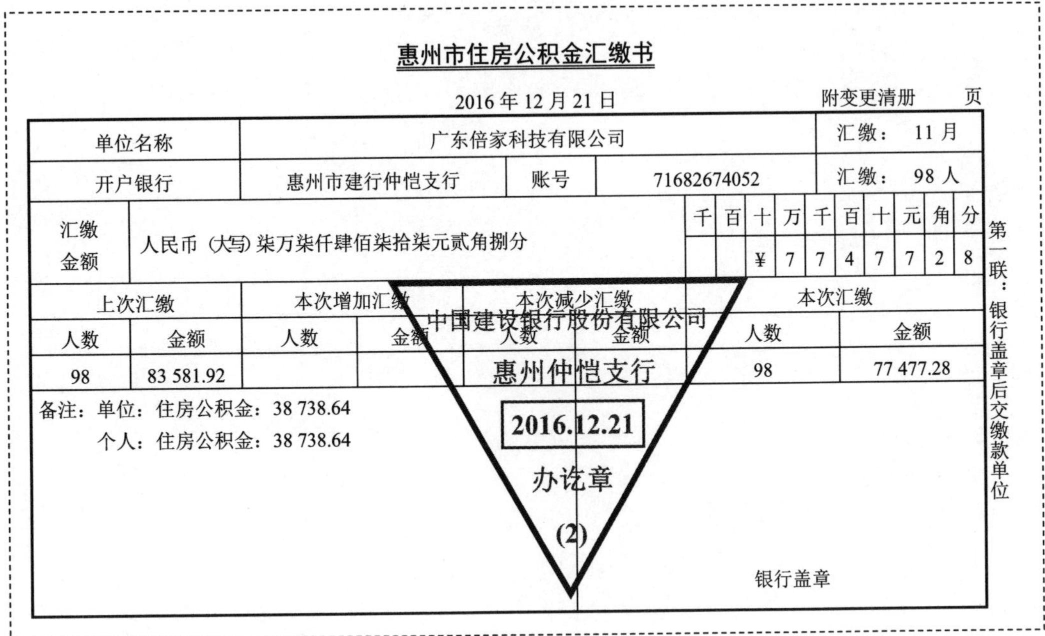

**惠州市住房公积金汇缴书**

2016 年 12 月 21 日　　附变更清册　　页

| 单位名称 | 广东倍家科技有限公司 | | | 汇缴：11 月 |
|---|---|---|---|---|
| 开户银行 | 惠州市建行仲恺支行 | 账号 | 71682674052 | 汇缴：98 人 |

| 汇缴金额 | 人民币（大写）柒万柒仟肆佰柒拾柒元贰角捌分 | 千 | 百 | 十 | 万 | 千 | 百 | 十 | 元 | 角 | 分 |
|---|---|---|---|---|---|---|---|---|---|---|---|
| | | | | ¥ | 7 | 7 | 4 | 7 | 7 | 2 | 8 |

| 上次汇缴 | | 本次增加汇缴 | | 本次减少汇缴 | | 本次汇缴 | |
|---|---|---|---|---|---|---|---|
| 人数 | 金额 | 人数 | 金额 | 人数 | 金额 | 人数 | 金额 |
| 98 | 83 581.92 | | | | | 98 | 77 477.28 |

备注：单位：住房公积金：38 738.64
　　　个人：住房公积金：38 738.64

银行盖章



图 2-3-74　住房公积金汇缴书

25）12 月 21 日，支付上月水电费。涉及的凭证如图 2-3-75～图 2-3-78 所示。

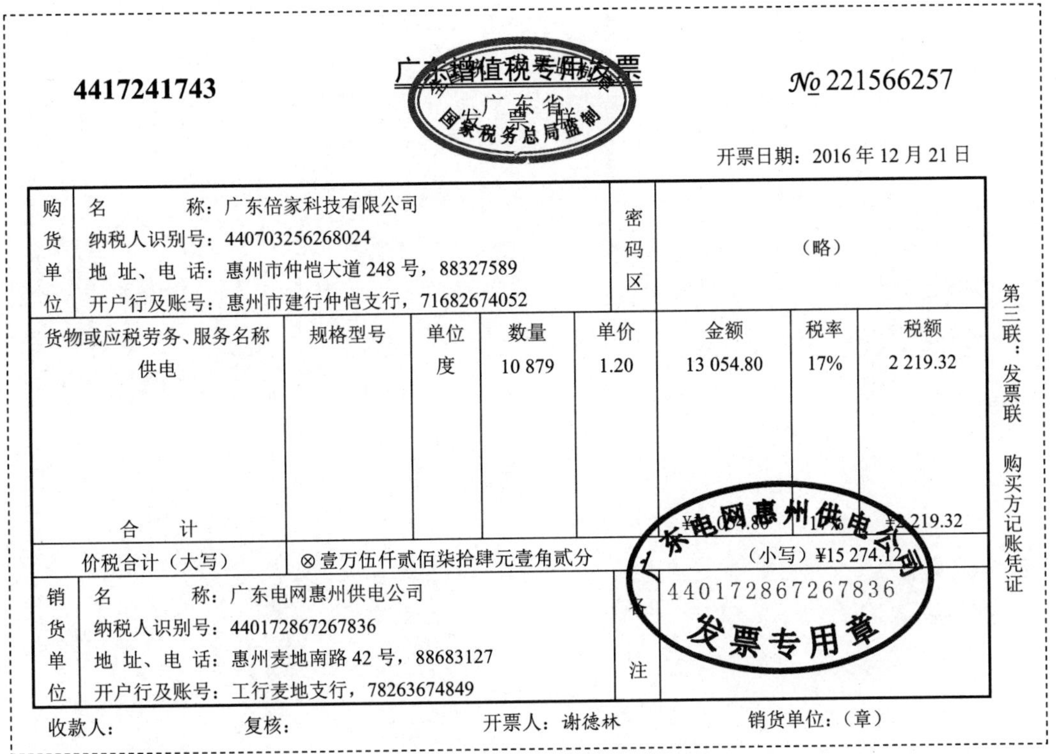

4417241743　　广东增值税专用发票　　№221566257



开票日期：2016 年 12 月 21 日

| 购货单位 | 名称：广东倍家科技有限公司<br>纳税人识别号：440703256268024<br>地址、电话：惠州市仲恺大道 248 号，88327589<br>开户行及账号：惠州市建行仲恺支行，71682674052 | | | | 密码区 | （略） | |
|---|---|---|---|---|---|---|---|
| 货物或应税劳务、服务名称 | 规格型号 | 单位 | 数量 | 单价 | 金额 | 税率 | 税额 |
| 供电 | | 度 | 10 879 | 1.20 | 13 054.80 | 17% | 2 219.32 |
| 合　计 | | | | | ¥13 054.80 | | ¥2 219.32 |
| 价税合计（大写） | ⊗壹万伍仟贰佰柒拾肆元壹角贰分 | | | | （小写）¥15 274.12 | | |
| 销货单位 | 名称：广东电网惠州供电公司<br>纳税人识别号：440172867267836<br>地址、电话：惠州麦地南路 42 号，88683127<br>开户行及账号：工行麦地支行，78263674849 | | | | 备注 | | |

收款人：　　复核：　　开票人：谢德林　　销货单位：（章）

第三联：发票联　购买方记账凭证

图 2-3-75　电费发票

中国建设银行对公客户付款通知单

币别：人民币　　2016 年 12 月 21 日　　交易种类：支付电费

| 付款人 | 全称 | 广东倍家科技有限公司 | 收款人 | 全称 | 广东电网惠州供电公司 |
|---|---|---|---|---|---|
| | 账号 | 71682674052 | | 账号 | 78263674849 |
| | 开户行 | 建行仲恺支行 | | 开户行 | 工行麦地支行 |
| 大写金额 | （人民币）壹万伍仟贰佰柒拾肆元壹角贰分 | | | | ¥15 274.12 |
| 上述款项已从你单位存款账户 71682674052 支付。 | | | （银行盖章） | | |



会计主管：　　复核：　　记账：

此联为付款人付款通知

图 2-3-76　付款通知单

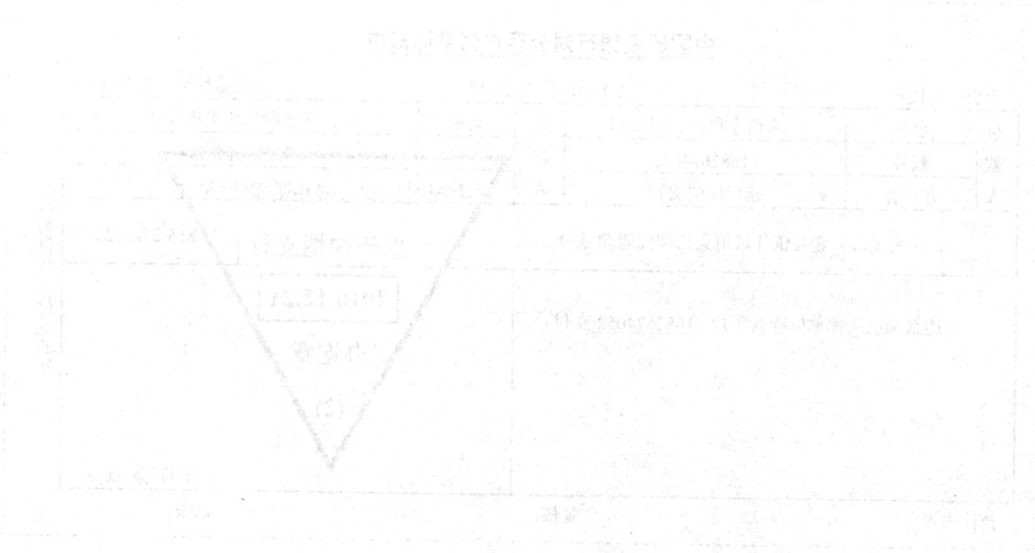

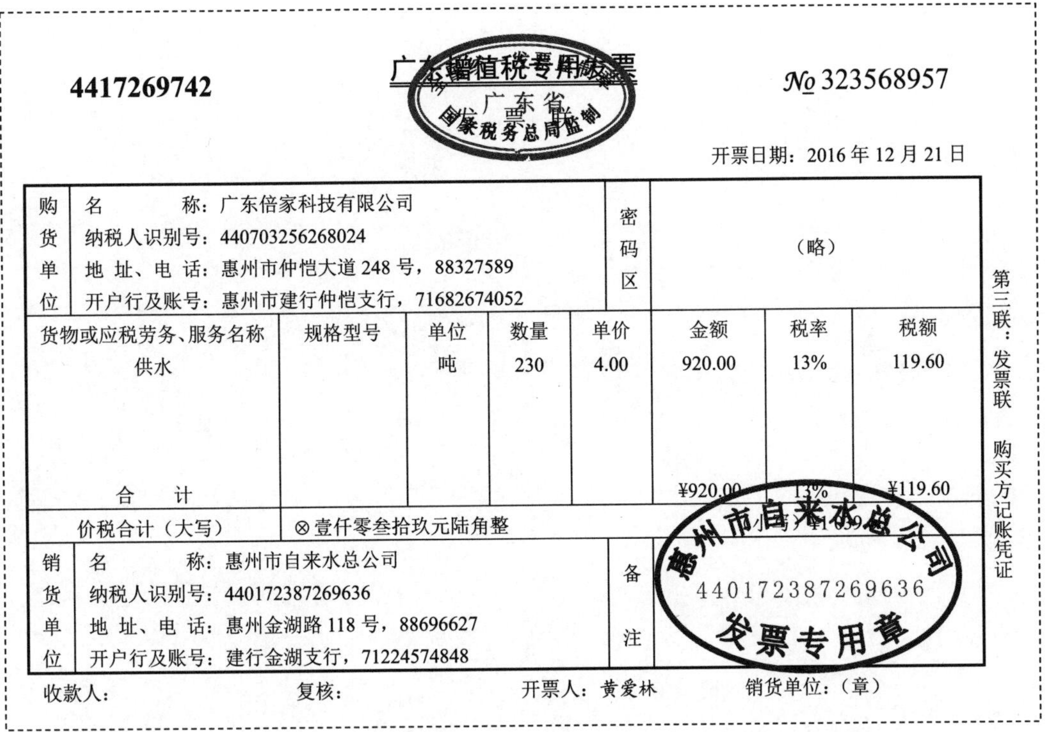

4417269742　　广东增值税专用发票　　№ 323568957

开票日期：2016 年 12 月 21 日

| 购货单位 | 名　　称：广东倍家科技有限公司<br>纳税人识别号：440703256268024<br>地 址、电 话：惠州市仲恺大道 248 号，88327589<br>开户行及账号：惠州市建行仲恺支行，71682674052 | | | | 密码区 | （略） | | |
|---|---|---|---|---|---|---|---|---|
| 货物或应税劳务、服务名称 | 规格型号 | 单位 | 数量 | 单价 | 金额 | 税率 | 税额 | |
| 供水 | | 吨 | 230 | 4.00 | 920.00 | 13% | 119.60 | |
| 合　计 | | | | | ¥920.00 | 13% | ¥119.60 | |
| 价税合计（大写） | ⊗壹仟零叁拾玖元陆角整 | | | | （小写）¥1 039.60 | | | |
| 销货单位 | 名　　称：惠州市自来水总公司<br>纳税人识别号：440172387269636<br>地 址、电 话：惠州金湖路 118 号，88696627<br>开户行及账号：建行金湖支行，71224574848 | | | | 备注 | | | |

收款人：　　复核：　　开票人：黄爱林　　销货单位：（章）

第三联：发票联　购买方记账凭证

图 2-3-77　水费发票

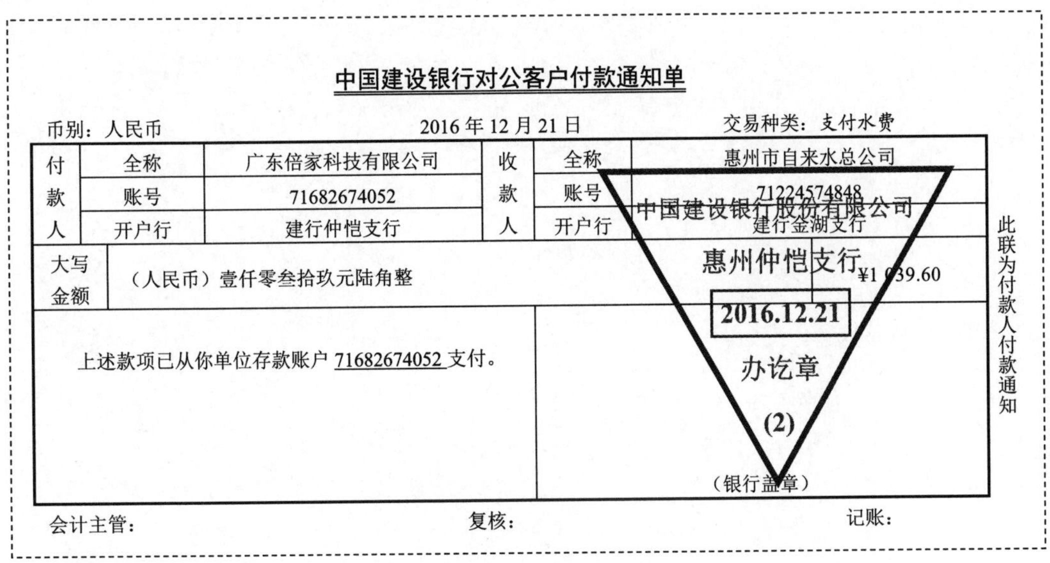

中国建设银行对公客户付款通知单

币别：人民币　　2016 年 12 月 21 日　　交易种类：支付水费

| 付款人 | 全称 | 广东倍家科技有限公司 | 收款人 | 全称 | 惠州市自来水总公司 |
|---|---|---|---|---|---|
| | 账号 | 71682674052 | | 账号 | 71224574848 |
| | 开户行 | 建行仲恺支行 | | 开户行 | 建行金湖支行 |
| 大写金额 | （人民币）壹仟零叁拾玖元陆角整 | | | | ¥1 039.60 |
| 上述款项已从你单位存款账户 71682674052 支付。 | | | （银行盖章） | | |

会计主管：　　复核：　　记账：

此联为付款人付款通知

图 2-3-78　付款通知单

26）12 月 21 日，通过二级市场卖出东华科技股票 5 000 股，另支付交易手续费、印花税等相关税费。涉及的凭证如图 2-3-79 所示。

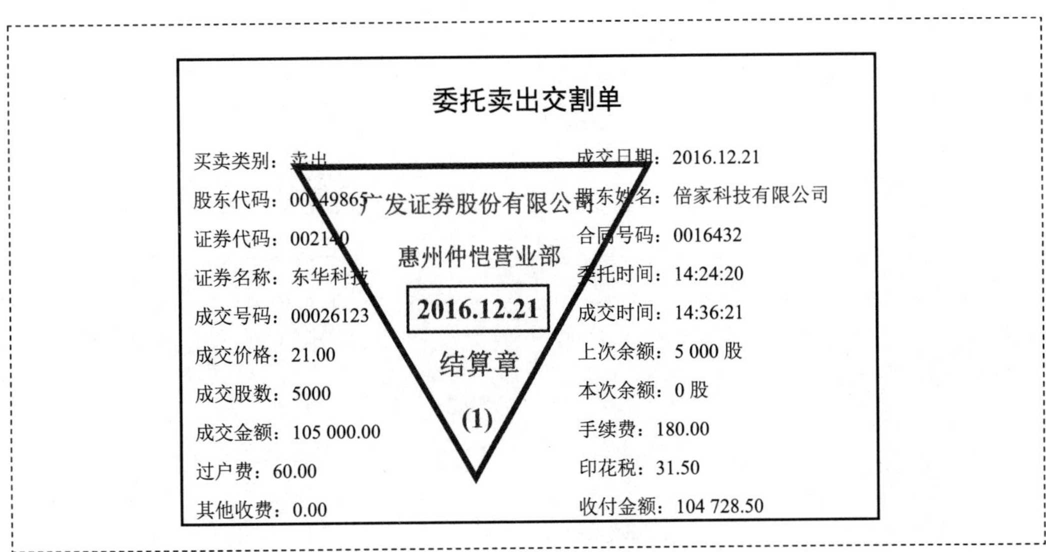

委托卖出交割单

| | |
|---|---|
| 买卖类别：卖出 | 成交日期：2016.12.21 |
| 股东代码：00149865 | 股东姓名：倍家科技有限公司 |
| 证券代码：002140 | 合同号码：0016432 |
| 证券名称：东华科技 | 委托时间：14:24:20 |
| 成交号码：00026123 | 成交时间：14:36:21 |
| 成交价格：21.00 | 上次余额：5 000 股 |
| 成交股数：5000 | 本次余额：0 股 |
| 成交金额：105 000.00 | 手续费：180.00 |
| 过户费：60.00 | 印花税：31.50 |
| 其他收费：0.00 | 收付金额：104 728.50 |



图 2-3-79 委托卖出交割单

27）12 月 22 日，签发转账支票支付惠州捷运报关有限公司报关代理费。涉及的凭证如图 2-3-80 和图 2-3-81 所示。

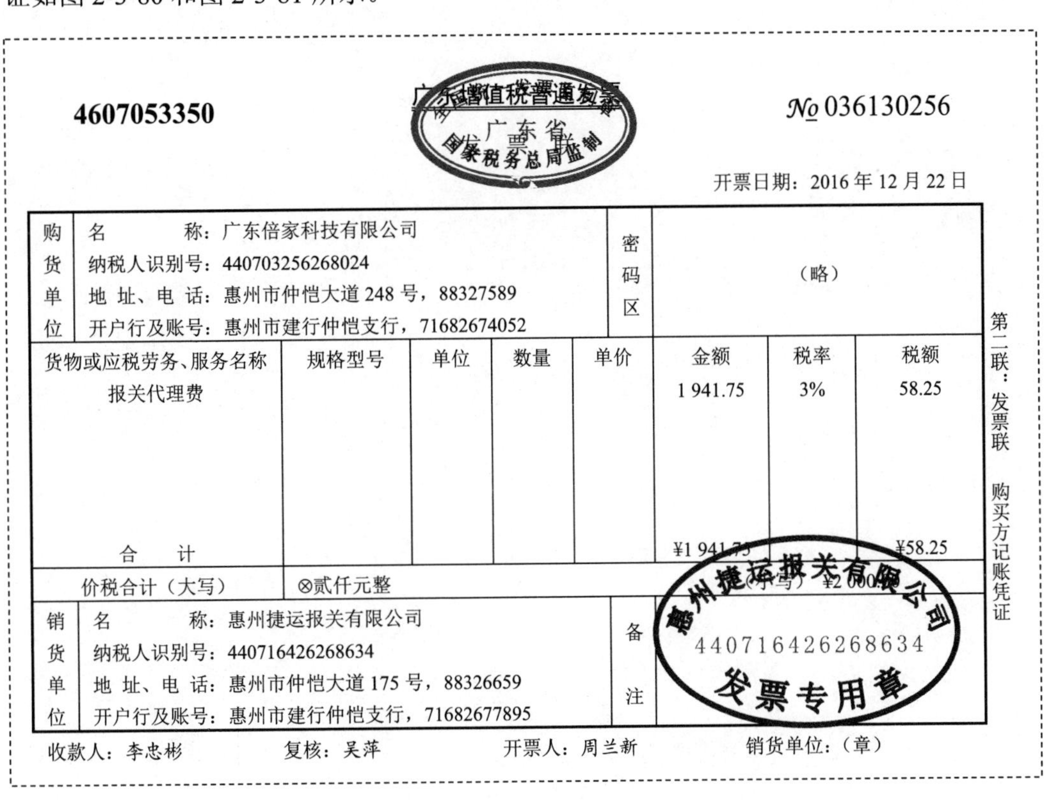

4607053350　　广东增值税普通发票　　№ 036130256

发票联

开票日期：2016 年 12 月 22 日

| 购货单位 | 名称：广东倍家科技有限公司<br>纳税人识别号：440703256268024<br>地址、电话：惠州市仲恺大道 248 号，88327589<br>开户行及账号：惠州市建行仲恺支行，71682674052 | 密码区 | （略） | | | | |
|---|---|---|---|---|---|---|---|
| 货物或应税劳务、服务名称 | 规格型号 | 单位 | 数量 | 单价 | 金额 | 税率 | 税额 |
| 报关代理费 | | | | | 1 941.75 | 3% | 58.25 |
| 合　计 | | | | | ¥1 941.75 | | ¥58.25 |
| 价税合计（大写） | ⊗贰仟元整 | | | | （小写）¥2 000.00 | | |
| 销货单位 | 名称：惠州捷运报关有限公司<br>纳税人识别号：440716426268634<br>地址、电话：惠州市仲恺大道 175 号，88326659<br>开户行及账号：惠州市建行仲恺支行，71682677895 | 备注 | | | | | |

收款人：李忠彬　　复核：吴萍　　开票人：周兰新　　销货单位：（章）

第二联：发票联　购买方记账凭证



图 2-3-80 增值税普通发票发票联

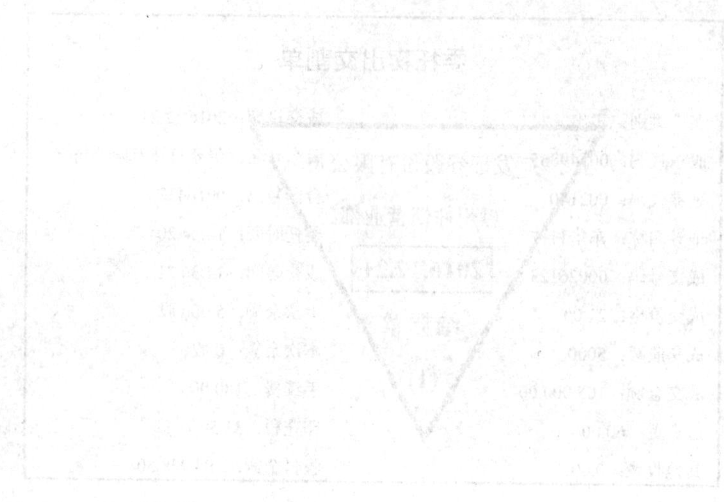

中国建设银行支票存根（粤）

GS 01034129

附加信息

出票日期 年 月 日

| 收款人： |
| --- |
| 金 额： |
| 用 途： |

单位主管 会计

付款期限自出票之日起十天

中国建设银行支票（粤） GS 01034129

出票日期（大写） 年 月 日 付款行名称：

收款人： 出票人账号：

| 人民币（大写） | 千 | 百 | 十 | 万 | 千 | 百 | 十 | 元 | 角 | 分 |
| --- | --- | --- | --- | --- | --- | --- | --- | --- | --- | --- |
| | | | | | | | | | | |

用途 密码

上列款项请从 行号

我账户内支付

出票人签章 广东倍家科技有限公司财务专用章 陈利胜 复核 记账

（a）支票正面

| 附加信息： | 被背书人： | 被背书人： | （粘贴单处） 根据《中华人民共和国票据法》等法律法规的规定，签发空头支票由中国人民银行处以票面金额5%但不低于1 000元的罚款。 |
| --- | --- | --- | --- |
| | 背书人签章<br>年 月 日 | 背书人签章<br>年 月 日 | |

（b）支票背面

图 2-3-81 支票

28）12 月 23 日，向美国凯特电器有限公司出口电热壶 2 000 台，每台 11 美元 FOB 价格；电饭锅 800 台，每台 28 美元 FOB 价格。当日美元汇率为 1∶6.53。涉及的凭证如图 2-3-82～图 2-3-85 所示。

**4601041141**

№ 031131206

开票日期：2016 年 12 月 23 日

| 购货单位 | 名　　称：美国凯特电器有限公司<br>纳税人识别号：<br>地 址、电 话：<br>开户行及账号： | 密码区 | （略） |
|---|---|---|---|

| 货物或应税劳务、服务名称 | 规格型号 | 单位 | 数量 | 单价 | 金额 | 税率 | 税额 |
|---|---|---|---|---|---|---|---|
| 电热壶 | | 台 | 2 000 | 71.83 | 143 660.00 | ××× | ××× |
| 电饭锅 | | 台 | 800 | 182.84 | 146 272.00 | ××× | ××× |
| | | | | | | | ××× |
| 合　计 | | | | | ¥289 932.00 | | |
| 价税合计（大写） | ⊗贰拾捌万玖仟玖佰叁拾贰元整 | | | | （小写） ¥289 932.00 | | |

| 销货单位 | 名　　称：广东倍家科技有限公司<br>纳税人识别号：440703256268024<br>地 址、电 话：惠州市仲恺大道 248 号，88327589<br>开户行及账号：惠州市建行仲恺支行，71682674052 | 备注 | 电热壶 2 000 台，每台 11 美元 FOB 价格；电饭锅 800 台，每台 28 美元 FOB 价格 |
|---|---|---|---|

收款人：　　复核：杨晓梅　　开票人：王耀林　　销货单位：（章）

广东倍家科技有限公司 440703256268024 发票专用章

第二联：发票联　购买方记账凭证

图 2-3-82　增值税普通发票发票联

**4601041141**

此联不作报销、扣税凭证使用

№ 031131206

开票日期：2016 年 12 月 23 日

| 购货单位 | 名　　称：美国凯特电器有限公司<br>纳税人识别号：<br>地 址、电 话：<br>开户行及账号： | 密码区 | （略） |
|---|---|---|---|

| 货物或应税劳务、服务名称 | 规格型号 | 单位 | 数量 | 单价 | 金额 | 税率 | 税额 |
|---|---|---|---|---|---|---|---|
| 电热壶 | | 台 | 2 000 | 71.83 | 143 660.00 | ××× | ××× |
| 电饭锅 | | 台 | 800 | 182.84 | 146 272.00 | ××× | ××× |
| | | | | | | | ××× |
| 合　计 | | | | | ¥289 932.00 | | |
| 价税合计（大写） | ⊗贰拾捌万玖仟玖佰叁拾贰元整 | | | | （小写） ¥289 932.00 | | |

| 销货单位 | 名　　称：广东倍家科技有限公司<br>纳税人识别号：440703256268024<br>地 址、电 话：惠州市仲恺大道 248 号，88327589<br>开户行及账号：惠州市建行仲恺支行，71682674052 | 备注 | 电热壶 2 000 台，每台 11 美元 FOB 价格；电饭锅 800 台，每台 28 美元 FOB 价格 |
|---|---|---|---|

收款人：　　复核：杨晓梅　　开票人：王耀林　　销货单位：（章）

第一联：记账联　销售方记账凭证

图 2-3-83　增值税普通发票记账联

## 中华人民共和国海关出口货物报关单

企业留存联

预录入编号：702491084　　海关编号：601920100123456789

| 出口口岸　皇岗海关 | 备案号　5301 | 出口日期　2016-12-23 | 申报日期　2016-12-22 |
| --- | --- | --- | --- |
| 经营单位<br>广东倍家科技有限公司 | 运输方式<br>公路运输 | 运输工具名称<br>粤 ZHN87 港 | 提运单号<br>5000580479275 |
| 发货单位<br>广东倍家科技有限公司 | 贸易方式<br>一般贸易（0110） | 征免性质<br>一般征税（110） | 结汇方式<br>电汇 |

| 许可证号 | 运抵国(地区)<br>纽约（502） | 指运港<br>纽约（502） | 境内货源地<br>惠州（44130） |
| --- | --- | --- | --- |

| 批准文号<br>453654614 | 成交方式<br>FOB | 运费 | 保费 | 杂费 |
| --- | --- | --- | --- | --- |
| 合同协议号<br>101003 | 件数<br>310 | 包装种类<br>纸箱 | 毛重（千克）<br>5 200 | 净重（千克）<br>4 920 |

| 集装箱号<br>0 | 随附单据<br>B | 生产厂家 |
| --- | --- | --- |

标记唛码及备注

随附单证号：031131206

| 项号、商品编号 | 商品名称、规格型号 | 数量及单位 | 最终目的国(地区) | 单价 | 总价 | 币制 | 征免 |
| --- | --- | --- | --- | --- | --- | --- | --- |
| 1.8516.6030<br>(　0　) | 电热壶<br>1.2 千克×1 台 | 2 400.00 千克<br>0.00<br>120.00 箱 | 纽约<br>(502) | 11.00 | 22 000.00 | USD<br>美元<br>用途： | 照章征税 |
| 2.8516.7190<br>(　0　) | 电饭锅<br>3.5 千克×1 台 | 2 800.00 千克<br>0.00<br>190.00 箱 | 纽约<br>(502) | 28.00 | 22 400.00 | USD<br>美元<br>用途： | 照章征税 |

税费征收情况

中华人民共和国深圳海关
验讫章
（17）

| 录入员　　录入单位 | 兹声明以上申报无讹并承担法律责任 | 海关审单批注及放行日期(签章) |
| --- | --- | --- |
| 报关员 | | 审单　　审价 |
| 单位地址 | 申报单位(签章) | 征税　　统计 |
| 邮编　　电话 | 填制日期 | 查验　　放行 |

图 2-3-84　出口货物报关单

**产品出库单**

2016 年 12 月 23 日　　　　　　　　第 01205 号

| 产品名称 | 规格 | 型号 | 单位 | 数量 | 单位成本 | 金额（元） |
|---|---|---|---|---|---|---|
| 电热壶 | | | 台 | 2 000 | | |
| 电饭锅 | | | 台 | 800 | | |

仓库主管：陈德明　　复核：杨晓梅　　发货：朱永材　　制单：梁晓芳

图 2-3-85　产品出库单

29）12 月 23 日，向银行借入为期 5 年的长期借款，款项已划入公司存款户。涉及的凭证如图 2-3-86 所示。

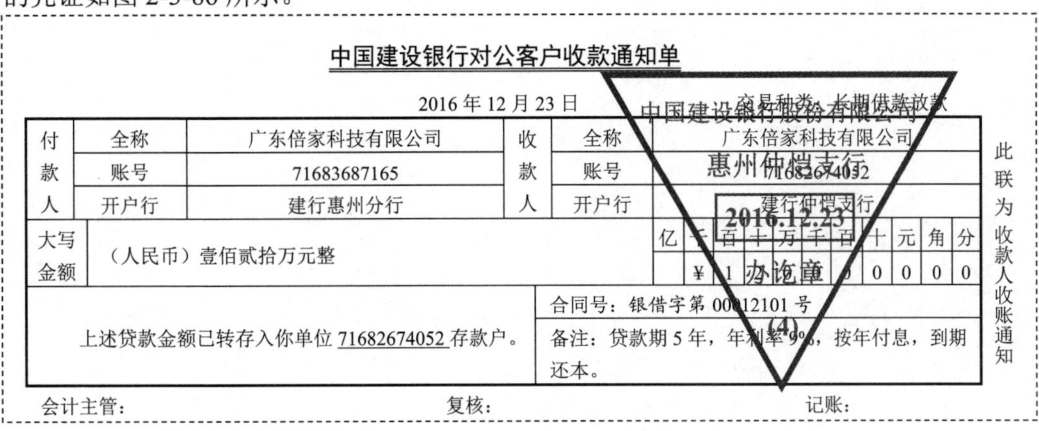

**中国建设银行对公客户收款通知单**

2016 年 12 月 23 日　　　　交易种类：长期借款放款

| 付款人 | | | 收款人 | | |
|---|---|---|---|---|---|
| 全称 | 广东倍家科技有限公司 | | 全称 | 广东倍家科技有限公司 | |
| 账号 | 71683687165 | | 账号 | 71682674052 | |
| 开户行 | 建行惠州分行 | | 开户行 | 建行仲恺支行 | |

| 大写金额 | 亿 | 千 | 百 | 十 | 万 | 千 | 百 | 十 | 元 | 角 | 分 |
|---|---|---|---|---|---|---|---|---|---|---|---|
| （人民币）壹佰贰拾万元整 | | ¥ | 1 | 2 | 0 | 0 | 0 | 0 | 0 | 0 | 0 |

上述贷款金额已转存入你单位 71682674052 存款户。

合同号：银借字第 00012101 号

备注：贷款期 5 年，年利率 9%，按年付息，到期还本。

会计主管：　　复核：　　记账：

此联为收款人收账通知



图 2-3-86　借款转存凭证

30）12 月 23 日，根据合同向广州百福电器有限公司销售电热壶 1 000 台，单价 65 元，开出增值税专用发票，货款已收到。涉及的凭证如图 2-3-87～图 2-3-90 所示。

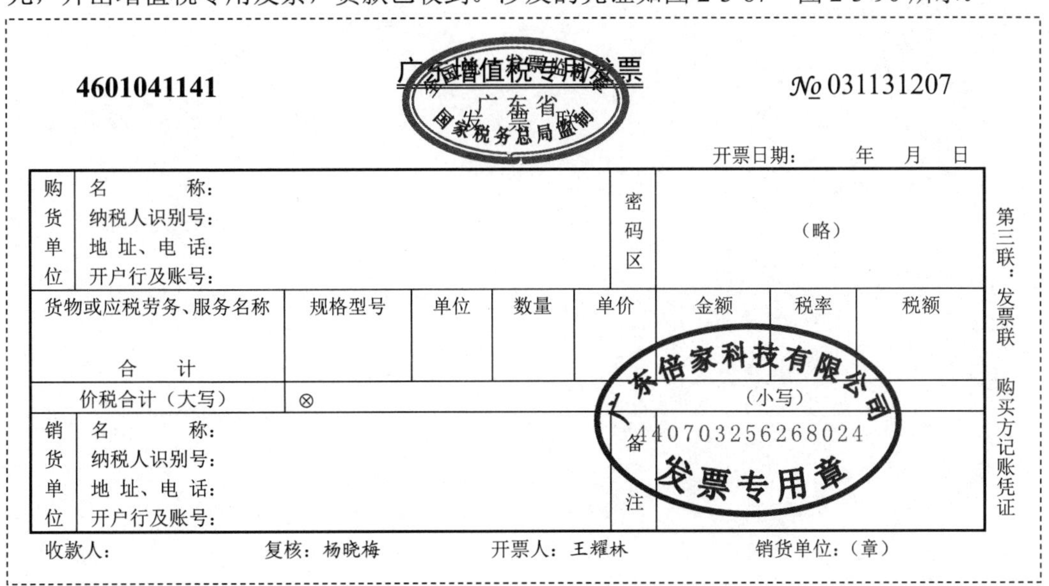

4601041141　　**广东增值税专用发票**　　№ 031131207

发票联

开票日期：　年　月　日

| 购货单位 | 名　　称：<br>纳税人识别号：<br>地 址、电 话：<br>开户行及账号： | | | | 密码区 | （略） | |
|---|---|---|---|---|---|---|---|
| 货物或应税劳务、服务名称 | 规格型号 | 单位 | 数量 | 单价 | 金额 | 税率 | 税额 |
| 合　计 | | | | | | | |
| 价税合计（大写） | ⊗ | | | | （小写） | | |
| 销货单位 | 名　　称：<br>纳税人识别号：<br>地 址、电 话：<br>开户行及账号： | | | | 备注 | | |

收款人：　　复核：杨晓梅　　开票人：王耀林　　销货单位：（章）

第三联：发票联　购买方记账凭证



图 2-3-87　增值税专用发票发票联

4601041141　　**广东增值税专用发票**　　№ 031131207

此联不作报销、扣税凭证使用

开票日期：　　年　月　日

| 购货单位 | 名　　称：<br>纳税人识别号：<br>地 址、电 话：<br>开户行及账号： | | | | 密码区 | （略） | | |
|---|---|---|---|---|---|---|---|---|
| 货物或应税劳务、服务名称 | | 规格型号 | 单位 | 数量 | 单价 | 金额 | 税率 | 税额 |
| 合　计 | | | | | | | | |
| 价税合计（大写） | | ⊗ | | | | （小写） | | |
| 销货单位 | 名　　称：<br>纳税人识别号：<br>地 址、电 话：<br>开户行及账号： | | | | 备注 | | | |

收款人：　　复核：杨晓梅　　开票人：王耀林　　销货单位：（章）

第一联：记账联　销售方记账凭证

图 2-3-88　增值税专用发票记账联

**产品出库单**

2016 年 12 月 23 日　　第 01206 号

| 产品名称 | 规格 | 型号 | 单位 | 数量 | 单位成本 | 金额（元） |
|---|---|---|---|---|---|---|
| 电热壶 | | | 台 | 1 000 | | |
| | | | | | | |

仓库主管：陈德明　　复核：杨晓梅　　发货：朱永材　　制单：梁晓芳

图 2-3-89　产品出库单

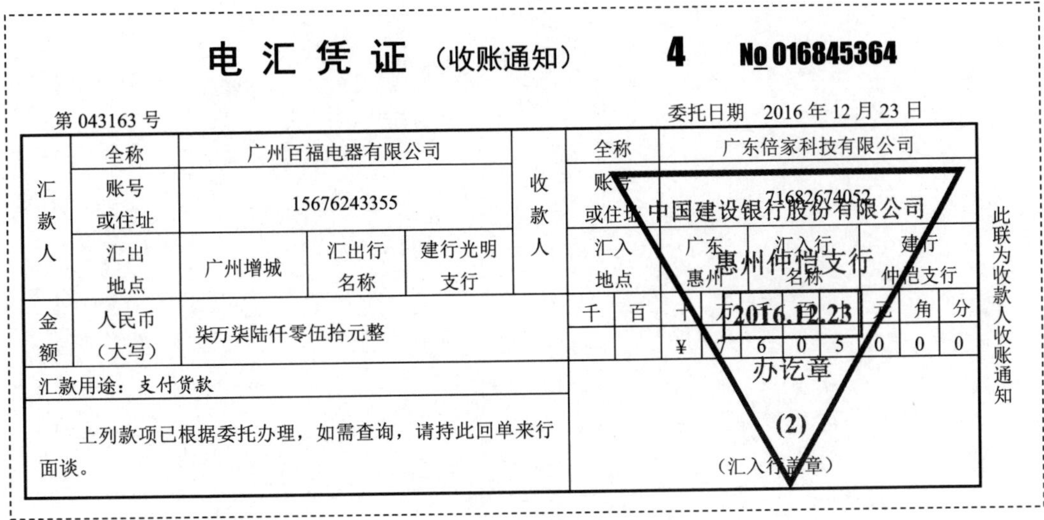

**电 汇 凭 证（收账通知）　4　No 016845364**

第 043163 号　　委托日期　2016 年 12 月 23 日

| 汇款人 | 全称 | 广州百福电器有限公司 | | | 收款人 | 全称 | 广东倍家科技有限公司 | | | | | | | | | |
|---|---|---|---|---|---|---|---|---|---|---|---|---|---|---|---|---|
| | 账号或住址 | 15676243355 | | | | 账号或住址 | 71682674052 | | | | | | | | | |
| | 汇出地点 | 广州增城 | 汇出行名称 | 建行光明支行 | | 汇入地点 | 广东惠州 | 汇入行名称 | | | 建行仲恺支行 | | | | | |
| 金额 | 人民币（大写） | 柒万柒陆仟零伍拾元整 | | | | 千 | 百 | 十 | 万 | 千 | 百 | 十 | 元 | 角 | 分 | |
| | | | | | | | | ¥ | 7 | 7 | 6 | 0 | 5 | 0 | 0 | 0 |
| 汇款用途：支付货款 | | | | | | | | | | | | | | | | |
| 上列款项已根据委托办理，如需查询，请持此回单来行面谈。 | | | | | | （汇入行盖章） | | | | | | | | | | |

中国建设银行股份有限公司惠州仲恺支行 2016.12.23 办讫章 (2)

此联为收款人收账通知

图 2-3-90　电汇凭证收账通知

31）12 月 24 日，根据合同向佛山海纳电器有限公司销售电热壶 1 200 台，单价 64 元，开出增值税专用发票，并办妥托收手续。涉及的凭证如图 2-3-91～图 2-3-94 所示。

4601041141　　　　广东增值税专用发票　　　　№ 031131208

广东省

发票联

国家税务总局监制

开票日期：　　年　　月　　日

| 购货单位 | 名　　称：<br>纳税人识别号：<br>地 址、电 话：<br>开户行及账号： | | | | 密码区 | （略） | |
|---|---|---|---|---|---|---|---|
| 货物或应税劳务、服务名称 | 规格型号 | 单位 | 数量 | 单价 | 金额 | 税率 | 税额 |
| 合　　计 | | | | | | | |
| 价税合计（大写） | ⊗ | | | | | （小写） | |
| 销货单位 | 名　　称：<br>纳税人识别号：<br>地 址、电 话：<br>开户行及账号： | | | | 备注 | 广东倍家科技有限公司<br>440703256268024<br>发票专用章 | |

收款人：　　　　复核：杨晓梅　　　　开票人：王耀林　　　　销货单位：（章）

第三联：发票联　购买方记账凭证

图 2-3-91　增值税专用发票发票联

4601041141　　　　广东增值税专用发票　　　　№ 031131208

广东省

此联不作报销、扣税凭证使用

国家税务总局监制

开票日期：　　年　　月　　日

| 购货单位 | 名　　称：<br>纳税人识别号：<br>地 址、电 话：<br>开户行及账号： | | | | 密码区 | （略） | |
|---|---|---|---|---|---|---|---|
| 货物或应税劳务、服务名称 | 规格型号 | 单位 | 数量 | 单价 | 金额 | 税率 | 税额 |
| 合　　计 | | | | | | | |
| 价税合计（大写） | ⊗ | | | | | （小写） | |
| 销货单位 | 名　　称：<br>纳税人识别号：<br>地 址、电 话：<br>开户行及账号： | | | | 备注 | | |

收款人：　　　　复核：杨晓梅　　　　开票人：王耀林　　　　销货单位：（章）

第一联：记账联　销售方记账凭证

图 2-3-92　增值税专用发票记账联

**产品出库单**

2016年12月24日　　　　第 01207 号

| 产品名称 | 规格 | 型号 | 单位 | 数量 | 单位成本 | 金额（元） |
|---|---|---|---|---|---|---|
| 电热壶 | | | 台 | 1 200 | | |
| | | | | | | |

仓库主管：陈德明　　复核：杨晓梅　　发货：朱永材　　制单：梁晓芳

图 2-3-93　产品出库单

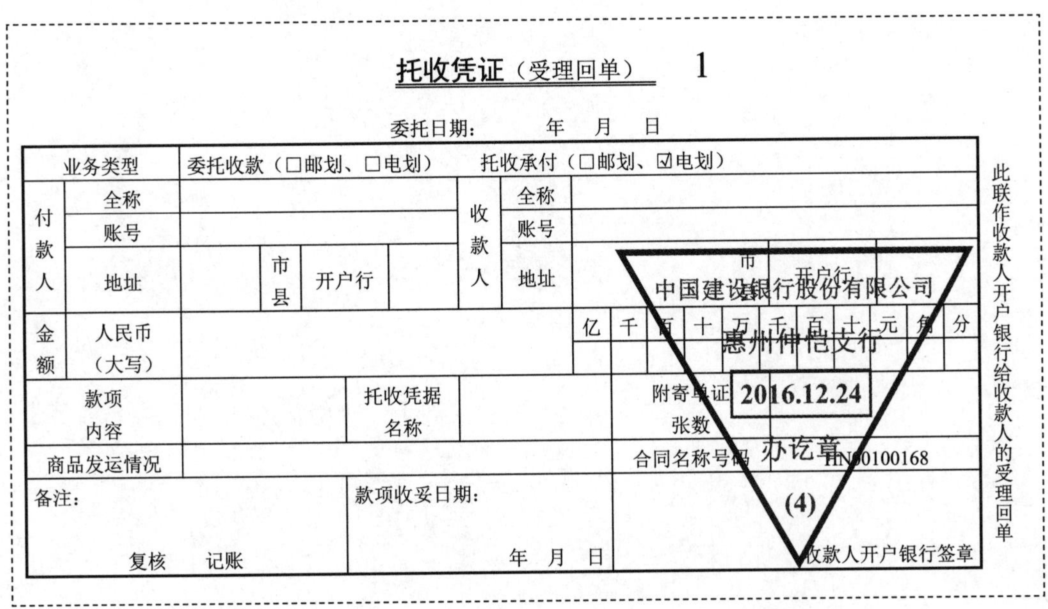
托收凭证（受理回单）　1

委托日期：　年　月　日

| 业务类型 | 委托收款（□邮划、□电划）　托收承付（□邮划、☑电划） | | | |
|---|---|---|---|---|
| 付款人 全称 | | 收款人 全称 | | |
| 账号 | | 账号 | | |
| 地址 | 市 县 开户行 | 地址 | 市 县 开户行 | |
| 金额 人民币（大写） | | 亿 千 百 十 万 千 百 十 元 角 分 | | |
| 款项内容 | | 托收凭据名称 | | 附寄单证张数 |
| 商品发运情况 | | | | 合同名称号码 HN00100168 |
| 备注：<br>复核　记账 | | 款项收妥日期：<br>年　月　日 | | 收款人开户银行签章 |

此联作收款人开户银行给收款人的受理回单



图 2-3-94　托收承付受理回单

32）12 月 25 日，电热壶 3 000 台、电饭锅 1 000 台完工，验收合格入库。涉及的凭证如图 2-3-95 所示。

**产成品入库单**

2016年12月25日　　　　收字第 1203 号

| 产品名称 | 规格型号 | 单位 | 应收数量 | 实收数量 | 金额（元） |
|---|---|---|---|---|---|
| 电热壶 | | 台 | 3 000 | 3 000 | |
| 电饭锅 | | 台 | 1 000 | 1 000 | |

仓库主管：陈德明　　复核：朱永材　　验收：李怡华　　制单：梁晓芳

图 2-3-95　产成品入库单

33）12 月 25 日，向广东惠欣电器有限公司销售电热壶 800 台，单价 64 元，电饭锅 600 台，单价 165 元，开出增值税专用发票，货款已收。涉及的凭证如图 2-3-96～图 2-3-100 所示。

**4601041141** 广东增值税专用发票 №031131209

（广东省 国家税务总局监制）

开票日期： 年 月 日

| 购货单位 | 名 称：<br>纳税人识别号：<br>地 址、电 话：<br>开户行及账号： | | | | 密码区 | （略） | |
|---|---|---|---|---|---|---|---|
| 货物或应税劳务、服务名称 | 规格型号 | 单位 | 数量 | 单价 | 金额 | 税率 | 税额 |
| | | | | | | | |
| 合 计 | | | | | | | |
| 价税合计（大写） | ⊗ | | | | （小写） | | |
| 销货单位 | 名 称：<br>纳税人识别号：<br>地 址、电 话：<br>开户行及账号： | | | | 备注 | 广东倍家科技有限公司<br>440703256268024<br>发票专用章 | |

第三联：发票联 购买方记账凭证

收款人：谢惠新 复核：杨晓梅 开票人：王耀林 销货单位：（章）

图 2-3-96 增值税专用发票发票联

**4601041141** 广东增值税专用发票 №031131209

此联不作报销、扣税凭证使用

（广东省 国家税务总局监制）

开票日期： 年 月 日

| 购货单位 | 名 称：<br>纳税人识别号：<br>地 址、电 话：<br>开户行及账号： | | | | 密码区 | （略） | |
|---|---|---|---|---|---|---|---|
| 货物或应税劳务、服务名称 | 规格型号 | 单位 | 数量 | 单价 | 金额 | 税率 | 税额 |
| | | | | | | | |
| 合 计 | | | | | | | |
| 价税合计（大写） | ⊗ | | | | （小写） | | |
| 销货单位 | 名 称：<br>纳税人识别号：<br>地 址、电 话：<br>开户行及账号： | | | | 备注 | | |

第一联：记账联 销售方记账凭证

收款人：谢惠新 复核：杨晓梅 开票人：王耀林 销货单位：（章）

图 2-3-97 增值税专用发票记账联

**产品出库单**

2016 年 12 月 25 日　　第 01208 号

| 产品名称 | 规格 | 型号 | 单位 | 数量 | 单位成本 | 金额（元） |
|---|---|---|---|---|---|---|
| 电热壶 | | | 台 | 800 | | |
| 电饭锅 | | | 台 | 600 | | |

仓库主管：陈德明　　复核：杨晓梅　　发货：朱永材　　制单：梁晓芳

图 2-3-98　产品出库单

**中国建设银行支票**（粤）　　GS 32461234

出票日期（大写）贰零壹陆年壹拾贰月贰拾伍日　　付款行名称：惠州建行金山支行

收款人：广东倍家科技有限公司　　出票人账号：71606969058

付款期限自出票之日起十天

| 人民币（大写） | 千 | 百 | 十 | 万 | 千 | 百 | 十 | 元 | 角 | 分 |
|---|---|---|---|---|---|---|---|---|---|---|
| 壹拾柒万伍仟柒佰叁拾肆元整 | | ¥ | 1 | 7 | 5 | 7 | 3 | 4 | 0 | 0 |

用途 支付货款　　密码

上列款项请从　　行号

我账户内支付

出票人签章　广东惠欣电器有限公司财务专用章　陈金明　　复核　　记账

（a）转账支票正面

| 附加信息： | 被背书人： | 被背书人： |
|---|---|---|
| | 背书人签章<br>年 月 日 | 背书人签章<br>年 月 日 |

（b）转账支票背面

图 2-3-99　转账支票

<table>
<tr><td colspan="14">中国建设银行进账单 （回 单） 1</td></tr>
<tr><td colspan="14">年 月 日</td></tr>
<tr><td rowspan="3">出票人</td><td>全称</td><td></td><td rowspan="3">收款人</td><td>全称</td><td colspan="9"></td><td rowspan="8">此联是开户银行交给持（出）票人的回单</td></tr>
<tr><td>账号</td><td></td><td>账号</td><td colspan="9"></td></tr>
<tr><td>开户银行</td><td></td><td>开户银行</td><td colspan="9"></td></tr>
<tr><td rowspan="2">金额</td><td colspan="2" rowspan="2">人民币<br>（大写）</td><td>亿</td><td>千</td><td>百</td><td>十</td><td>万</td><td>千</td><td>百</td><td>十</td><td>元</td><td>角</td><td>分</td></tr>
<tr><td></td><td></td><td></td><td></td><td></td><td></td><td></td><td></td><td></td><td></td><td></td></tr>
<tr><td colspan="2">票据种类</td><td>票据张数</td><td colspan="11" rowspan="3">开户银行盖章</td></tr>
<tr><td colspan="2">票据号码</td><td></td></tr>
<tr><td colspan="3">复核 记账</td></tr>
</table>

图 2-3-100 银行进账单

34）12 月 25 日，支付本月短期借款利息和本季长期借款利息。涉及的凭证如图 2-3-101 和图 2-3-102 所示。

**利息计提单**

2016 年 12 月 25 日 单位：元

| 计息项目 | 起息日 | 结息日 | 本金 | 年利率 | 利息 |
|---|---|---|---|---|---|
| 长期借款 | 2016.11.25 | 2016.12.25 | 320 000.00 | 6% | 1 600.00 |
| 短期借款 | 2016.11.25 | 2016.12.25 | 40 000.00 | 9% | 300.00 |
| | | | | | |
| | | | | | |
| 合计（大写） | 人民币壹仟玖佰元整 | | | | ¥1 900.00 |

会计主管：何建明 会计：杨晓梅 制单：谢惠新

图 2-3-101 利息计提单

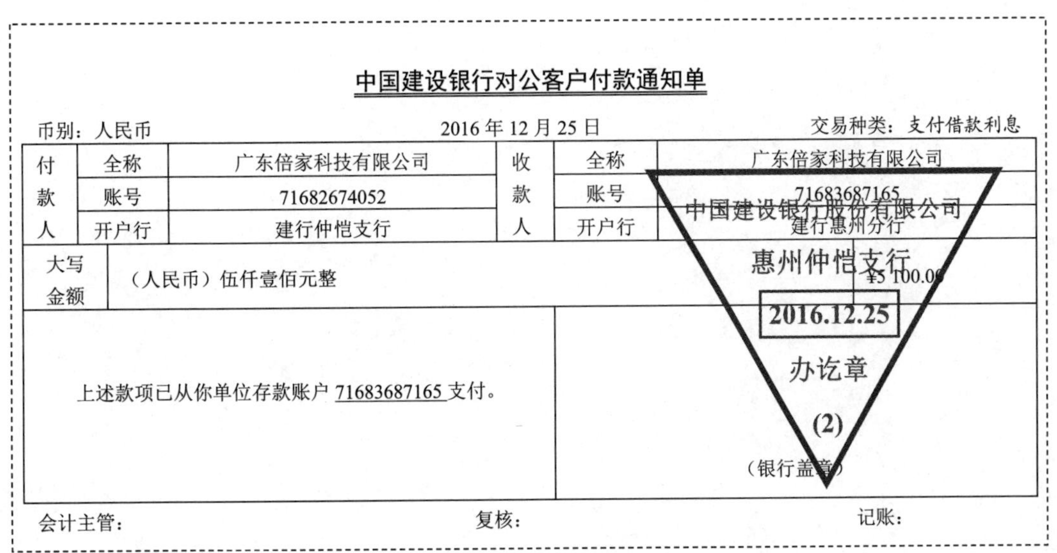

**中国建设银行对公客户付款通知单**

币别：人民币　　2016年12月25日　　交易种类：支付借款利息

| 付款人 | 全称 | 广东倍家科技有限公司 | 收款人 | 全称 | 广东倍家科技有限公司 |
|---|---|---|---|---|---|
| | 账号 | 71682674052 | | 账号 | 71683687165 |
| | 开户行 | 建行仲恺支行 | | 开户行 | 建行惠州分行 |
| 大写金额 | （人民币）伍仟壹佰元整 | | | | ¥5 100.00 |
| 上述款项已从你单位存款账户 71683687165 支付。 | | | （银行盖章） | | |

会计主管：　　复核：　　记账：



图 2-3-102　付款通知单

35）12 月 26 日，出包给广东银泰建筑工程公司承建的公司厂房工程完工并达到预定可使用状态，验收合格转入公司固定资产。收到银泰公司开具的增值税专用发票，开出支票承付全部工程款。涉及的凭证如图 2-3-103～图 2-3-106 所示。

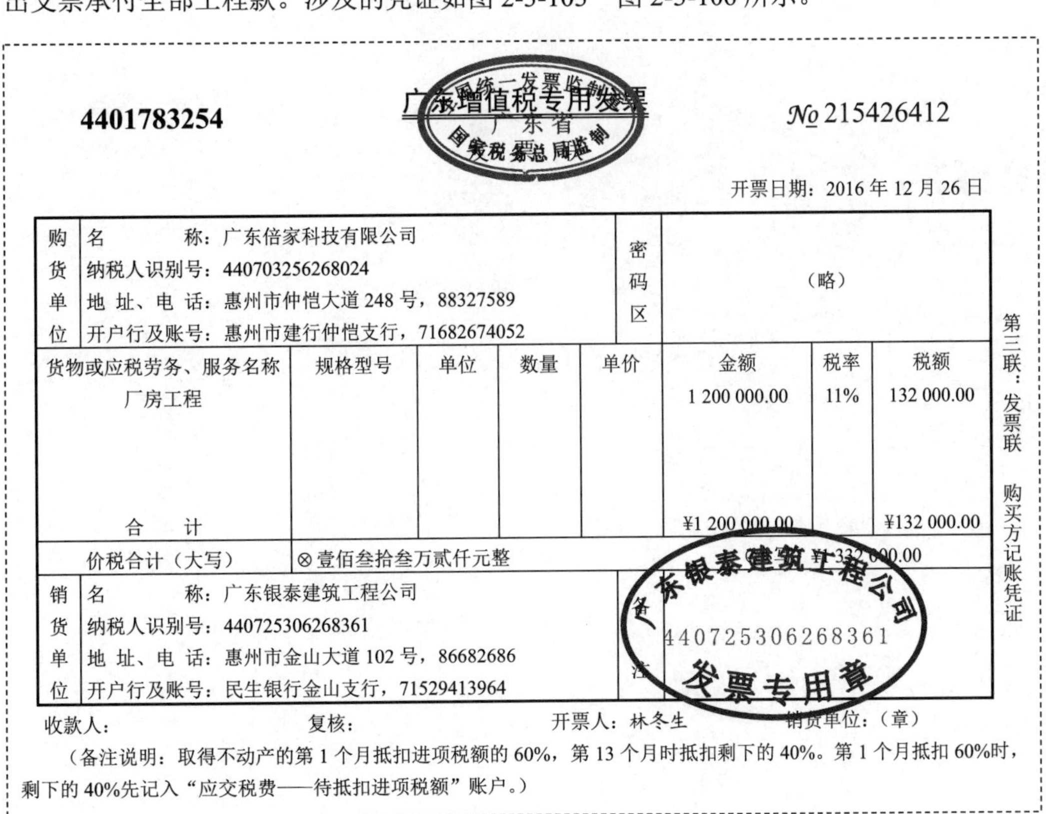

4401783254　　**广东增值税专用发票**　　№ 215426412

开票日期：2016年12月26日

| 购货单位 | 名　　称：广东倍家科技有限公司<br>纳税人识别号：440703256268024<br>地 址、电 话：惠州市仲恺大道248号，88327589<br>开户行及账号：惠州市建行仲恺支行，71682674052 | | | | | 密码区 | （略） | | |
|---|---|---|---|---|---|---|---|---|---|
| 货物或应税劳务、服务名称 | | 规格型号 | 单位 | 数量 | 单价 | 金额 | 税率 | 税额 | |
| 厂房工程 | | | | | | 1 200 000.00 | 11% | 132 000.00 | |
| 合　计 | | | | | | ¥1 200 000.00 | | ¥132 000.00 | |
| 价税合计（大写） | | ⊗壹佰叁拾叁万贰仟元整 | | | | （小写）¥1 332 000.00 | | | |
| 销货单位 | 名　　称：广东银泰建筑工程公司<br>纳税人识别号：440725306268361<br>地 址、电 话：惠州市金山大道102号，86682686<br>开户行及账号：民生银行金山支行，71529413964 | | | | | 备注 | | | |

收款人：　　复核：　　开票人：林冬生　　销货单位：（章）

第三联：发票联　购买方记账凭证



（备注说明：取得不动产的第1个月抵扣进项税额的60%，第13个月时抵扣剩下的40%。第1个月抵扣60%时，剩下的40%先记入“应交税费——待抵扣进项税额”账户。）

图 2-3-103　增值税专用发票

## 工程竣工验收决算报告

编号：000002601　　　　2016 年 12 月 26 日　　　　单位：元

| 项目名称 | 工程批准号 | 工程预算数 | 工程决算数 | 其中：设备费 | 材料费用 | 工资费用 | 其他直接费 | 施工管理费 |
|---|---|---|---|---|---|---|---|---|
| 厂房工程 | | | 1 200 000.00 | | 600 000.00 | 400 000.00 | 60 000.00 | 140 000.00 |
| | | | | | | | | |
| 合计 | | | 1 200 000.00 | | 600 000.00 | 400 000.00 | 60 000.00 | 140 000.00 |
| 新增固定资产 | | | | | 施工单位（盖章）<br>负责人：陈泰信 | | 委托单位（盖章）<br>负责人：陈利胜 | |
| 资产名称 | 规格 | 型号 | 单价 | | | | | |
| | | | | | 使用部门（盖章）<br>负责人：陈林峰 | | 财务部门（盖章）<br>负责人：何建明 | |
| | | | | | | | | |

广东银泰建筑工程公司　广东倍泰科技有限公司

图 2-3-104　工程竣工验收决算报告

## 固定资产验收单

验收日期 2016 年 12 月 26 日　　　　编号：006002

| 固定资产管理部门 | 项目名称 | 厂房 | 电动机 | | | |
|---|---|---|---|---|---|---|
| | 型号 | | 总功率 | | | |
| | 规格 | | 出厂编号 | | 生产日期 | |
| | 制造厂 | 广东银泰建筑工程公司 | 自重量 | | 始用日期 | 2016.12.26 |
| | 尺寸 | | 使用部门 | | 施工工号 | |
| | 随机附件 | | | | | |
| | 名称 | 型号规格 | 数量 | 名称 | 型号规格 | 数量 |
| | | | | | | |
| | | | | | | |
| | 说明书 | | 装箱单 | | 图纸 | |
| | 合格证 | | 精度单 | | 资料验收人 | |
| | 设备类别 | | | 使用年限 | | |
| | 精度等级 | | | 分类划级 | | |
| 财务部门 | 设备费用 | 1 200 000 元 | | 安装及其他费 | | |
| | 原值合计 | 1 200 000 元 | | 资产来源 | 出包建造 | |
| 验收意见 | 验收合格<br>验收人：陈林峰、李晓清 | | | | | |
| 部门签名 | 使用部门 | 陈林峰 | 固定资产管理部门 | 李晓清 | 财务部门 | 何建明 |

图 2-3-105　固定资产验收单

中国建设银行支票存根（粤）

GS 01034130

附加信息

出票日期 年 月 日

| 收款人： |
| --- |
| 金 额： |
| 用 途： |

单位主管 会计

付款期限自出票之日起十天

中国建设银行支票（粤） GS 01034130

出票日期（大写） 年 月 日 付款行名称：

收款人： 出票人账号：

| 人民币（大 写） | 千 | 百 | 十 | 万 | 千 | 百 | 十 | 元 | 角 | 分 |
| --- | --- | --- | --- | --- | --- | --- | --- | --- | --- | --- |
| | | | | | | | | | | |

用途 密码

上列款项请从 行号

我账户内支付

出票人签章

广东倍家科技有限公司财务专用章

陈利胜

复核 记账

（a）支票正面

附加信息：

被背书人：

背书人签章
年 月 日

被背书人：

背书人签章
年 月 日

（粘贴单处）

根据《中华人民共和国票据法》等法律法规的规定，签发空头支票由中国人民银行处以票面金额5%但不低于1 000元的罚款。

（b）支票背面

图 2-3-106 支票

36）12 月 27 日，收到佛山海纳电器有限公司支付的本月 24 日的货款。涉及的凭证如图 2-3-107 所示。

**托收凭证**（收账通知） 4

付款期限 年 月 日

委托日期： 年 月 日

| 业务类型 | 委托收款（☐邮划、☐电划） | | | 托收承付（☐邮划、☑电划） | | |
|---|---|---|---|---|---|---|
| 付款人 | 全称 | | 收款人 | 全称 | | |
| | 账号 | | | 账号 | | |
| | 地址 | 省 市县 开户行 | | 地址 | 省 市县 开户行 | |
| 金额 | 人民币（大写） | | | 亿 千 百 十 万 千 百 十 元 角 分 | | |
| 款项内容 | | 托收凭据名称 | | 附寄单证张数 | | |
| 商品发运情况 | | | | 合同名称号码 | | |
| 备注： 复核 记账 | | 款项收妥日期： 年 月 日 | | 收款人开户银行签章 | | |

中国建设银行股份有限公司 惠州仲恺支行 10100100168 2016.12.27 办讫章 (4)

此联作收款人开户银行给收款人的收账通知

图 2-3-107 托收承付收账通知

37）12 月 27 日，以现金报销采购员郑伟差旅费。涉及的凭证如图 2-3-108 所示。

**差旅费报销单**

2016 年 12 月 27 日　　附原始单据 20 张

| 出差人 | 郑伟 | 出差事由 | 出差采购材料 | |
|---|---|---|---|---|
| 项目 | 单据张数 | 金额（元） | 出差补贴（元） | |
| 火车票、汽车票 | 2 | 800.00 | 出差地点 | |
| 飞机票、轮船票 | | | 出差时间 | |
| 市内交通费 | 16 | 78.00 | 出差天数 | |
| 食宿费 | 2 | 2 282.00 | 补贴标准 | 现金付讫 |
| 其他 | | | 补贴金额 | |
| 小计 | | ¥3 160.00 | 小计 | |
| 合计 | 人民币叁仟壹佰陆拾元整 | | ¥3 160.00 | |
| 单位领导审批：同意 陈利胜 | | | 部门主管审批：同意 聂源珍 | |

会计主管：何建明　　复核：杨晓梅　　出纳：谢惠新　　领款人：郑伟

图 2-3-108 差旅费报销单

38）12 月 28 日，以现金支付职工上下班交通补助 8 600 元。涉及的凭证如图 2-3-109 所示。

交通补助清单

2016 年 12 月 28 日

| 序号 | 姓名 | 补助金额（元） | 签名 |
|---|---|---|---|
| 1 | 陈利胜 | 330.00 | 陈利胜 |
| 2 | 何建明 | 280.00 | 何建明 |
| 3 | 杨晓梅 | 250.00 | 杨晓梅 |
| … | … | | … |
| … | … | | … |
| 合计 | — | ¥8 600.00 | — |

现金付讫

单位负责人：陈利胜　　会计主管：何建明　　会计：杨晓梅　　制表：谢惠新

图 2-3-109　交通补助清单

39）12 月 29 日，开出支票，支付给惠州益丰修配有限公司生产车间设备修理费。涉及的凭证如图 2-3-110 和图 2-3-111 所示。

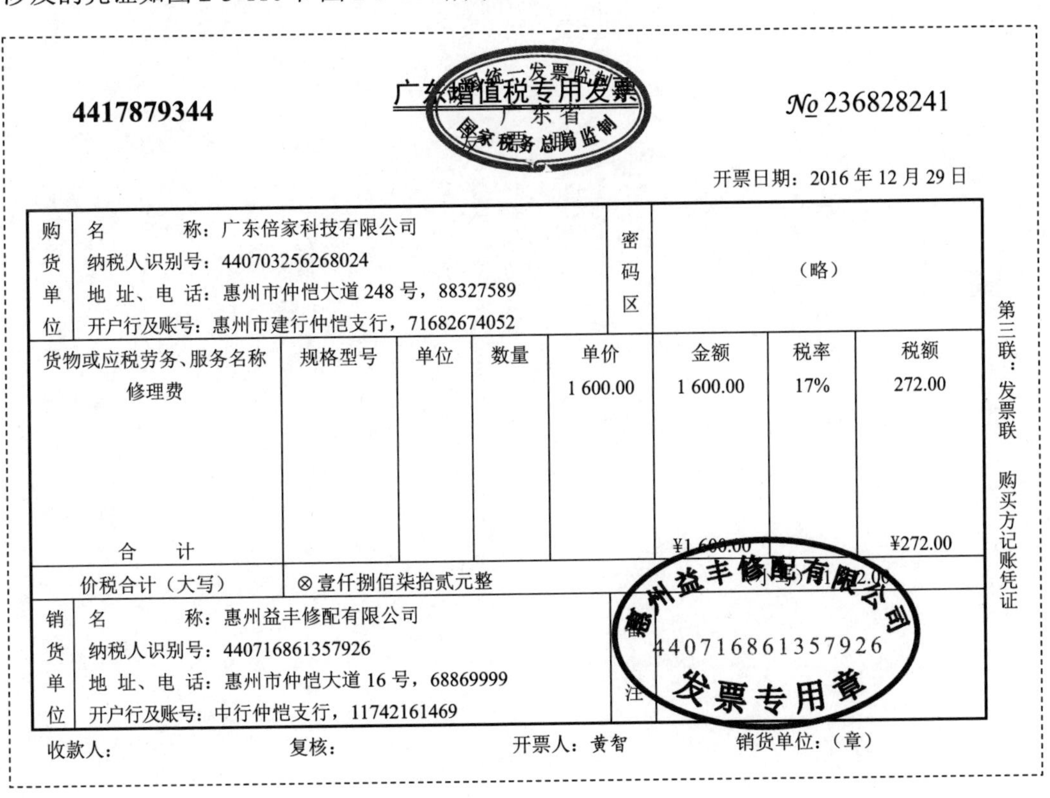

4417879344　　广东增值税专用发票　　№ 236828241

全国统一发票监制章 广东省 国家税务总局监制

开票日期：2016 年 12 月 29 日

| 购货单位 | 名称：广东倍家科技有限公司<br>纳税人识别号：440703256268024<br>地址、电话：惠州市仲恺大道 248 号，88327589<br>开户行及账号：惠州市建行仲恺支行，71682674052 | 密码区 | （略） |
|---|---|---|---|

| 货物或应税劳务、服务名称 | 规格型号 | 单位 | 数量 | 单价 | 金额 | 税率 | 税额 |
|---|---|---|---|---|---|---|---|
| 修理费 | | | | 1 600.00 | 1 600.00 | 17% | 272.00 |
| 合计 | | | | | ¥1 600.00 | | ¥272.00 |
| 价税合计（大写） | ⊗壹仟捌佰柒拾贰元整 | | | | （小写）¥1 872.00 | | |

| 销货单位 | 名称：惠州益丰修配有限公司<br>纳税人识别号：440716861357926<br>地址、电话：惠州市仲恺大道 16 号，68869999<br>开户行及账号：中行仲恺支行，11742161469 | 备注 | |
|---|---|---|---|

惠州益丰修配有限公司 440716861357926 发票专用章

收款人：　　复核：　　开票人：黄智　　销货单位：（章）

第三联：发票联 购买方记账凭证

图 2-3-110　增值税专用发票发票联

| 中国建设银行支票存根（粤） | 中国建设银行支票（粤） GS 01034131 |
|---|---|
| GS 01034131 | 付款期限自出票之日起十天 |
| 附加信息 | 出票日期（大写） 年 月 日 付款行名称： |
| | 收款人： 出票人账号： |
| | 人民币（大写） 千 百 十 万 千 百 十 元 角 分 |
| 出票日期 年 月 日 | 用途 密码 |
| 收款人： | 上列款项请从 行号 |
| 金 额： | 我账户内支付 |
| 用 途： | 出票人签章 广东倍家科技有限公司财务专用章 陈利胜 |
| 单位主管 会计 | 复核 记账 |

（a）支票正面

| 附加信息： | 被背书人： | 被背书人： | （粘贴单处） |
|---|---|---|---|
| | 背书人签章<br>年 月 日 | 背书人签章<br>年 月 日 | 根据《中华人民共和国票据法》等法律法规的规定，签发空头支票由中国人民银行处以票面金额5%但不低于1 000元的罚款。 |

（b）支票背面

图 2-3-111 支票

40）12 月 29 日，向广东利源电子有限公司采购 DRH 电路板一批，收到增值税专用发票，款项未付，DRH 电路板验收合格入库。涉及的凭证如图 2-3-112 和图 2-3-113 所示。

4407541253 **广东增值税专用发票** №346073426

开票日期：2016年12月29日

| 购货单位 | 名称：广东倍家科技有限公司<br>纳税人识别号：440703256268024<br>地址、电话：惠州市仲恺大道248号，88327589<br>开户行及账号：惠州市建行仲恺支行，71682674052 | | | | 密码区 | （略） | | |
|---|---|---|---|---|---|---|---|---|
| 货物或应税劳务、服务名称 | 规格型号 | 单位 | 数量 | 单价 | 金额 | | 税率 | 税额 |
| DRH电路板 | | 块 | 3 000 | 12.20 | 36 600.00 | | 17% | 6 222.00 |
| 合计 | | | | | ¥36 600.00 | | | ¥6 222.00 |
| 价税合计（大写） | ⊗肆万贰仟捌佰贰拾贰元整 | | | | （小写）¥42 822.00 | | | |
| 销货单位 | 名称：广东利源电子有限公司<br>纳税人识别号：440702498268020<br>地址、电话：惠州市金山大道120号，86682584<br>开户行及账号：惠州农行金山支行，71682543357 | | | | 备注 | | | |

收款人： 复核： 开票人：郑志源 销货单位：（章）

第三联：发票联 购买方记账凭证



图2-3-112 增值税专用发票

**收　料　单**

2016年12月29日　　收字第1204号

| 材料名称 | 规格型号 | 单位 | 应收数量 | 实收数量 | 金额（元） |
|---|---|---|---|---|---|
| DRH电路板 | | 块 | 3 000 | 3 000 | 36 600.00 |
| | | | | | |

仓库主管：陈德明　　验收：李怡华　　收料：朱永材

图2-3-113 收料单

41）12月30日，收到银行存款利息。涉及的凭证如图2-3-114所示。

42）12月31日，计算发出材料成本，采用月末一次加权平均法。涉及的凭证如图2-3-115～图2-3-119所示。

## 中国建设银行对公客户收款通知单

2016 年 12 月 30 日　　交易种类：收到存款利息

<table>
<tr><td rowspan="3">付款人</td><td>全称</td><td colspan="3"></td><td rowspan="3">收款人</td><td>全称</td><td colspan="11">广东倍家科技有限公司</td></tr>
<tr><td>账号</td><td colspan="3"></td><td>账号</td><td colspan="11">71682674052</td></tr>
<tr><td>开户行</td><td colspan="3"></td><td>开户行</td><td colspan="11">建行仲恺支行</td></tr>
<tr><td rowspan="2">大写金额</td><td rowspan="2" colspan="6">（人民币）叁仟柒佰玖拾元整</td><td>亿</td><td>千</td><td>百</td><td>十</td><td>万</td><td>千</td><td>百</td><td>十</td><td>元</td><td>角</td><td>分</td></tr>
<tr><td></td><td></td><td></td><td></td><td>¥</td><td>3</td><td>7</td><td>9</td><td>0</td><td>0</td><td>0</td></tr>
<tr><td colspan="5">上述存款利息金额已转存入你单位 71682674052 存款户。</td><td colspan="13">备注：</td></tr>
</table>

中国建设银行股份有限公司 惠州仲恺支行 2016.12.30 办讫章 (4)

此联为收款人收账通知

会计主管：　　复核：　　记账：

图 2-3-114　利息收款凭证

## 发出材料单位成本计算表

材料：HDP 不锈钢板　　2016 年 12 月 31 日　　单位：元

| 日期 | 期初余额 | | | 本期购进 | | | 加权单位成本 |
|---|---|---|---|---|---|---|---|
| | 数量 | 单价 | 金额 | 数量 | 单价 | 金额 | |
| | | | | | | | |
| | | | | | | | |
| | | | | | | | |
| | | | | | | | |
| | | | | | | | |
| | | | | | | | |
| | | | | | | | |
| | | | | | | | |
| | | | | | | | |

会计主管：何建明　　复核：杨晓梅　　制表：梁晓芳

图 2-3-115　发出材料单位成本计算表 1

发出材料单位成本计算表

材料：SEP 塑料　　2016 年 12 月 31 日　　单位：元

| 日期 | 期初余额 | | | 本期购进 | | | 加权单位成本 |
|---|---|---|---|---|---|---|---|
| | 数量 | 单价 | 金额 | 数量 | 单价 | 金额 | |
| | | | | | | | |
| | | | | | | | |
| | | | | | | | |
| | | | | | | | |
| | | | | | | | |
| | | | | | | | |
| | | | | | | | |
| | | | | | | | |
| | | | | | | | |

会计主管：何建明　　复核：杨晓梅　　制表：梁晓芳

图 2-2-116　发出材料单位成本计算表 2

发出材料单位成本计算表

材料：DRH 电路板　　2016 年 12 月 31 日　　单位：元

| 日期 | 期初余额 | | | 本期购进 | | | 加权单位成本 |
|---|---|---|---|---|---|---|---|
| | 数量 | 单价 | 金额 | 数量 | 单价 | 金额 | |
| | | | | | | | |
| | | | | | | | |
| | | | | | | | |
| | | | | | | | |
| | | | | | | | |
| | | | | | | | |
| | | | | | | | |
| | | | | | | | |
| | | | | | | | |

会计主管：何建明　　复核：杨晓梅　　制表：梁晓芳

图 2-3-117　发出材料单位成本计算表 3

**发出材料单位成本计算表**

材料：DFG 电路板　　2016 年 12 月 31 日　　单位：元

| 日期 | 期初余额 | | | 本期购进 | | | 加权单位成本 |
|---|---|---|---|---|---|---|---|
| | 数量 | 单价 | 金额 | 数量 | 单价 | 金额 | |
| | | | | | | | |
| | | | | | | | |
| | | | | | | | |
| | | | | | | | |
| | | | | | | | |
| | | | | | | | |
| | | | | | | | |
| | | | | | | | |
| | | | | | | | |

会计主管：何建明　　复核：杨晓梅　　制表：梁晓芳

图 2-3-118　发出材料单位成本计算表 4

**发出材料成本汇总表**

2016 年 12 月 31 日　　单位：元

| 部门/用途 | HDP 不锈钢板 | | | SEP 塑料 | | | DRH 电路板 | | | DFG 电路板 | | | 合计 |
|---|---|---|---|---|---|---|---|---|---|---|---|---|---|
| | 数量 | 单价 | 金额 | 数量 | 单价 | 金额 | 数量 | 单价 | 金额 | 数量 | 单价 | 金额 | |
| 电热壶 | | | | | | | | | | | | | |
| 电饭锅 | | | | | | | | | | | | | |
| 合计 | | | | | | | | | | | | | |

会计主管：何建明　　复核：杨晓梅　　制表：梁晓芳

图 2-3-119　发出材料成本汇总表

43）12 月 31 日，计算分配本月工资费用。涉及的凭证如图 2-3-120 所示。

**工资结算汇总表**

2016 年 12 月　　单位：元

| 部门或用途 | 基本工资 | 奖金 | 津贴补贴 | 应付工资 | 代扣款 | 实发工资 |
|---|---|---|---|---|---|---|
| 生产电热壶 | 84 768.00 | 51 228.00 | 43 791.00 | 174 664.00 | | |
| 生产电饭锅 | 57 941.00 | 26 558.00 | 23 278.00 | 107 777.00 | | |
| 车间管理人员 | 16 854.00 | 6 692.00 | 8 302.00 | 31 848.00 | | |
| 行政管理人员 | 16 878.00 | 6 777.00 | 6 214.00 | 29 869.00 | | |
| 销售人员 | 73 696.00 | 26 726.00 | 16 243.00 | 116 665.00 | | |
| 合计 | 250 137.00 | 112 858.00 | 97 828.00 | 460 823.00 | | |

会计主管：何建明　　复核：杨晓梅　　制表：梁晓芳

图 2-3-120　工资结算汇总表

44）12 月 31 日，计提本月社会保险费和住房公积金（单位负担部分）。涉及的凭证如图 2-3-121 所示。

**社会保险费与住房公积金计提表**

2016 年 12 月　　　　单位：元

| 部门或用途 | 计提基数 | 基本养老保险费 | | 基本医疗保险费 | | 失业保险费 | | 生育保险费单位 0.5% | 工伤保险费单位 0.25% | 社会保险费合计 | | 住房公积金 | |
|---|---|---|---|---|---|---|---|---|---|---|---|---|---|
| | | 单位 18% | 个人 8% | 单位 8% | 个人 2% | 单位 0.8% | 个人 0.2% | | | 单位 | 个人 | 单位 8% | 个人 8% |
| 生产电热壶 | 174 664.00 | 31 439.52 | 13 973.12 | 13 973.12 | 3 493.28 | 1 397.31 | 349.33 | 873.32 | 436.66 | 48 119.93 | 17 815.73 | 13 973.12 | 13 973.12 |
| 生产电饭锅 | 107 777.00 | 19 399.86 | 8 622.16 | 8 622.16 | 2 155.54 | 862.22 | 215.55 | 538.89 | 269.44 | 29 692.56 | 10 993.25 | 8 622.16 | 8 622.16 |
| 车间管理 | 31 848.00 | 5 732.64 | 2 547.84 | 2 547.84 | 636.96 | 254.78 | 63.70 | 159.24 | 79.62 | 8 774.12 | 3 248.50 | 2 547.84 | 2 547.84 |
| 行政管理 | 29 869.00 | 5 376.42 | 2 389.52 | 2 389.52 | 597.38 | 238.95 | 59.74 | 149.35 | 74.67 | 8 228.91 | 3 046.64 | 2 389.52 | 2 389.52 |
| 销售人员 | 116 665.00 | 20 999.70 | 9 333.20 | 9 333.20 | 2 333.30 | 933.32 | 233.33 | 583.33 | 291.66 | 32 141.21 | 11 899.83 | 9 333.20 | 9 333.20 |
| 合计 | 460 823.00 | 82 948.14 | 36 865.84 | 36 865.84 | 9 216.46 | 3 686.58 | 921.65 | 2 304.12 | 1 152.06 | 126 956.74 | 47 003.95 | 36 865.84 | 36 865.84 |

会计主管：何建明　　　　复核：杨晓梅　　　　制表：梁晓芳

图 2-3-121　社会保险费与住房公积金计提表

45）12 月 31 日，结转本月应从职工工资中扣除的各种代扣代垫款。涉及的凭证如图 2-3-122 所示。

**代扣代垫款汇总表**

2016 年 12 月　　　　单位：元

| 部门或用途 | 计提基数 | 基本养老保险费个人 8% | 基本医疗保险费个人 2% | 失业保险费个人 0.2% | 社会保险费合计个人 10.2% | 住房公积金个人 8% | 个人所得税 |
|---|---|---|---|---|---|---|---|
| 生产电热壶 | 174 664.00 | 13 973.12 | 3 493.28 | 349.33 | 17 815.73 | 13 973.12 | 262.34 |
| 生产电饭锅 | 107 777.00 | 8 622.16 | 2 155.54 | 215.55 | 10 993.25 | 8 622.16 | 166.08 |
| 车间管理 | 31 848.00 | 2 547.84 | 636.96 | 63.70 | 3 248.50 | 2 547.84 | 119.58 |
| 行政管理 | 29 869.00 | 2 389.52 | 597.38 | 59.74 | 3 046.64 | 2 389.52 | 132.01 |
| 销售人员 | 116 665.00 | 9 333.20 | 2 333.30 | 233.33 | 11 899.83 | 9 333.20 | 232.42 |
| 合计 | 460 823.00 | 36 865.84 | 9 216.46 | 921.65 | 47 003.95 | 36 865.84 | 912.43 |

会计主管：何建明　　　　复核：杨晓梅　　　　制表：梁晓芳

图 2-3-122　代扣代垫款汇总表

46）12 月 31 日，计提本月工会经费。涉及的凭证如图 2-3-123 所示。

工会经费计提表

2016 年 12 月　　单位：元

| 部门或用途 | 计提基数 | 计提比例 | 计提金额 | 备注 |
|---|---|---|---|---|
| 生产电热壶 | 174 664.00 | 2% | | |
| 生产电饭锅 | 107 777.00 | 2% | | |
| 车间管理 | 31 848.00 | 2% | | |
| 行政管理 | 29 869.00 | 2% | | |
| 销售人员 | 116 665.00 | 2% | | |
| 合计 | 460 823.00 | 2% | | |

会计主管：何建明　　复核：杨晓梅　　制表：梁晓芳

图 2-3-123　工会经费计提表

47）12 月 31 日，计提本月职工教育经费。涉及的凭证如图 2-3-124 所示。

职工教育经费计提表

2016 年 12 月　　单位：元

| 部门或用途 | 计提基数 | 计提比例 | 计提金额 | 备注 |
|---|---|---|---|---|
| 生产电热壶 | 174 664.00 | 1.5% | | |
| 生产电饭锅 | 107 777.00 | 1.5% | | |
| 车间管理 | 31 848.00 | 1.5% | | |
| 行政管理 | 29 869.00 | 1.5% | | |
| 销售人员 | 116 665.00 | 1.5% | | |
| 合计 | 460 823.00 | 1.5% | | |

会计主管：何建明　　复核：杨晓梅　　制表：梁晓芳

图 2-3-124　职工教育经费计提表

48）12 月 31 日，计算并分配本月电费。涉及的凭证如图 2-3-125 所示。

电费分配表

2016 年 12 月

| 部门或用途 | 用电量（度） | 单价（元/度） | 应分配电费（元） |
|---|---|---|---|
| 生产电热壶 | 4 778 | 1.20 | |
| 生产电饭锅 | 4 314 | 1.20 | |
| 车间管理 | 598 | 1.20 | |
| 行政管理 | 360 | 1.20 | |
| 销售机构 | 259 | 1.20 | |
| 合计 | 10 309 | 1.20 | |

会计主管：何建明　　复核：杨晓梅　　制表：梁晓芳

图 2-3-125　电费分配表

49）12 月 31 日，计算并分配本月水费。涉及的凭证如图 2-3-126 所示。

**水费分配表**

2016 年 12 月

| 部门或用途 | 用水量（吨） | 单价（元/吨） | 应分配水费（元） |
|---|---|---|---|
| 生产电热壶 | 102 | 4.00 | |
| 生产电饭锅 | 84 | 4.00 | |
| 车间管理 | 8 | 4.00 | |
| 行政管理 | 14 | 4.00 | |
| 销售机构 | 10 | 4.00 | |
| 合计 | 218 | 4.00 | |

会计主管：何建明　　复核：杨晓梅　　制表：梁晓芳

图 2-3-126　水费分配表

50）12 月 31 日，计提本月固定资产折旧。涉及的凭证如图 2-3-127 所示。

**折旧计算表**

2016 年 12 月　　单位：元

| 固定资产类型 | | 固定资产价值 | 月折旧率 | 月折旧额 |
|---|---|---|---|---|
| 生产用固定资产 | 房屋 | 1 340 160.00 | 0.42% | |
| | 设备 | 893 440.00 | 1.05% | |
| 非生产用固定资产 | 房屋 | 390 880.00 | 0.42% | |
| | 设备 | 167 520.00 | 1.05% | |
| 合计 | | 2 792 000.00 | — | |

会计主管：何建明　　复核：杨晓梅　　制表：梁晓芳

图 2-3-127　折旧计算表

51）12 月 31 日，计提本月无形资产累计摊销额。涉及的凭证如图 3-3-128 所示。

**无形资产摊销计算表**

2016 年 12 月　　单位：元

| 无形资产类型 | 无形资产价值 | 月摊销率 | 月摊销额 |
|---|---|---|---|
| 电热壶专利 | 160 000.00 | 1.05% | |
| 电饭锅专利 | 260 000.00 | 1.05% | |
| 合计 | 420 000.00 | — | |

会计主管：何建明　　复核：杨晓梅　　制表：梁晓芳

图 2-3-128　无形资产摊销计算表

52）12 月 31 日，分配结转本月制造费用。涉及的凭证如图 2-3-129 所示。

**制造费用分配表**

2016 年 12 月

| 产品项目 | 分配标准（工时） | 分配率（元/工时） | 分配金额（元） |
| --- | --- | --- | --- |
| 生产电热壶 | 2 688.00 | | |
| 生产电饭锅 | 2 112.00 | | |
| 合计 | 4 800.00 | | |

会计主管：何建明　　复核：杨晓梅　　制表：梁晓芳

图 2-3-129　制造费用分配表

53）12 月 31 日，计算本月完工产品成本。涉及的凭证如图 2-3-130 和图 2-3-131 所示。

**完工产品成本计算单**

2016 年 12 月 31 日　　单位：元

产品名称：电热壶（台）　　完工产品数量：

| 项目 | | 产量 | 直接材料 | 直接人工 | 水费 | 电费 | 制造费用 | 其他费用 | 合计 |
| --- | --- | --- | --- | --- | --- | --- | --- | --- | --- |
| 期初在产品成本 | 在产品数量 | | | | | | | | |
| | 约当产量 | | | | | | | | |
| 本月生产费用 | 投入量 | | | | | | | | |
| | 生产费用 | | | | | | | | |
| 生产费用合计 | | — | | | | | | | |
| 完工产品成本 | 总成本 | | | | | | | | |
| | 单位成本 | | | | | | | | |
| 期末在产品成本 | 在产品数量 | | | | | | | | |
| | 约当产量 | | | | | | | | |

会计主管：何建明　　复核：杨晓梅　　制表：梁晓芳

图 2-3-130　完工产品成本计算单 1

完工产品成本计算单

2016 年 12 月 31 日 单位：元

产品名称：电饭锅（台） 完工产品数量：

| 项目 | | 产量 | 直接材料 | 直接人工 | 水费 | 电费 | 制造费用 | 其他费用 | 合计 |
|---|---|---|---|---|---|---|---|---|---|
| 期初在产品成本 | 在产品数量 | | | | | | | | |
| | 约当产量 | | | | | | | | |
| 本月生产费用 | 投入量 | | | | | | | | |
| | 生产费用 | | | | | | | | |
| 生产费用合计 | | — | | | | | | | |
| 完工产品成本 | 总成本 | | | | | | | | |
| | 单位成本 | | | | | | | | |
| 期末在产品成本 | 在产品数量 | | | | | | | | |
| | 约当产量 | | | | | | | | |

会计主管：何建明 复核：杨晓梅 制表：梁晓芳

图 2-3-131 完工产品成本计算单 2

54）12 月 31 日，计算并结转本月产品销售成本。涉及的凭证如图 2-3-132～图 2-3-134 所示。

发出产品单位成本计算表

产品名称：电热壶 2016 年 12 月 31 日 单位：元

| 日期 | 期初余额 | | | 本期完工 | | | 加权单位成本 |
|---|---|---|---|---|---|---|---|
| | 数量 | 单位成本 | 金额 | 数量 | 单位成本 | 金额 | |
| | | | | | | | |
| | | | | | | | |
| | | | | | | | |
| | | | | | | | |
| | | | | | | | |
| | | | | | | | |

会计主管：何建明 复核：杨晓梅 制表：梁晓芳

图 2-3-132 发出产品单位成本计算表 1

**发出产品单位成本计算表**

产品名称：电饭锅　　2016 年 12 月 31 日　　单位：元

| 日期 | 期初余额 | | | 本期完工 | | | 加权单位成本 |
|---|---|---|---|---|---|---|---|
| | 数量 | 单位成本 | 金额 | 数量 | 单位成本 | 金额 | |
| | | | | | | | |
| | | | | | | | |
| | | | | | | | |
| | | | | | | | |
| | | | | | | | |
| | | | | | | | |

会计主管：何建明　　复核：杨晓梅　　制表：梁晓芳

图 2-3-133　发出产品单位成本计算表 2

**产品销售成本汇总表**

2016 年 12 月　　单位：元

| 项目 | 产品名称 | 计量单位 | 销售量 | 单位成本 | 总成本 |
|---|---|---|---|---|---|
| 内销 | 电热壶 | | | | |
| | 电饭锅 | | | | |
| | 小计 | | | | |
| 自营出口 | 电热壶 | | | | |
| | 电饭锅 | | | | |
| | 小计 | | | | |
| 合计 | | | | | |

会计主管：何建明　　复核：杨晓梅　　制表：梁晓芳

图 2-3-134　产品销售成本汇总表

55）12 月 31 日，采用逐笔折算法计算本月汇兑损益。当日美元汇率为 1∶6.58。涉及的凭证如图 2-3-135。

**汇兑损益计算表**

2016 年 12 月 31 日　　单位：元

| 外汇收入日期 | 外汇收入金额 | 收入当日汇率 | 期末汇率 | 汇兑损益 |
|---|---|---|---|---|
| | | | | |
| | | | | |
| | | | | |
| | | | | |
| 合计 | | | | |

会计主管：何建明　　复核：杨晓梅　　制表：梁晓芳

图 2-3-135　汇兑损益计算表

56）12 月 31 日，按应收账款余额百分比法计提本月坏账准备金（5‰）。涉及的凭证如图 2-3-136 所示。

**坏账准备计提表**

2016 年 12 月 31 日　　单位：元

| 时间 | 应收账款余额 | 计提比例 | 当期应计提 | 计提前余额 | 当期实际计提 |
|---|---|---|---|---|---|
| | | | | | |
| | | | | | |
| | | | | | |

会计主管：何建明　　复核：杨晓梅　　制表：梁晓芳

图 2-3-136　坏账准备计提表

57）12 月 31 日，计算本月应交城市维护建设税（7%）、教育费附加（3%）、地方教育费附加（2%）、堤围防护费（营业收入×0.072%）。涉及的凭证如图 2-3-137 所示。

**税费计算表**

2016 年 12 月 31 日　　单位：元

| 税（费）种 | 计税基数 | 税（费）率 | 税（费）额 | 备注 |
|---|---|---|---|---|
| 城市维护建设税 | | | | |
| 教育费附加 | | | | |
| 地方教育费附加 | | | | |
| 堤围防护费 | | | | |
| 合计 | | | | |

会计主管：何建明　　复核：杨晓梅　　制表：梁晓芳

图 2-3-137　税费计算表

58）12 月 31 日，结转当月应交而未交（或多交）的增值税。涉及的凭证如图 2-3-138 所示。

**内部转账单**

2016 年 12 月 31 日　　转字第 301 号

| 摘要 | 结转科目 | | | 转入科目 | | |
|---|---|---|---|---|---|---|
| | 总账科目 | 明细科目 | 金额（元） | 总账科目 | 明细科目 | 金额（元） |
| 转出当月未交增值税 | 应交税费 | 应交增值税（转出未交增值税） | | 应交税费 | 未交增值税 | |
| | | | | | | |
| | | | | | | |
| 合计 | | | | | | |

会计主管：何建明　　复核：杨晓梅　　制表：梁晓芳

图 2-3-138　内部转账单

59）12 月 31 日，结转本月损益类账户。涉及的凭证如图 2-3-139～图 2-3-141 所示。

**损益类账户发生额表（结转到本年利润前）**

2016 年 12 月　　单位：元

| 收入类账户 | 借方发生额 | 贷方发生额 | 费用类账户 | 借方发生额 | 贷方发生额 |
| --- | --- | --- | --- | --- | --- |
| | | | | | |
| | | | | | |
| | | | | | |
| | | | | | |
| | | | | | |
| | | | | | |
| | | | | | |
| | | | | | |
| | | | | | |
| | | | | | |
| | | | | | |
| | | | | | |
| | | | | | |
| | | | | | |
| | | | | | |
| | | | | | |
| | | | | | |
| | | | | | |
| 合计 | | | 合计 | | |

会计主管：何建明　　复核：杨晓梅　　制表：梁晓芳

图 2-3-139　损益类账户发生额表

**内部转账单**

2016 年 12 月 31 日　　转字第 302 号

| 摘要 | 结转科目 | | | 转入科目 | | |
| --- | --- | --- | --- | --- | --- | --- |
| | 总账科目 | 明细科目 | 金额（元） | 总账科目 | 明细科目 | 金额（元） |
| 结转收入类账户 | | | | | | |
| | | | | | | |
| | | | | | | |
| | | | | | | |
| | | | | | | |
| | | | | | | |
| | | | | | | |
| | | | | | | |
| | | | | | | |
| | | | | | | |
| 合计 | | | | | | |

会计主管：何建明　　复核：杨晓梅　　制表：梁晓芳

图 2-3-140　内部转账单 1

**内部转账单**

2016 年 12 月 31 日　　转字第 303 号

| 摘要 | 结转科目 | | | 转入科目 | | |
|---|---|---|---|---|---|---|
| | 总账科目 | 明细科目 | 金额（元） | 总账科目 | 明细科目 | 金额（元） |
| 结转费用类账户 | | | | | | |
| | | | | | | |
| | | | | | | |
| | | | | | | |
| | | | | | | |
| | | | | | | |
| | | | | | | |
| | | | | | | |
| | | | | | | |
| | | | | | | |
| | | | | | | |
| | | | | | | |
| | | | | | | |
| 合计 | | | | | | |

会计主管：何建明　　复核：杨晓梅　　制表：梁晓芳

图 2-3-141　内部转账单 2

60）12 月 31 日，计算并结转本月应交所得税，企业所得税税率为 25%。涉及的凭证如图 2-3-142 和图 2-3-143 所示。

61）12 月 31 日，结转“本年利润”账户余额到“利润分配——未分配利润”账户。涉及的凭证如图 2-3-144 所示。

62）12 月 31 日，计提盈余公积金。涉及的凭证如图 2-3-145 和图 2-3-146 所示。

**税费计算表**

2016 年 12 月 31 日　　单位：元

| 税（费）种 | 计税基数 | 税（费）率 | 税（费）额 | 备注 |
|---|---|---|---|---|
| 所得税 | | | | |
| | | | | |
| | | | | |
| 合计 | | | | |

会计主管：何建明　　复核：杨晓梅　　制表：梁晓芳

图 2-3-142　税费计算表

**内部转账单**

2016 年 12 月 31 日　　转字第 304 号

| 摘要 | 结转科目 | | | 转入科目 | | |
|---|---|---|---|---|---|---|
| | 总账科目 | 明细科目 | 金额（元） | 总账科目 | 明细科目 | 金额（元） |
| 结转所得税费用 | | | | | | |
| | | | | | | |
| | | | | | | |
| 合计 | | | | | | |

会计主管：何建明　　复核：杨晓梅　　制表：梁晓芳

图 2-3-143　内部转账单

**内部转账单**

2016 年 12 月 31 日　　转字第 305 号

| 摘要 | 结转科目 | | | 转入科目 | | |
|---|---|---|---|---|---|---|
| | 总账科目 | 明细科目 | 金额（元） | 总账科目 | 明细科目 | 金额（元） |
| 结转本年利润账户余额 | | | | | | |
| | | | | | | |
| | | | | | | |
| | | | | | | |
| 合计 | | | | | | |

会计主管：何建明　　复核：杨晓梅　　制表：梁晓芳

图 2-3-144　内部转账单

**倍家科技有限公司股东大会决议**

经股东大会一致同意，形成决议如下：

经股东大会决议批准，倍家科技有限公司决定按税后利润的 10%提取法定盈余公积金；按税后利润的 5%提取任意盈余公积。

广东倍家科技有限公司

董事长：陈利胜

2016 年 12 月 31 日

图 2-3-145　计提盈余公积决议

**盈余公积金计提表**

2016 年 12 月 31 日　　　　单位：元

| 项目 | 计提基数 | 计提比例 | 计提金额 | 备注 |
|---|---|---|---|---|
| 法定盈余公积 | | | | |
| 任意盈余公积 | | | | |
| | | | | |
| 合计 | | | | |

会计主管：何建明　　　　复核：杨晓梅　　　　制表：梁晓芳

图 2-3-146　盈余公积金计提表

63）12 月 31 日，经股东大会决议批准，公司决定按出资额比例向投资者分配利润。涉及的凭证如图 2-3-147 和图 2-3-148 所示。

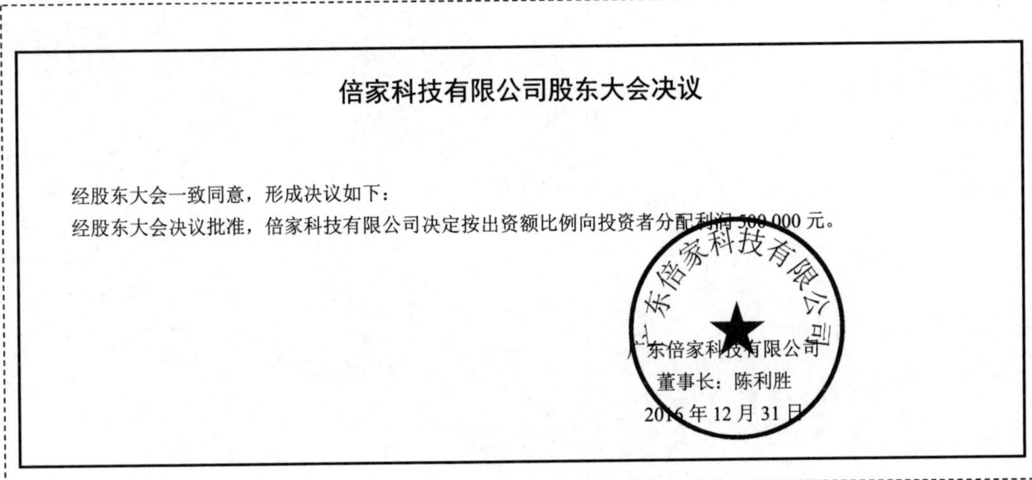

**倍家科技有限公司股东大会决议**

经股东大会一致同意，形成决议如下：

经股东大会决议批准，倍家科技有限公司决定按出资额比例向投资者分配利润 500 000 元。



广东倍家科技有限公司

董事长：陈利胜

2016 年 12 月 31 日

图 2-3-147　利润分配决议

**利润分配明细表**

2016 年 12 月 31 日　　　　单位：元

| 投资者名称 | 出资额 | 出资比例 | 分配利润额 |
|---|---|---|---|
| 景阳投资有限公司 | 1 040 000.00 | | |
| 蓝梅电子有限公司 | 780 000.00 | | |
| 裕林投资有限公司 | 390 000.00 | | |
| 新源科技有限公司 | 390 000.00 | | |
| 合计 | 2 600 000.00 | 100% | 500 000.00 |

会计主管：何建明　　　　复核：杨晓梅　　　　制表：梁晓芳

图 2-3-148　利润分配明细表

64）12 月 31 日，结转“利润分配”账户除“未分配利润”明细账户外的其他明细账户。涉及的凭证如图 2-3-149 所示。

**内部转账单**

2016 年 12 月 31 日　　转字第 306 号

| 摘要 | 结转科目 | | | 转入科目 | | |
|---|---|---|---|---|---|---|
| | 总账科目 | 明细科目 | 金额（元） | 总账科目 | 明细科目 | 金额（元） |
| 结转利润分配数额到未分配利润 | | | | | | |
| | | | | | | |
| | | | | | | |
| | | | | | | |
| 合计 | | | | | | |

会计主管：何建明　　复核：杨晓梅　　制表：梁晓芳

图 2-3-149　内部转账单